考工格物
· II ·

货物

漆的全球史

潘天波 著

江苏凤凰美术出版社

图书在版编目（CIP）数据

赍物：漆的全球史 / 潘天波著 . -- 南京：江苏凤凰美术出版社, 2023.12
（考工格物）
ISBN 978-7-5741-0460-0

Ⅰ.①赍… Ⅱ.①潘… Ⅲ.①漆器 - 对外贸易 - 贸易史 - 中国 Ⅳ.①F752.658.5

中国版本图书馆CIP数据核字（2022）第230034号

选 题 策 划	方立松
责 任 编 辑	韩　冰
装 帧 设 计	薛冰焰
责 任 校 对	刘九零
责 任 监 印	唐　虎
责任设计编辑	孙剑博

丛 书 名	考工格物
书　　名	赍物：漆的全球史
著　　者	潘天波
出版发行	江苏凤凰美术出版社（南京市湖南路1号　邮编：210009）
制　　版	江苏凤凰制版有限公司
印　　刷	苏州市越洋印刷有限公司
开　　本	890mm×1240mm　1/32
印　　张	7.625
字　　数	250千字
版　　次	2023年12月第 1 版　2023年12月第 1 次印刷
标准书号	ISBN 978-7-5741-0460-0
定　　价	98.00元

营销部电话：025-68155675　营销部地址：南京市湖南路1号
江苏凤凰美术出版社图书凡印装错误可向承印厂调换

潘天波简介

- 艺术史博士
- 中国艺术文化史学者
- 江苏师范大学工匠与文明研究中心教授
- 国家社科基金重大项目首席专家、负责人
- 央视百家讲坛《好物有匠心》主讲人
- 年榜"中版好书""凤凰好书"和月榜"中国好书"作者
- 江苏南京社会科学普及公益导师
- 江苏南京长江文化研究院特约研究员

内容提要

　　漆，从她的母体流出，一种炎黄精神诗学也随之诞生。漆，与工匠握手，用她的心与爱孵化了工匠精神，培育了一代代漆工名匠，最终形成了奢华的一滴泪的艺术——漆艺。智慧的中华先民不仅创造了大漆艺术，还创造了永世不衰的大漆文明，为世界文明发展增添了精彩的一笔。在全球视角下，中国漆艺的全球传播是中国文化与美学的一次"远征"，它能确证中国向全球输出文化与美学思想的典范意义，中国漆艺所传递的文化与美学显示了中华文明的全球性轴心角色，也见证了中华文明的全球身份与世界地位。

序

从尧舜时期的"觞酌有采"、汉代的"错彩镂金",经六朝的"静穆玄淡"、宋元的"炫技逞巧",至明清的"满眼雕刻",中国漆物漆彩流光、千姿百态,共同构筑成中国漆文化的独特形态,并沾溉音乐、书画、建筑、宗教等诸多文化领域。漆艺不仅融入古人的日常生活之中,还影响了中国的音乐、建筑、绘画、佛教等精美的艺术文化形态。漆艺空灵而生动的空间造型、飘逸而神奇的图案叙事、丰富而鲜明的色彩构成、实用而唯美的价值,皆是中国美学思想先天特质的体现。加之西方一直没有生漆种植,中国漆艺因而成为丝路文化输出的重要内容。

丝绸之路(以下简称"丝路")是中国与世界文化交流的桥梁,它开启了中国文化输出的新契机、新路径与新方式。丝路进程既是中国文化发展、进步与增益的国道史,也是中外文化交流、互译与交融的传播史。丝路文化传播以器物为形象载体,向世界敞开它的文化之美。美学家叶朗在《中国美学史大纲》中指出:"一个民族的审美意识的历史,表现为两个系列:一个是形象的系列,如陶器、青铜器、《诗经》《楚辞》等等;一个是范畴的系列,如'道''气''象''妙''意''味''神''意象''风骨''气韵'等等。"[1]在形象系列中,诸如陶器、青铜器、漆器等器物是生活中最亲密的伴侣,它们是文化与美学思想的载体。漆器作为审美意识的物质形象,最能呈现中华文化之美。漆器是丝路学的一种物质文化表现对象,它创造了中外文化融通与超越的历史图像。就丝路而言,在漆

---

1 叶朗:《中国美学史大纲》,上海:上海人民出版社,1985年,第5页。

器文化的片段中，这些文化展品展现了中国历史时期的全景画面，也呈现出海外国家对中国文化溢出的立场及认知图像。漆器文化在海外溢出过程中，见证了中国文化"全球化"的历史进程。漆器通过传播，既深刻影响了人类的生活方式及文明程度，又激起了海外人民对中国文化的想象，也确证了世界文化对话、交融以及由此奔涌向前的历史态势。

漆艺作为丝路上中西文化交流的大使，不仅输出了中国审美思想，还沾溉美国、英国、法国、德国、俄罗斯、比利时、荷兰等西方国家文化，中国传统漆艺及其民族性成为他们的消费对象，中国民族文化也深远地影响着西方的消费文化。在英国，著名作家威廉·萨默塞特·毛姆（William Somerset Maugham，1874—1965年）颇受中国漆艺文化思想的影响，在其《在中国屏风上》一书中多有溢美与惊诧之语[2]。家具设计师托马斯·齐平特（Thomas Chippendale，1718年受洗，1779年去世）采用中国福建漆仿髹漆家具开创了具有中国美学特色的"齐平特时代"。英国人杰弗里·弗朗西斯·赫德逊（Geoffrey Francis Hudson，1903—1974年）十分形象地写道："中国艺术在欧洲的影响成为一股潮流，骤然涌来，又骤然退去，洪流所至足以使罗珂珂风格这艘狂幻的巨船直入欧洲情趣内港。"[3] 1700年，诗人马修·普

---

[2]［英］威·萨·毛姆：《在中国屏风上》，陈寿庚译，长沙：湖南人民出版社，1987年，第4—5、204页。

[3]［英］G.F.赫德逊：《欧洲与中国》，王遵仲、李申、张毅译，何兆武校，北京：中华书局，1995年，第249页。

赖尔（Matthew Prior，1664—1721年）对中国漆橱柜之美十分神往。詹姆斯·希尔顿（James Hilton，1900—1954年）在其《消失的地平线》一书中说："精致的宋代珍珠蓝陶器、上千年前的水墨古画、绘制着幽怨仙境的精巧漆器，笔调细腻、巧夺天工，以及那些几近完美的瓷器和釉彩的光泽，均映现出一个无法雕琢的、飘荡的仙境。"[4] 可见漆艺文化之美在希尔顿心中的地位。法国作家维克多·雨果（Victor Hugo，1802—1885年）称赞中国集漆艺、建筑与绘画于一体的圆明园为"规模巨大的幻想的原型"[5]。十七世纪末到十八世纪，法国首先仿制中国漆器。法国启蒙思想家伏尔泰（François-Marie Arouet，1694—1778年）对罗伯特·马丁（Robert Martin）及中国漆器表示欣赏，"他在《尔汝集》中，对于法国漆业的最新成就表示了他的喜悦，他说：'马丁的漆橱，胜于中华器。'又于《论条件之参差》中，说'马丁的漆壁板为美中之美'"[6]。十八世纪三十年代，神甫杜赫德（Jean-Baptiste Du Halde，1674—1743年）对中国漆艺之美多有溢美之词[7]。一直到二十世纪二三十

---

[4] ［英］希尔顿：《消失的地平线》，大陆桥翻译社译，上海：上海社会科学院出版社，2003年，第92页。

[5] 何兆武、柳卸林主编：《中国印象——外国名人论中国文化》，北京：中国人民大学出版社，2011年，第64页。

[6] ［德］利奇温：《十八世纪中国与欧洲文化的接触》，朱杰勤译，北京：商务印书馆，1962年，第135页。

[7] 周宁：《世纪中国潮》，北京：学苑出版社，2004年，第302页。

年代欧美装饰艺术运动兴起之时，中国漆艺的装饰文化以及美学思想仍在沾溉西方。瑞士艺术家让·杜南（Jean Dunand，1877—1942年）采用中国漆艺装饰邮轮"诺曼底号"，并大量使用漆绘屏风。让·杜南热爱中国漆艺之美，为普及中国文化发挥了很大作用。德国阿道夫·利奇温（Adolf Reichwein，1898—1944年）这样指出："开始由于中国的陶瓷、丝织品、漆器及其他许多贵重物的输入，引起了欧洲广大群众的注意、好奇心与赞赏，又经文字的鼓吹，进一步刺激了这种感情。商业和文学就这样的结合起来（不管它们的结合看起来多么离奇），终于造成一种心理状态，到十八世纪前半叶中，使中国在欧洲风尚中占有极其显著的地位，实由于二者合作之力。"[8] 歌德（Johann Wolfgang von Goethe，1749—1832年）在斯特拉斯堡求学时曾读过中国儒家经典的拉丁文译本与杜赫德的《中华帝国全志》等有关中国的著作[9]，在莱茵河畔这位法兰克福诗人故居里设有中国描金红漆家具装饰的"北京厅"，厅内陈设有中国式红漆家具等物品。

在丝路古道上，中国"器"度不凡的漆物蕴含着固有的民族文化以及高贵的艺术美，向欧美及东亚世界敞开它特有的文化之光与艺术之美。在传播学视野下，丝路漆艺的传播是中国古代文化与美学的一次远征，它能确证中国向世界输出美学思想与文化的历史路径，也见证了古代

---

8 ［德］利奇温：《十八世纪中国与欧洲文化的接触》，朱杰勤译，北京：商务印书馆，1962年，第13页。

9 李云泉主编：《中西文化关系史》，济南：泰山出版社，1997年，第241页。

中国文化之美与世界地位。在中国文化与世界文化的交融中，丝路漆物所传递的文化显示出中国文化的世界性轴心地位，丝路漆艺之美有力地呈现出中国与世界美学思想大融合的态势，并昭示出近代以前的中国文化所秉承的文化输出主义传播理念。在"一带一路"文化与经济发展的今天，研究丝路古道中国工艺美学的输出与传播具有重大学术与文化意义。

潘鲁波

辛丑年，二月廿八日

目录

引论 漆向全球

一
中国漆器海外输出的缘起
2

二
中国漆器海外输出的契机
10

三
中国漆器海外输出的途径
16

四
中国漆艺的世界文化身份与地位
28

第一章

汉唐漆路：外溢初始

一
汉唐海陆丝路漆艺
40

目录

二
汉唐文献所载漆器贸易
48

三
汉唐西域与内陆漆艺文化互动
60

四
汉唐漆艺的海外印象及影响
68

五
汉唐漆器海洋贸易透入中国社会文化
80

◆

—— 第二章 ——

宋代漆路：耦合视界

◆

一
耦合史境
96

二
耦合契机
99

目录

三
耦合途径
103

四
耦合效应
105

◆
—— 第三章 ——
元代漆路：从部族到国家
◆

一
蒙古部族性漆器文化生产
118

二
元代国家漆器文化生产
119

三
元代国家海上丝路漆器贸易与输出
121

四
元代国家海上丝路漆器文化外溢
128

目 录

◆

—— 第四章 ——

明代漆路：边界视域

◆

一

主体边界与漆器文化生产

138

二

国家边界与海上丝路漆器贸易

139

三

艺术边界与海上丝路漆器文化溢出

143

◆

—— 第五章 ——

清代漆路：想象与环流

◆

一

清代海上丝路漆器的贸易输出

153

二

清代海上丝路漆器文化外溢的他者想象

159

目录

三

清代海上丝路漆器文化的世界环流

163

—— 第六章 ——

十八世纪海上丝路漆器的展开

一

十八世纪的海洋议程及海上丝路

176

二

十八世纪"昂菲德里特"商船与中法漆器贸易

177

三

被溢出的十八世纪中国漆器文化在法国宫廷展开

178

四

十八世纪中国漆器文化在法国的嵌入

181

五

十八世纪中国漆器文化在法国的阅读

182

目录

―― 第七章 ――

漆器：中美文化互溢的视点

一

"中国皇后号"开启中美海上漆器贸易

189

二

中国漆文化在美国的早期传播

190

三

1884年引进美国髹漆文本《髹髹致美》

192

四

二十世纪早期福建"沈家店铺"漆器在美国

193

―― 第八章 ――

漆器：走向全球的中国美学

一

漆艺：中国美学思想的《圣经》

202

目录

二
丝绸古道与漆艺：汉代美学思想的输出
204

三
"唐风"与漆艺：泽被东西的大唐美学思想
205

四
奢华的丝路漆艺：十七至十八世纪的中国风格与洛可可
206

◆

—— 参考文献 ——

◆

一
中文文献
212

二
外译文献
215

三
外文文献
218

◆

—— 跋 ——
潘天波《考工格物》书系

引论

漆向全球

古代海上丝绸之路也是漆器的传播之路。中国漫长的海岸线有许多天然的海湾与港口，港口的开辟为中外文化交流提供了条件。随着中唐后期西北丝路的阻塞及南方经济的繁荣，其海域拓展与文化输出成为时代之需。古代中国海岸港口之通商及海运政策作为国家重要的经济发展策略得以实施，尤其是海上丝路航线的开通为中国文化的输出提供了重要条件。明清时代，在中国古代气象学与航海技术的发展，以及西方地理大发现和欧洲文化的拓展背景下，中国海上丝路贸易开始走向国家化发展道路。因此，海外贸易成为古代中国漆器输出的主要途径，此外还有宗教、朝贡与恩赐、遣使与游历、移民或侨居等途径。古代中国海上丝路外销漆器折射出中外文化交流的意义与内涵。

正如法国学者布尔努瓦（Luce Boulnois）所言，"丝绸之路"并非名副其实。因为，"丝绸之路"不仅可称为"香料之路""茶叶之路"或"瓷器之路"，还可称为"漆器之路"[1]。漆器一般不宜在陆路贸易，尤其是西北丝绸之路，这里沙漠多，天气干燥，漆器运输容易因风干而损坏。因此，中国古代漆器的输出依赖陆路流通的较少。不过，从唐中期后，海上丝路开始兴起与繁荣起来，海洋潮湿的气候与便利的船只为漆器运输提供了绝佳的条件。特别是唐以后，海外国家对中国漆器工艺之美的神往与需求，也加大了中国漆器的海外输出力度。漆器为非常珍贵之器物，在古代又多为皇家贵族享用之器，因此，相对于丝绸、瓷器、茶叶、香料等大宗货物而言，中国古代海上丝绸之路的漆器贸易相对较少。但由于中国传统漆器高贵的美学气质与文化内涵，与丝绸、瓷器、茶叶等货物相比，漆器对西方文化的影响也是深远的。

一、中国漆器海外输出的缘起

古代海上丝路不仅是漆器贸易之路，还是一条漆器文化交流之路。丝路上的漆器是"中华文化大使"，它用自己奢华而珍贵的美学思想及文化沾溉了西方文明，并深刻影响了西方人的生活方式及其文明发展的步伐。

港口：文化互通之端

海上丝路贸易的重要端点是东西洋之间的港口，这些贸易港口不仅成为东西方大宗货物的交易集散地，还是东西方文化交流的平台。在海上丝路贸易中，合浦港、广州港、泉州港、宁波港等成为中外贸易及其文化交流的重要港口。

早在秦汉时期，南越的合浦港就成为我国对外贸易的重要口岸。汉武帝时期，国家征集楼船，"会至合浦，征西瓯"。合浦成为当时海上丝路贸易的标志性港口，也成为东西方货物贸易的重要交易网点。根据《西汉南越王墓》一书载："南越王墓西耳室一个漆盒（C223）内的树脂状药物，重26克，外形与泉州后渚宋船内发现的乳香类似，虽然所含主要成分已经分解，但不排除它确实是乳香。故被视为珍品，而放入墓中。乳香主产于红海沿岸，南越国从南亚地区间接输入乳香是可能的。"[2] 可见，汉代时期的南越国与红海沿海国家的货物贸易是可信的，合浦也就成了汉代的重要关节点。同时，西汉南越王墓出土的漆盒以及红海沿岸产的乳香也证明中国古代海上丝路贸易从西汉起已经逐渐兴起。《后汉书》载："至桓帝延熹九年，大秦王安敦遣使自日南徼外献象牙、犀角、瑇瑁，始乃一通焉。"[3] 安敦，即罗马皇帝马尔库斯·奥列里乌斯（Marcus Aurelius，121—180年），他遣使来华，意味着汉桓帝年间中国与罗马已有直接往来。

▲ 图 0-1 唐以前漆甲（大英博物馆藏）

在唐宋时期，广州是全国重要的商业性大都市，"广州通海夷道"也是当时世界上最长的远洋航线。《史记》中记载："番禺亦其一都会也，珠玑、犀、瑇瑁、果、布之凑。"[4] 唐宋政府在广州港设置市舶使，征收关税与监督、管理市舶贸易。海上丝路对外贸易品包括漆器、丝绸、瓷器等在内的大宗货物，也允许外商来华进行商品贸易。"通海夷道"暗示广州港在海上贸易中的国家性地位。宋代的广州港仅次于泉州港。2007年"南海Ⅰ号"沉船遗迹的发现，尤其是从海底发掘的漆器、瓷器等，证明南宋时期海上贸易活动频繁。到了明清时期，国家施行海禁政策，广州港口一直处于"一口通商"的繁荣局面，成为我国最大的海上贸易中心。

在历史上，泉州有"四湾十六港"之称，泉州港就是古代海上丝路最为重要的港口。唐代时，政府在泉州置市舶司，设参军事监管海上贸易等诸事务。西方人将泉州称为"刺桐"，马可·波罗（Marco Polo，1254—1324年）在游记中将其誉为"东方第一港"，在马可·波罗看来，它与当时的埃及亚历山大港齐名。当时与东亚日本、韩国的贸易主要通过泉州港来实现，与阿拉伯地区以及南海诸国的贸易往来也主要通过泉州港来实现。宋元祐二年（1087年），泉州正式设立市舶司，负责对外海上贸易活动。明清两朝，在国家实现海禁后，泉州港口贸易几度被废。明成化十年（1474年），泉州市舶司移至福州，此时以漳州月港为代表的民间贸易走私活动开始猖獗，漆器、瓷器等大宗货物交易并没有因海禁而停止。

另外，宁波港（明州港）也是我国古代东南沿海重要的港口。它地处南北航线之终端，又是我国大运河的出海口，因此在通往中国内陆与海外的贸易中具有重要地位。《真腊风土记》之"欲得唐货"条曰："其粗重则如明州之席。"[5] 这说明唐代时明州已开埠通商，当时外销的越窑青瓷最负盛名。到宋代，明州港两次受命制造"神舟"，将中国的漆器、瓷器、金银、杂色帛、铅、锡等大宗货物运往日本、高丽以及南海诸国，同时也将中国的器物文化带入海外。

海岸港口不仅内通中国大陆，还远通海外诸国。由于港口的市舶通商以及海岸经济的繁荣，它也自然成为中国南方政治、经济与文化的中心。因此，古代中国港口是中外各国文化交流的中心，中国沿海一些世界性的港口也就成为世界文化交流的端点。

1. 中唐后期西北丝路没落及南方经济繁荣

中国属于内陆型农业国家，海上贸易在唐代以前并不占有显赫位置。但在公元九至十世纪的唐宋之交，北方频繁战争迫使国家政治中心南移。因此，南方经济得以迅速发展，尤其是东南沿海城市利用港口等地理便利，快速发展地方经济文化，走在了全国前列。

随着南方经济的繁荣与城市的崛起，人民生活水平日益提高，物质消费观念也随之发生转型——从低端的物品消费转向具有审美趣味的高端物品的消费。因此，漆器成为日常生活中的重要消费品。江苏常熟出土的五代时期漆镜盒内侧铭刻有"魏真上牢"等字样，说明当时东南沿海漆器生产已有了私营化或商品化的特征。进入宋代后，唐朝"百千家似围棋局，十二街如种菜畦"的城市格局不复存在，城市中可以开店设铺，商人与手工业者成为城市中最活跃的"分子"。漆器、瓷器等生活用品既是国内消费对象，也是对国外输出的重要产品。明代城市格局被商业化新经济形式打破之后，市民阶层的审美需求日益膨胀，无论是新的市民阶层，还是统治阶级，都希望得到奢华的漆器。这时期，民间漆工坊也异军突起，名匠辈出。官僚严嵩家就蓄养名匠周翥，为家族专门制作漆器。明代扬州也成为全国漆器的制作中心，漆器作坊林立，以漆器命名的街巷就有"漆货巷""罗甸（螺钿）巷""大描金巷""小描金巷"等，周翥即以在扬州制"百宝嵌"成名。以漆器为产业的工艺街坊，证明当时漆器成为南方经济发展的"新引擎"。其中，两淮盐政专设漆作，承制宫廷各种漆器器皿制造，安徽新安"剔红"名噪当朝。山西新绛漆器作坊林立，浙江嘉兴漆艺高手云集。万历年间扬州著名漆艺大师江千里（字秋水）就出生于嘉兴，以制作"点螺漆器"著称于世。可见，明代江南物质文化高度发达，为漆器生产与消费奠定了雄厚基础，更为漆器的海外输出提供了保障。

中唐以后，南方经济的崛起带动了漆器高消费，也使得中国漆器艺术走向繁华时期，同时，漆器也快速走向商品化轨道。特别是明代中晚期，南方沿海地区带有资本主义萌芽特征的漆器贸易也促使海上丝路漆器贸易走向繁荣。

2. 文化外溢及中国海域开拓

在清代以前，中国是世界上最富庶的文明古国，一直秉承文化输出主义。中国的大国文化身份与显赫地位，尤其是它的工艺文化，一直被西方各国所神往与接受。诸如漆器、瓷器、陶器、丝绸等都是被世界神往的文化消费品[6]。自汉代以来，海上丝路开通后，即成为中国向世界输出大宗货物及其文化的重要桥梁。

在海上丝路贸易过程中，外销器物成为中国文化向海外输出的重要载体。外销漆器、外销瓷器、外销丝绸等具有中国文化特色的大宗货物成为中国文化的传播大使。尽管漆器不是海上丝路贸易里的主流外销商品，但漆器凭借它特有的文化魅力与艺术气质吸引了西方人对它的垂青。日本学者羽田亨（Haneda Tōru，1882—1955年）在《西域文化史》中坦言："中国的工艺品，特别是绢帛等诸种织物类以及漆器、铁器等曾是西方诸国垂涎的东西。"[7]中国器物文化以特有的艺术秉性散发出中国文化的魅力，它所传递的美学思想表现出一种被西方信赖的大国文化印象。于是，中西文化的交流在丝路贸易的带动下走向了繁荣，中国东南沿海的海上贸易对外扩张也因此成为必然。

汉武帝以来对中国南海的拓展，也加速了中国海外货物输出的步伐。东汉时期，海路西达印度、波斯等国，南及东南亚诸国，北通朝鲜与日本。三国时期，海路北上辽东、高句丽（今朝鲜），南下夷州（今中国台湾）和东

▲ 图 0-2 明弘治剔黑广寒宫图圆盘（美国华盛顿弗利尔美术馆藏）

南亚（今越南、柬埔寨）等地。隋唐时期，海路由泉州或广州启航，经海南岛远及环王国（今越南境内）、门毒国、古笪国、龙牙门、罗越国、室利佛逝、诃陵国、固罗国、哥谷罗国、胜邓国、婆露国、狮子国、南天竺、婆罗门国、新度河、提罗卢和国、乌拉国、大食国、末罗国、三兰国等国家。根据《岭外代答》与《诸蕃志》记载，宋代时期，海路由泉州、广州等港口出发，与中国通商的有占城、真腊、三佛齐、吉兰丹、渤泥、巴林冯、兰无里、底切、三屿、大食、大秦、波斯、白达、麻嘉、伊禄、故临、细兰、登流眉、中理、蒲哩鲁、遏根陀国、斯伽里野、木兰皮等总计58个国家。明代郑和下西洋，海路远及占城、爪哇、旧港、满拉加、哑鲁、苏门答腊、那孤儿、勃泥、小葛兰、彭亨、锡兰山、三岛、苏禄、吕宋、溜山、打歪、八都马、柯枝、南巫里、古里、坎八叶、木克郎、甘巴里、阿拨巴丹、阿丁、天方、米息、麻林地、忽鲁模斯、祖法儿、木鲁旰、木骨都束、抹儿干别、不剌哇、慢八撒、木兰皮等国家。《明会典》详细记录了大约130个朝贡国，其中海上东南夷就有62国之多。中国海域商业贸易的拓展为漆器、瓷器等货物的输出提供了可能，也为中国文化的输出提供了可能。

3. 漆器的美学张力与异国风情

中国是世界上最早发现与使用大漆（自然漆）的国度，漆器文化比汉字还要古老。罗马尼亚学者尼古拉·斯帕塔鲁·米列斯库（Nicolae Spataru Milescu，1636—1708年）曾称赞中国漆器为"世界著名的工艺品"[8]。它特有的文化魅力与审美张力成为世界各国神往的对象。法国诗人保尔·瓦雷里（Paul Valéry，1871—1945年）说："假如单单赞美中国人的才能，假如单单使用中国舶来的物品，而不屑于研究中国人的性情与中国人的精神，假如单单赏玩中国人手造的一瓶、一盂、一漆器、一象牙品、一铜鼎、一玉物，就未免太浅薄了。"[9]瓦雷里对法国人的忠告显示出漆器等中国造器物已成为法国人神往与沉迷的对象，或者说，具有审美张力的中国漆器等高贵消费品已然被法国人普遍玩赏而陷入"不屑于研究中国人的性情与中国人的精神"的地步。

那么，这些令法国人神往的漆器具有哪些独特的审美张力呢？中国古代漆器从尧舜时期的"觞酌有采"，到汉代的"错彩镂金"，经六朝的"静穆玄淡",到宋元的"炫技逞巧",至明清的"满眼雕刻",漆彩流光而千姿百态,它们共同构筑起中国文化魅力的独特艺术形态。漆艺的审美张力不仅表现在漆器等生活器皿身上,还沾溉音乐、书画、建筑、宗教等诸多艺术文化领域,并表现出独特的审美趣味。这些漆艺的异域趣味深深吸引着西方人。

  首先,在音乐方面,髹漆是琴瑟的伴侣。漆面坚硬,可以保护乐器外体免受侵蚀;漆膜有弹性,对于传音、共鸣皆有改善,更可衬出乐器音韵的悠长绵远。大漆不仅有防蚀、耐酸碱、防潮、耐高温等功能,其黏性还能为乐器制作提供天然"乳胶"。黑漆的含蓄、蕴藉,给人以深沉内敛的美感,更烘托出乐器典雅深邃的传统东方文化意蕴。排箫、琴、瑟等常髹以黑漆,如湖北随州战国初期曾侯乙墓出土的十弦琴,通体涂布厚厚的黑漆。南北朝时期的古琴"万壑松风(仲尼式)",中层为坚硬的黑漆,表层为薄栗色漆。隋琴"万壑松风(霹雳式)",面为黑栗壳色间朱漆,底为栗壳色漆。唐琴漆色也以黑色、栗壳色为主。大漆使乐器富有沉静大气的视觉美,温润而光滑的触觉美以及静穆而不闹的听觉美,给古乐器带来的质感也满足了人们的审美诉求。大漆之道与乐器文化交相辉映,使古代乐器浸透着东方漆器艺术的神韵与独特的文化内涵。

  其次,在建筑领域,大漆是天然的优良建筑涂料。中国古代土木建筑

▲ 图 0-3 明剔红狮球纹圆盘

具有极好的稳定性，但木质结构的防潮、防虫、防腐蚀性较弱，而大漆的特性恰好弥补了木材的缺陷。《国语》记载"土木之崇高、彤镂为美"[10]，虽为大夫伍举批评楚灵王修建章华台的奢侈行为之语，但这里的"彤镂"反映了我国古代在建筑上采用丹漆髹绘的悠久历史，也反映了古人将建筑彩绘作为奢华生活的标志和追求。古代建筑讲究装饰美，大漆的光泽使古代中国建筑文化独具魅力。"雕梁画栋"既是中国古典建筑装饰的法则，也是等级礼制文化的体现。《左传·庄公》曰："秋，丹桓公之楹。"[11]此处"丹楹"，即用红漆髹门前的柱子。又曰："二十四年春，刻其桷，皆非礼也。"[12]这里"刻桷"，即在椽子上刻画。根据古礼，天子、诸侯之楹规制用黑漆，但鲁庄公则为"丹楹"与"刻桷"，故被认为是"非礼"、奢靡之举。"丹楹刻桷"说明春秋时期已开始采用建筑彩绘刻画的装饰形式。

再次，在书画艺术中，史籍中多见"漆文字""漆书""漆书多汗竹"等漆物叙事。相传战国时期魏国史官所作的《竹书纪年》为漆书写成，楚国也曾用漆装饰毛笔。1954年，湖南长沙左家公山墓就曾出土过一支髹漆的毛笔。扬州博物馆藏西汉晚期彩绘嵌银箔漆砚，背以朱漆为地，身髹黑漆。1965年安徽寿县东汉墓出土的长方形漆砚，上髹黑漆，外加朱漆[13]。从出土的漆器书法看，汉代漆器上的大漆书法艺术成就最高。1987年荆门包山2号墓出土"彩绘车马出行图圆奁"，绘有众多的人、物，堪称楚漆画中的奇葩[14]。漆画的美不仅体现在材质上，还体现在工艺上，这是其他画种无法替代的。

▲ 图0-4　包山2号墓出土战国彩绘漆奁

最后，在佛教文化中，魏晋时期佛教徒为宣传佛法，开始兴起车载行像进行巡游的做法。东晋雕塑家戴逵汲取传统漆器夹纻工艺技法，始创夹纻漆像，这种干漆像比铜铸、泥质、木雕之行像要牢固而质轻，更易彰显佛之"高大"以及供"道俗瞻仰"。唐代天宝二年（743年），夹纻造像技术由东渡传法的鉴真法师带去日本，对日本漆器工艺产生了重要影响，如日本奈良唐招提寺保存的三座大佛，均为夹纻佛像，其中鉴真干漆像被视为日本的国宝。夹纻行像是漆器工艺与佛教艺术的一次完美结合。大漆作为佛像装饰材质的美学潜质，与佛家追求的涅槃清寂、空灵生命等宗教精神是同构的。

中国漆艺不仅融入古人的日常生活之中，还影响了中国的音乐、建筑、绘画、佛教雕塑等精美的艺术文化形态。漆艺空灵而生动的空间造型、飘逸而神奇的图案叙事、丰富而鲜明的色彩构成、实用而唯美的价值皆是中国文化与美学思想所具有的先天艺术特质，加之西方一直没有生漆种植，以及在"异国情调"的驱使下，中国漆艺成为海上丝路文化输出的重要内容，漆艺也默默地传递着中华文化及其审美思想。同时，透视中国漆艺的"他者想象"，亦能完整地看出世界文化融合的态势。特别是当中国漆艺文化介入欧洲文化之时，中国文化以特有的魅力征服并改变了欧洲的文化，显示出中国文化的全球化特质。

二、中国漆器海外输出的契机

1. 港口通商及海运政策

港口、通商、海运是中国漆器、瓷器等大宗货物海外输出的三大基础性条件[15]。其中，港口是水陆交通的运输设备与重要枢纽，通商及海运政策是保障贸易顺利交易的制度支撑。唐宋以前，中国东南沿海港口基本上还处于天然、半开放以及自然流通的状态，因此，此时的丝路海上贸易十分有限，中外贸易往来多为间接贸易。交易国范围最多东至日本、朝鲜，南至东南亚、南亚等诸国；在交易规模上，商船远航能力、贸易交易量以及交易货物品类均有限。这些都能说明港口、通商与海运直接支配着海上贸易的规模与范围。

中国海运港口没有完备的通商及海运政策，这实际上严重制约了海上丝路贸易的发展与繁荣。汉代时，汉武帝开始在南越建立合浦港，同南海、东南亚及印度洋沿岸各国进行通商。后来又新建广州港、杭州港、泉州港、登州港等,扩大海上贸易规模。至唐代,政府实施自由开放的海疆政策,先后开放明州港(今宁波港)、扬州港、泉州港等,积极鼓励同海外通商,在海外贸易的规模与范围上,较以前均有所扩大,《新唐书·地理志》曾记载中国商船已由印度洋出发远至波斯湾。宋元时期,国家建置泉州港、福州港、厦门港等,与海外通商,《诸蕃志》《岛夷志略》等记载中国商船在太平洋与印度洋等广阔海域通行,与日本、朝鲜贸易更加频繁,进出口货物种类繁多。近年从韩国木浦附近的海底考古发现,沉船里有大量宋代遗物,其中不乏漆器、瓷器等[16],这是当时中国与高丽海上贸易的有力证据。明清时期,国家实施朝贡贸易制度,海禁后专设广州港与国外贸易,并在此设立市舶司监管朝贡贸易,欧美各国也来华进行商品贸易,并在中国开设商行,兴建商馆。

　　港口的建立为各国商人通商提供了交易的平台,港口也就成为互易货物的海上市场。根据荷兰文献记载,今印度尼西亚的万丹省(十六世纪后期至十九世纪初期统治爪哇西部的伊斯兰教王国)在十七世纪初曾是一个通商枢纽,云集各国商人,有中国人、波斯人、阿拉伯人和孟加拉人等,其中贸易品不乏中国的漆器。当时,爪哇西部的万丹港设有三处贸易市场,其中"第一个市场在城市东侧,凌晨开市,生意做到9时收市,广东人和印度等国的商人一起,经营生意。中国摊棚(Chineser Cramen)成一排,与波斯人、阿拉伯人和孟加拉人为邻。他们出售从广东运去的生丝、纺织品、绒缎、金捆、金绒、陶瓷、漆器、大小铜壶、水银、精巧木柜、各种纸张、历书、金封面的书、镜子、梳子、念珠、硫黄、日本刀、加漆刀鞘、人参、扇子、阳伞等"[17]。可见,明末万丹港不仅有固定的通商市场,还为通商制定有序的贸易时间及其对应的贸易对象。

　　通商不仅需要港口作为交易的平台,还需要有管理制度。由于明代的朝贡通商制度限制多,手续极其烦琐,加之朝贡数量庞大,旧的通商朝贡制度越来越不适应海上贸易的发展,特别是禁海以后私人海上贸易的猖獗,迫使国家必须改革海上通商制度。大约在明代隆庆、万历年间,明政府在福建月港施行新的海商管理制度,为海禁后的海商贸易提供了契机,也为海上丝路的发展与承续提供了制度保障。

　　中国有漫长的海岸线,而且内河运输也十分发达。大约在商代,我国已经开始出现帆船、鸿沟、邗沟、灵渠、运河等古代水运系统异常发达。但在近代以前，中国的海运系统及其海商政策明显次于内河运输。所谓"海运政策"，即国家为海上通商与运输专门制定的政策。不过，早期中国人对"海运"的理解还局限在海洋潮汐现象上。如郦道元在《水经注》中指出："高下定度，水无盈缩，是为海运，亦曰象水也。"[18]但随着汉朝以来中国港口由天然港转向人工港，国家对海运的重视也日渐提高。如唐代在广州设市舶使（714年），宋代在广州设市舶司（971年）、市舶场等，元代国家还专门制定海运条例——《市舶法则》（1293年）。国家海运政策的实施，是保障海上丝路贸易正常发展的重要条件。

总之，中国古代港口的兴建与通商及海运政策的制定，为中国漆器的海外输出提供了重要契机。港口为中国古代漆器贸易提供重要的枢纽，通商及海运政策为中国古代漆器贸易提供法律依据，尤其是健全的通商及海运条例的制定，为漆器海上贸易提供了国家性的政策保护。

2. 海上丝路国际航线的开通

如果说港口是古代海上丝路通商的基础设施，那么海上丝路航线的开通则为远洋贸易提供了国际通商的大通道。根据中国海岸线的分布格局，中国古代海上丝路的国际航线大致有东洋航线、南洋航线与西洋航线。东洋航线主要由中国沿海港口通向高丽与日本，南洋航线主要由中国沿海港口通至东南亚诸国，西洋航线主要由中国沿海港口通向南亚、阿拉伯以及东非沿海诸国。南洋航线与西洋航线是海上丝路的主要航线，它们均以南海为中心，因此又统称为"南海丝绸之路"。

早在西汉时期，中国南方粤国与印度半岛之间就开通有丝路航线。后来汉武帝平定南越国之后，又拓展了由合浦通向印度洋的航线。东汉时期，中国商人在广州港进行贸易，将中国的漆器、瓷器、丝绸等货物由马六甲苏门答腊岛运往印度，而印度商人又将这些货物经红海运往埃及的开罗港，再由希腊、罗马商人从埃及运往地中海城邦国家。魏晋以后，中国南海丝路贸易以广州为起点，经海南岛直穿南海诸国，通向印度洋、红海与波斯湾等地。到了唐代以后，南海丝路远及非洲大陆[19]，一直延伸到地中海沿海各个国家，并直驱欧洲内陆国家。

中国海上丝路国际航线的开通，不仅表明了中国造船以及远洋航海技术的发达,也说明中国对海洋贸易及国家对外政策的重视。古代海上国际航线的开通为中国漆器的流通提供了绝佳的契机,也暗示着海上丝路背后一种文化与精神的延伸,特别是包括漆器文化在内的中国文化在海外的传播与传承。

3. 海洋气象学与航海技术的进步

与陆上丝路相比,海上丝路运输成本相对较低。同时,漆器不易陆路运输,干燥的沙漠气候可能引起漆器的毁坏,而船舱却是一个巨大的荫室。对于怕干燥的漆器而言,海洋潮湿气候有利于漆器的保存与运输。但是,海洋运输也有其不利的一面,如恶劣的海洋气候加剧了海上丝路贸易的风险。因此,发达的造船及航海技术就成为海上通航的安全技术保障与先决条件。

海洋气象知识的掌握是古代海上丝绸之路开辟的重要科学基础,特别是对海上季风或海潮的利用与认识。海风或海潮是海上丝路贸易的一大天敌,中国在唐宋以前海上贸易规模不大的原因之一,就是海洋知识匮乏,很难有远洋能力。尽管我国在《诗经》时代就有对大海的认识,但一直到三国时期才有首篇关于潮汐的专论,即已佚的《潮水论》(严畯著)。不过,到了唐宋以后,中国对海洋潮汐的科学认识已经达到相当高的水平。中国丝船经菲律宾马尼拉至墨西哥的一段航行是这样的:"大帆船大多乘6月西南季风启航,开始世界上最长和最危险的航行。先乘风北上,至北纬40度和42度之间的水域后,利用西风顺'黑潮'(指日本至美洲间由西向东的海流)转向东航。当船靠近北美海岸三四百公里时,便借助常出现于这一带海岸的西北风、北风折向南航,直抵航线的终点——阿卡普尔科港。整个航程,平均约需六个月。若航行顺利,有时只需三四个月的时间。"[20]可见,航海贸易的商人必须熟练掌握海上季风、海潮等海洋地理学知识,否则很难顺利抵达目的地。明代胡宗宪所编《筹海图编》中的《沿海山沙图》《登莱辽海图》,郑若曾所著《郑开阳杂著》中的《万里海防图》《海运全图》,茅元仪所著《武备志》中的《海防图》《郑和航海图》,清代方观承所著《两浙海塘通志》,翟均廉所著《海塘录》等有关海洋知识文献均显示出中国古代海洋科学知识的发达,它们为海上丝路贸易的发展提供了重要的知识保障。

造船与航海技术也是海上丝路通商的重要保障。中国古代造船技术发达,为海上丝路贸易提供了重要的技术条件。1974年，考古人员在广州中山四路发现秦—西汉时期的"造船工场遗址"，其中1号船台滑板长达88米以上，中宽1.8米，由此可推断造船载重在25—30吨，说明秦汉时期广州的造船技术已经相当发达[21]。同时，航海技术也表现在航海测绘以及海上导航知识上。汉代中国海洋导航技术已经初具雏形，《汉书·艺文志》曾载中国早期占星导航书籍《海中星占验》等136卷。三国时期的《海岛算经》一书表明中国古代已经初步掌握海洋基本测绘方法。北宋时期，《萍洲可谈》曰"舟师识地理，夜则观星，昼则观日，阴晦观指南针"[22]，说明中国在十二世纪初已经开始懂得海洋测绘，并掌握运用天体和指南针进行海上导航的技术。元代《海道指南图》、明代《郑和航海图》均显示出中国古代航海测绘技术的先进。英国学者李约瑟（Joseph Needham，1900—1995年）曾在《中国科学技术史》中详细记载了明代（或日本）的漆木水罗盘，也反映出明代航海技术的发达水平。

　　古代海上丝路贸易实际上是物质资料的交易，这些物质资料均为各国生产与生活的必需品。世界各国物质生产与生活资料的需求为航海及航海技术的产生提供根本动力，而科学的海洋气象学与先进的航海技术又为古代海上丝路贸易的延伸提供技术保障，也为中国漆器及其文化的海外输出提供了宝贵契机。

4. 地理发现与欧洲文化的拓展

　　十五世纪以前，中国的漆器、瓷器等物品一般要经阿拉伯人或波斯人运往地中海东岸港口，再转运至欧洲各国。但随着十五至十七世纪欧洲的地理大发现以及《马可·波罗游记》在欧洲的广泛传阅，欧洲人对中国这片"人间天堂"十分神往，这也大大刺激了欧洲文化向东方的空间扩张欲望以及对东方文化的无限梦想。

　　十六世纪初，葡萄牙人发现了中国，更发现了中国精美的漆器与陶瓷。法国人雅克·布罗斯（Jacques Brosse，1922—2008年）在《发现中国》之"从瓷器到神学"一章里这样中肯地描述："当葡萄牙人到达中国时，他们便在那里出售香料以换取瓷器和漆器。"[23]可见，中国的瓷器和漆器在当时已成为西方人青睐的艺术品。

在欧洲扩张的时代，西班牙与葡萄牙等欧洲殖民帝国开始在扩张中与东方进行海上丝路贸易。"十五世纪，欧洲各国鼓励航业，积极通商。葡萄牙乘时而起，霸海为雄，正德五年（1510年），攻陷印度西岸之卧亚府（Goa）为根据地。次年，又攻取马六甲（Malacca），经略南洋之苏门答腊及爪哇，复遣使至印度、中国各邦政府以通好。1514年（正德九年），满剌加新任总督阿布金基（Jorge De Albuquerqac）遣阿尔发累斯（Jorge Alvares）东来，至广东之舵尾岛（Tamao），并于此立一石碑，以为发见之标志。自是以后，葡人来华贸易者甚众，终明之世，未尝有变，我国亦宽假之，彼等复租得澳门为根据地，岁纳租金若干，寻复拒纳，久假不归，乌知非其有也！其后葡萄牙国权日衰，致为英荷二国所制，今已无能为矣。然其来华既先且久，其早为华人所认识宜矣。"[24]地理大发现与欧洲文化的空间拓展不仅扩大了世界各国之间的经济文化交流，还为中国漆器、瓷器等货物外销提供了新契机。

▲ 图0-5　明晚期剔黑狮子戏绣球长方盘（德国明斯特漆器博物馆藏）

十八世纪中后期，清朝政府实行闭关锁国政策，而当时正处于世界范围内的经济扩张与文化拓展之高潮时期。西方列强对东方的殖民扩张变得肆无忌惮，"他们（英国人）与中国的贸易逐渐变得对他们成为一种生死攸关之必要了。他们不再仅仅是为了寻求丝绸、瓷器和漆器了，尽管随着18世纪之豪华风气的发展，使这些商品的需求也大幅度地增加了"[25]。这说明，欧洲文化向东方的殖民扩张已经从传统的经济贸易转向更深层次的政治领域。

三、中国漆器海外输出的途径

1. 传教士与僧人：宗教的途径

从宗教的视角看，古代丝绸之路是一条宗教之路，或是信仰之路。特别是南亚、中亚以及西欧等地区的国家的宗教人士，他们通过丝路来到中国，传播坚定的宗教信仰。公元三世纪末期，印度的佛教开始传入汉代中国。公元七世纪左右，叙利亚教会传教士携景教来到大唐帝国。十三世纪末期，罗马教宗尼古拉四世（Girolamo Masci, 1227—1292年）派传教士孟高维诺（John of Monte Corvino, 1247—1328年）从海路来到元帝国传播天主教，受到当时忽必烈汗的接见与允许。孟高维诺于1305年与1311年分别在大都（今北京）与刺桐（今泉州）建立主教区，传播教义。十六世纪，意大利天主教耶稣会传教士利玛窦（Matteo Ricci, 1552—1610年）用"汉语著述"的方式传播天主教教义，并用西方以及中国的科学论证"神"的存在。西方宗教传播之路恰恰是利用古代丝路来延伸空间渠道的，其中传教士在中外文化的交往交流中起到了不可或缺的作用。传教士沿着古代丝绸之路，不仅传播了他们的宗教信仰，还将中国文化源源不断地输送给西方世界。

宗教是文化传播的独特途径，来华宗教人士为中西文化交流作出了巨大贡献，特别是传教士在"西学东渐"与"东学西渐"上起到了桥梁作用。对器物而言，它的文化不是静止的，而是流动的。来华传教士就是中西器物文化交流的"掮客"，他们使中西文化在丝绸之路上不断地流动、交换与传播。赫德逊指出："欲研究十八世纪间中国与欧洲美术之关系，不能不稍述通商。如中国色丝、瓷器及漆具诸类之入欧，皆可认为此种关系之最重要因子也。而此际之智慧的（精神文明的）接触，大都归功于在华之耶稣会士。传教事业实与此有莫大关联；盖其时欧人能深入中国腹地者，莫便于教士，彼等逐渐娴习中国之文艺与思想，日久不特促进华人对于欧洲之宗教及学术之注意，且从事著作及翻译，使欧人对于中国哲学有所认识。"[26]这表明丝路通商背景下的"在华之耶稣会士"不仅将中国的漆器、瓷器、丝绸等货物带回欧洲，还能"娴习中国之文艺与思想"，以翻译中国哲学而传播于世界各地。

  僧侣在中外漆艺文化交流中扮演着重要角色。中国高僧东渡日本，也将中国漆器带入日本。譬如无学祖元于1279年到达镰仓，被认为是镰仓圆觉寺开山佛光国师。无学祖元带去的南宋末期漆器有4件，即牡丹孔雀剔红盒子（径17.6厘米、高5.6厘米）、醉翁亭剔黑盘（径31.2厘米、高5.3厘米）、椿尾长鸟剔黑盒子（径19.3厘米、高5.6厘米）和椿竹梅剔红盘[27]。日本传世的中国元代螺钿作品有楼阁人物螺钿印柜、棱花盒子、八角盒子、砚箱、长方形箱，广寒宫螺钿盒子、八角盒子，花鸟螺钿长方形盘等，以上作品多为中国僧侣携带至日本[28]。

▲ 图0-6 唐代漆胡瓶（日本正仓院藏）

另外，中国僧人去西方取经之时，也将中国文化带入西方。著名的《佛国记》（《法显传》）是东晋僧人法显所撰，它记录了法显从陆上丝绸之路到印度取经，后随商船取海道回到中国的丝路航行历史。在此过程中，他也将印度的佛教文化引入中国。公元七世纪，中国唐代高僧玄奘踏上丝绸之路去西方寻求佛经。他历经西域十六国，经中亚直至印度，并将印度佛教文化翻译成汉语，为弘扬佛教文化作出了巨大贡献。法显与玄奘不仅在中国产生了广泛而深远的影响，也把中国文化源源不断地输出到海外。

据史书记载，西域以及西南夷没有生漆生产与制作能力，但通过宗教或僧侣，中国古代漆文化开始传播到这些地区。不过，汉代史书曾记载今印度边境有大漆种植的历史，《汉书》载："罽宾地平，温和，有目宿，杂草奇木，檀，槐，梓，竹，漆。"[29]这里的"罽宾"国又作凛宾国、劫宾国、羯宾国，为汉朝时之西域国名，大致位于印度北部（即今克什米尔境内）。这段记载说明西南中印边境有制漆原料，但目前还没有古代印度有制漆技术的考古发现。《大唐西域记》中有多处提及中国古代的建筑髹漆技术，如"城东南三十余里，至醯罗城。周四五里，竖峻险固，花林池沼，光鲜澄镜。城中居人，淳质正信。复有重阁，画栋丹楹"[30]。这里的"醯罗城"位于今阿富汗贾拉拉巴德以南，即北印度那揭罗曷国之都城。"画栋丹楹"暗示醯罗城有髹漆建筑的存在。《大唐西域记》又载："菩提树北门外摩诃菩提僧伽蓝，其先僧伽罗国王之所建也。庭宇六院，观阁三层，周堵垣墙高三四丈，极工人之妙，穷丹青之饰。至于佛像，铸以金银，凡厥庄严，厕以珍宝。"[31]以上文献所载"画栋丹楹"与"丹青之饰"均为中国髹漆技艺。这些有关印度建筑的髹漆技艺很有可能是中国僧人传入印度的。

宗教是中西漆文化交流的重要途径，其中传教士与僧人起到了关键作用。实际上，传教士与僧人在传播中国大漆文化的同时，也将大漆用于佛教本身，最为典型的是法器与夹纻漆像。1972年，甘肃武威磨咀子汉墓发掘出土漆钵1件（残）[32]，为僧侣法器。魏晋时期中国的佛教徒为了宣传佛法，兴起车载行像游行。东晋雕塑家戴逵就汲取了传统漆艺技法，始创夹纻漆像。可见，丝路上宗教文化的流通与传播不仅波及世界政治与经济领域，还广泛渗入社会文化以及艺术造物之中。

2. 海外贸易：漆器输出的主要途径

随着唐以后中国东南沿海贸易港的建立以及海商政策的完善，中国古代丝路贸易进入空前的发展阶段。于是，海外贸易成为中国漆器及其文化输出的最主要途径。它主要通过"东洋航线"与"南洋航线"这两条重要的海上贸易航道，将中国的漆器、瓷器等大宗物品输往海外。

在东洋航线上，中国古代内陆与东南沿海省份的漆器被大量输往日本、高丽等东亚国家。从汉唐起，大量中国的漆器及其技术被输往东亚国家，同时日本、高丽的硫黄、木材等货物也进入中国。南宋后期，中日海上贸易更加频繁，中国的丝绸、瓷器、漆器、金银器等输往东亚国家，也从东亚国家带回螺钿、钿头、皮角、虎皮、松花等货物。到了元代，日本、高丽、琉球等国视元代螺钿等漆器为艺术瑰宝。明清时期，国家朝贡海运与私人营运并列发展，中国出口漆器主要有沉金、描金、堆朱、屏风等。日本学者木宫泰彦在《日中文化交流史》中援引西川如见《华夷通商考》中记录清朝商船运往日本的货物，其中涉及输出漆器的省份有江苏省［漆器：堆朱（螺钿）、青贝描金、朱漆屈轮、沈金（沉金）］、浙江省（漆）、福建省（铸器漆器）、广东省（漆器）等。该书还列出了涉及漆器商品的中国以外地区，如交趾（漆）、柬埔寨（漆）、暹逻（漆），等等。[33]

在南洋航线上，中国漆器贸易由南方港口出发，经印度或阿拉伯人中转，运往欧洲。汉代的合浦港是南海丝路上最为重要的港口，中国的漆器经东南亚以及阿拉伯中转被运往欧洲。唐宋时期，泉州港是承担漆器输出的重要港口，南海宋代沉船出土的漆器见证了古代"南海丝路"漆器贸易的繁荣。明清时期的广州港、漳州月港等是南海丝路上的国际性港口，根据《东西洋考》所载，当时与月港进行海外贸易的，多达40个国家与地区[34]，特别是同西班牙、葡萄牙、荷兰等国的海上贸易十分频繁，从广州启航运往欧洲的漆器等大宗货物，深受欧洲贵族的青睐。随着欧洲文化的扩张与中国海外贸易的加深，中外商人将精美的漆器及其文化带入海外，也导致了海外国家"疯狂"地"移民"来到中国，给中国社会带来了深刻的变革与影响。

在海外贸易中，中国不仅有大量漆器通过海上丝路输出海外，同时在陆上丝路，中国漆器文化及其技术也被传入西域。明代时，波斯商人哈智·摩哈美德（Hajji Mahomed）来华所见甘州"漆城"（位于河西走廊中部）

▲ 图0-7 明早期剔红山茶花纹圆盒

盛况，足以看出西域人对漆器以及漆工的需求。根据"赖麦锡记波斯商人哈智摩哈美德之谈话"记载，"（甘州城）房屋构造，与吾国相似，亦用砖石，楼房有二三层者。房顶天花板涂漆，彩色互异，极其华丽。漆工甚众。甘州城内某街，悉为漆工之居也"[35]。甘州城之髹漆建筑以及"漆工街"的史实暗示丝路上的漆器贸易十分兴盛，吸引了大批制作漆器的工人在此居住，"漆工之居"的描述也暗示了波斯人对漆艺的喜爱与崇尚。

漆器成为丝路贸易品不仅是海上丝路通道开辟所致，也是由漆器本身艺术特质与文化之美所决定的。一方面，古代西方没有漆器，中国独有的漆器艺术美学品性决定了它是被西方人喜爱的对象，因为漆器不但具有生活的实用之美，还具有手工艺之美。另一方面，漆器的制作程序繁缛，时间成本较高，因此商业价格也很高。这样，作为丝路商品的漆器就成为国家财政税收的重要来源之一。十六国前秦苻健时期，苻雄（健）差遣苻菁"掠上洛郡"，以引"漆蜡"。《晋书》载："雄遣菁掠上洛郡，于丰阳县立荆州，以引南金奇货、弓竿漆蜡，通关市，来远商，于是国用充足，而异贿盈积矣。"[36]由此可见在前秦时期"远商"对"漆蜡"的需求，通关市的"漆蜡"也是国家财政收入来源。唐代安史之乱之后，判度支（财政总监）赵赞曾实施税费改革，高征漆税，以缓和国家财政的困窘局面。《新唐书》载："诸道津会置吏，阅商贾钱，每缗税二十，竹、木、茶、漆税十之一，以赡常平本钱。"[37]同样，宋代也有漆税。诗人梅尧臣有《送刘弼秘校赴婺源》诗曰："斫漆资商货，栽茶杂赋征。"[38]可见漆税是唐宋时期国家的重要财政收入之一。

到了明代，我国漆器文化已然从昔日的输出态开始变成输入态，尤其是东亚的日本漆器开始通过海上倾销到中国。明代高濂的《遵生八笺》中有一篇文章为《论剔红倭漆雕刻镶嵌器皿》，就详细描述了日本精致的漆器，并高度称赞"漆器惟倭为最，而胎胚式制亦佳"[39]。日本从汉代起学习中国漆器技术以及仿制中国漆器，并结合日本传统文化得以闻名世界。从明代嘉靖年间倭乱之后，"明政府已完全断绝了与日本的官方贸易。朝鲜也仿效明朝，对与日本的贸易严加限制。1565年以后，把原先允许每年驶入朝鲜的50艘日本商船减少至25艘，把每年贩运到日本去的大米200石减少到100石，并把大批日本商人从荠浦港驱逐出去。由于明政府和朝鲜政府断绝或限制对日贸易，对日本商业资本的发展是一大打击，特别是日本生产的硫黄、铜、刀剑、漆器、海产品等失去了中国这个大市场。所以丰臣秀吉、小西行长等日本统治者不惜以武力为代价企图打开中国市场。一旦武力难以得逞，又企图通过议和来达到目的。日方在几次提到的议和条件中，其他条件均可让步，包括从朝鲜撤军，但唯有与中国通商一条始终坚持"[40]。这说明漆器等货物贸易能给日本带来巨大经济收入。

到了二十世纪初期，为了提高出口货物量，给国家带来外汇收入，中国免除了漆税。"1928年12月至1937年抗战爆发前，国民政府先后公布了4部进口'国定税则'和2部出口'国定税则'，将进口税率总水平从10.9%提高到34.3%，出口税率保持在5%—7.5%之间。并对茶叶、生丝、绸缎、漆器、草帽、米谷杂粮等土特产实行减税或免税。"[41]海上丝路为漆器的外销提供了极好的运输路线，漆器也给中国带来了源源不断的外汇收入。

3. 朝贡体系与恩赐：别样的漆路贸易途径

1371年，明朝政府规定高丽、琉球、安南、占城、苏门答腊、爪哇、三佛齐等"外藩"以及西洋、南洋地区的一些国家为"不征之国"，明确规定，凡是藩属国，需要定期向我国进献方物，即"朝贡制度"。同时规定，凡来贡方物之国或来华的朝贡者均给予一定恩赐。根据《西洋朝贡典录》记载，古代西洋国向中国朝贡的国家有占城国、真腊国、爪哇国、三佛齐国、满剌加国、浡泥国、苏禄国、彭亨国、琉球国、暹罗国、阿鲁国、苏门答腊国、南浡里国、溜山国、锡兰山国、榜葛剌国、小葛兰国、柯枝国、古里国、祖法儿国、忽鲁谟斯国、阿丹国、天方国等[42]。根据戴宏达（Jan Julius Lodewijk Duyvendak，1889—1954年）在《荷兰使节来华文献补录》所载"军机处进拟赏荷兰国王物件单"，其中"拟赏荷兰国王物件清单：御笔福字一个、龙缎二匹、漳绒二匹、玉器二件、珐琅器二件、红雕漆器四件、磁器八件、文竹器四件。拟赏荷兰国使臣一员德胜：大卷八丝缎一匹、锦缎一匹、磁器四件、茶叶四瓶、大荷包一对、小荷包四个"[43]。这份清单至少说明两个问题：一是荷兰来华使节受到皇帝恩赐的物件中包括珍贵的红雕漆器；二是赏给荷兰国使臣的并非漆器，说明漆器非常珍贵，只送国王。

朝贡体系是古代世界上重要的国家关系体系之一，尤其是在以一元体系为特征的古代中国，朝贡成为处理国际关系的重要政治制度。明朝建立后，明太祖朱元璋从制度上规定了"厚往薄来"的朝贡原则，这也成为国家外交政治行为体制。由于明以后国家施行海禁政策，海外在朝贡制度下获得了海禁后不能贸易的中国货物，原先政治性质的朝贡活动就逐渐演变成具有经济性质的贸易行为。譬如，中日之间的勘合贸易就是朝贡制度下的贸易活动。与此同时，来华朝贡者也趁机进行各种商业贸易活动，包括漆器、瓷器等大宗货物交易。这里特别要提出的是，根据《诸蕃志》记载，"交趾，古交州……土产沉香、蓬莱香、生金、银、铁、朱砂、珠、贝、犀、象、翠羽、车渠、盐、漆、木绵、吉贝之属"[44]。可见，越南北部的交趾国盛产大漆。而到了明代，它又成为朝贡中国的主要大漆原料国。对此，美国加州洛杉矶盖蒂研究所人员通过实验室研究表明，"虽然大部分中国的内销漆器都一如预期含有漆酚，但是在英国国立维多利亚与艾尔伯特博物馆却收藏一个罕见的例子——一件有五爪金龙图案、附嘉靖皇帝章款的十六世纪中叶彩绘漆碟，基底层混有柏木油和樟脑的葛漆酚，而在上面数层红漆则发现葛漆酚与混有樟脑的漆酚。这或可在明朝文献中得到答案，文献记录当时有大量来自现今越南北部的葛漆酚进贡到中国朝廷，意味着中国工匠即使在中国北方也可以选用葛漆酚，推翻了我们对漆的使用和供应的传统观念"[45]。确实，这份研究表明了明代漆料来源或朝贡中的大漆份额的传统观点是有误的。

由于中国政府本着"厚往薄来"的宗藩交际原则,周边藩国都愿意来华朝贡,并希望得到中国皇帝的恩赐。譬如,"足利将军所以这样进献明帝方物,总之不外是想获得明朝赠给的颁赐物。这也就是利用外交上的礼节来进行的一种官营贸易。因此,日本幕府并不满足于获得照例的颁赐物,还希望得到特赐物"[46]。日本光明皇太后受恩赐宝物中有唐代漆器银平文琴1张、漆琴1张、银平脱盒子4个、螺钿紫檀琵琶1面、螺钿紫檀五弦琵琶1面、螺钿紫檀阮咸1面等[47]。永乐元年(1403年),明代朱棣皇帝赏赐给日本的漆器(主要是剔红、戗金等)多达100余件[48],在后来的1406年与1407年,他又分别两次赐给日本国王及王妃许多珍贵漆器。

实际上,在中国把漆器等作为"特赐物"送给朝贡者的同时,外国朝贡者也带来了他们国家的漆器方物。也就是说,在朝贡与恩赐的过程中,中国与海外漆器文化实现了互通技术、互通奇巧与互通所爱。据史载,日本足利将军第二次献给明朝的贡品中就有黑漆鞘柄大刀一百把(第三次同)。"对于足利将军的贡献方物,明帝也回敬皇帝颁赐物",而且种类繁多,特别在第一次回敬赐物中还有"朱红漆戗金交椅一对""朱红漆戗金交床二把""朱红漆褥金宝相花折叠面盆架二座""朱红漆戗金碗二十个""橐全黑漆戗金碗二十个"等漆器。[49]可见日本的"倭漆"黑漆鞘柄大刀作为方物被输入我国,而我国的朱红漆戗金交椅、朱红漆戗金交床、朱红漆褥金宝相花折叠面盆架、朱红漆戗金碗、橐全黑漆戗金碗等被输往日本。在漆器文化互动的同时,中国漆器制作也在模仿外国漆器的过程中实现了自身的发展。譬如当时的北京名匠杨埙"师夷(日本)之长技",时称"杨倭漆"。《智囊》曾载:"时有艺人杨暄(一作埙)者,善倭漆画器。"[50]可见,海上丝路漆艺文化交流是互动的,中外漆文化在互补中实现了世界大漆手工艺的共同发展。

"杨倭漆"的历史事实在日本木宫泰彦的《日中文化交流史》中也有提及:"描金漆器,从平安朝(781—1185年)中叶以来就进献宋朝,是足以向中国夸耀的一种日本美术工艺品。所以明朝为了学习此项技术,曾在宣德年间特地派人到日本,有个名叫杨埙的学习此技,据说还有独到之处。贡献方物中的大刀鞘和砚箱,都以梨木为地,上以描金研出徽章,扇箱上也施以描金。在国王附搭品中,第三次勘合船时有描金品大小六百三十四色。屏风宋朝以来就为中国所珍视,贡献方物中的屏风是在贴金上描绘花鸟等物,颇为优美。"[51]朝贡制度为中外文化的交流交往提供了契机与途径，反映出中国是当时世界的一元中心，更昭示中国近代以前是一个文化输出大国。在朝贡体系下，东亚地区形成了以中国为中心的文化圈带。但在十七世纪以后，随着欧洲国家与我国海上丝路贸易的繁荣，朝贡体制被打破，到明朝中期，来华朝贡的国家只剩七个（琉球、朝鲜、越南、缅甸、南掌、苏禄和暹罗）。这样，中国古代朝贡体系下的漆器贸易及其文化交流又走向了新的征程。

4. 遣使与游历：文化的途径

在朝贡体制之外，遣使也是丝路漆器文化交流的一种途径。公元七至九世纪，日本为了学习中国先进文化，曾向大唐派遣十余次遣唐使团。遣唐使团成员除了舵师之外，多半由画师、乐师、漆工、木工、玉工以及史生、译语等人员构成。木宫泰彦在《日中文化交流史》曾提到了一段日本遣唐使来华学习的场景："遣唐学生传入日本的食品和烹调法之类也一定不少。平安朝初期，朝廷赐宴时采用名为汉法的中国烹调法，是个突出的例子。延历

▲ 图 0-8　江户时代金漆家具（东京国立博物馆藏）

二十二年（803年）三月，在赐给遣唐大使藤原葛野麻吕、副使石川道益的饯别宴会上用的是汉法，弘仁四年（813年）九月皇弟（淳和天皇）在清凉殿设宴时的菜肴也是用汉法烹调的。又当嘉祥二年（849年）十月仁明天皇四十寿辰时，嵯峨太皇太后赠给各种礼物祝贺，其中有黑漆橱柜二十个，装着唐饼。"[52]这说明中日之间互通文化已成为当时的一种时尚。

从目前考古发掘的实物看，中国是漆器的故乡，日本漆器技术及其文化均是从中国引进的。日本漆器飞速发展是在奈良时代，即公元八世纪左右的唐代。从漆的专业术语中也可窥见日本漆艺技术是学习中国的，如"中土的'平脱'技术自盛唐时代传入奈良时代（美术史的说法是'飞鸟时代'）的日本社会后，便一直完好保存延传下来，日本漆工称之为'平文'"[53]。日本京都正仓院所藏的唐代"金银平脱背八瓣花式镜"与"金银平脱琴"，或为遣唐使带入日本的。从汉唐起，中国漆工艺技术就开始通过海上丝路传延至日本。但到了日本的江户时代，他们的漆工艺开始形成自己的独立民族工艺体系，并崛起为亚洲漆林。

游历也是一种文化交流的途径。在元代，中国与非洲交往密切。《拔都他游历中国记》描述道："余辈游运河时，见有无数舫船，皆满载游客。船有甚华美之帆，光彩夺目。又有丝蓬盖，以蔽日光。船中悬挂无数美画（玉尔本作客皆持丝伞，船漆甚华丽）。"[54]这些中国式的大漆髹船想必能给拔都他游历中国带来莫大的好奇感，更能激起他对中国漆艺的神往。清代张德彝第一次去欧洲的游历记录如下："（比利时国）回时至积新宫。其所积者，系各色新奇货物。有以米粒与椒子攒成花朵枝叶，奇巧之至。有以蚌壳堆画作日月与江海形者，其光华透入水内，景致毕肖。其他漆、绣、木、石、铜、铁之器，新奇者最多。"[55]张德彝所见积新宫之"蚌壳堆画"与"其他新奇者"，就是中国的漆画与漆器，这充分说明比利时国王宫有大量中国漆器以及漆画等艺术品。

5. 海外移民或侨居：以漆工为例

海外移民或侨居也是漆文化交流的一种途径。在唐代，就有唐人移民海外生活的先例。2001年，韩国林氏到泉州惠安彭城寻根谒祖。据史书记载，唐代林氏始祖渡海移民，繁衍生活至今共有120万人。这些移居海外的侨民很有可能将中国的漆艺文化及其技术带入他国。

"赖麦锡记波斯商人哈智摩哈美德之谈话"记载："（甘州）漆工甚众。甘州城内某街，悉为漆工之居也。"[56]甘州城内的"漆工"或由内地移民而至。日本木宫泰彦在《日中文化交流史》中提到了中国明清时期侨居日本长崎的有43人之多，其中就有擅长雕刻漆器的欧阳云台（又名六官），他的雕漆世称"云台雕"[57]。当时侨居于长崎并入日本国籍的中国人，被称为"住宅唐人"。他们精通日文与中文，在日本幕府担任"唐小通事"，并参与日中贸易。这说明中国的欧阳云台等侨民为中日文化的交流以及贸易往来作出了很大贡献。

在宋代，宋商贩卖金银、瓷器、漆器等生活日用品运入真腊国，当地人民特别喜欢来自中国的各种生活用品。与此同时，宋时已有华人移居真腊经商。这里的"真腊"，即柬埔寨和越南最南部的"占腊"。十六世纪七十年代，菲律宾（此时由西班牙统治）和中国之间实现了正常化的海上贸易，并签订了马尼拉和广州之间的贸易协定，随后大量华人移民到马尼拉。

在元代，中国人侨居于真腊，并为真腊提供漆器加工技术及其文化。1295年6月，元成宗派使者入真腊，随使周达观归来后，根据在当地的见闻写成了《真腊风土记》一书，至今已成为研究中国和柬埔寨友好关系史的重要著作。《真腊风土记》，全书分四十则，对真腊境内的城郭、官室、服饰、文字、山川、出产、贸易、器用、属郡等都一一详述。据书中所载，当时中国物品在真腊国极受欢迎：其地"以唐人（即中国人）金银为第一，五色轻缣帛次之；其次如真州之锡镴，温州之漆盘，泉处之青瓷器……"[58]。甚而中国的雨伞、铁锅，乃至箕和木梳等都为真腊人民所喜爱。同时大量中国人侨居于真腊，这些被当地称为唐人的华侨，受到了真腊人民的敬爱和欢迎。海外移民或侨居者为中外漆文化的交流提供了一种别样的途径，他们不仅为中国漆艺文化在世界的传播提供契机，也为海外国家的漆器生产提供技术支持。

6. 漆器掠夺：殖民与战争的途径

殖民掠夺是漆器文化交流的一种别样途径。明代时，葡萄牙人把澳门变为国际通商口岸，将在中国市场廉价收购来的漆器等货物转销日本等国。当时,"由于日本市场缺生丝,葡商人又将中国生产的大批生丝运到日本市场出售,换回金银及日本所产的漆器、刀剑再转手倒卖,从中大获其利。据不完全统计,仅在万历四十四年至崇祯十四年(1616—1641年)期间,葡人从日本所获金银,每年不下300万磅,其纯利润仅白银就多达470万两"[59]。由于中国漆器的生产技术先进,并且通过丝路贸易很快能获取暴利,欧洲殖民者视中国名贵物品为至宝。阿利普(Eufronio Melo Alip,1904—1976年)在《华人在马尼拉》一文中提到:"西班牙殖民者立即发现与华人友好是很有益处的。他们需要华人的精美货物,出口到西班牙和拉丁美洲。华人能够向他们提供丝绸、瓷器、漆器和其他重要的东方产品。在菲律宾的西班牙居民,特别是那些住在马尼拉的居民,需要菲律宾土著尚未生产的某些奢侈品。"[60]随着欧洲殖民者在东方的贸易活动,中国漆器工艺品也大量传至欧洲。譬如在当时,穿丝绸衣服、摆设中国瓷器和漆器成为法国流行的风尚。

战争也是漆器文化交流的一种野蛮途径。在明代,郑成功部将林凤到达菲律宾之后,中国漆文化开始在菲律宾以及海外其他国家传播。菲律宾(此时由西班牙统治)和中国之间的贸易关系,"由于马尼拉和广州之间签订了贸易协定而正式化了。……西班牙人鼓励这种贸易,因为这可以为他们提供巨大的利润。华人反过来甚至获得了更大的利润。来自中国的货物,特别是华贵的丝绸、瓷器、珠宝和漆器,运到马尼拉,几乎成批销售,并且用西班牙大帆船转运到墨西哥的阿卡普尔科。货款用银元支付,银元在中国颇受称道"[61]。但在十九世纪中后期,中国大量漆器被外国殖民者通过战争的方式掠走,至今还有很多漆器珍宝"流亡"海外。在美国,旧金山亚洲艺术博物馆(Asian Art Museum in San Francisco)藏有战国的银错彩绘云纹卮、汉代的三熊纹金银扣圆盘,克利夫兰艺术博物馆(Cleveland Museum of Art)藏有唐代的夹纻舞俑,纳尔逊艺术博物馆(Nelson-Atkins Museum of Art)藏有战国的夔云纹金铜扣果盘、汉代的云纹耳杯、唐代的金银平脱花鸟圆盘,西雅图美术馆(Seattle Art Museum)藏有战国的龙凤圆盘,底特律美术馆(Detroit Institute of Arts)藏有南宋的红漆葵瓣口盘,洛杉矶郡艺术博物馆(Los Angeles County Museum of Art)藏有南宋的黑漆银扣盏托等[62]。我们不知道"流亡"美国的中国国宝漆器是通过何种途径漂洋过海去的,但我们知道,在八国联军攻占北京后，大量国宝被侵略者掳走，这里面一定有漆器等贵重物品。德国人瓦德西在他的回忆录里这样写道："此间买卖当时抢劫所得各物之贸易，极为隆盛。各处商人，尤其是来自美国者，早已到此经营，获得巨利。其出售之物，以古铜、各代瓷器、玉石为最多，其次则为丝货、绣货、皮货、铜瓶、红漆物品之类。至于金银物品，则不多见。最可叹者，许多贵重物件横遭毁坏，其中常有无价之木质雕刻在内。只有余之驻所，尚藏许多宝物，一切犹系无恙。倘若我们一旦撤出，则势将落于中国匪徒之手，最后当然加以焚毁。"[63]瓦德西庚子回忆日记对横遭毁坏的红漆器等表示异常惋惜，也反映了西方强盗无视文明的野蛮行径。实际上，八国联军对中华宝贵漆器的毁坏，既是对中国文化的毁灭，更是对世界文明的摧残。

四、中国漆艺的世界文化身份与地位

在世界范围内，中国漆艺表现出一种最广泛的全球化文化特质。在跨文化视野下，海上丝绸之路漆艺输出是中华民族文化与美学的一次"远征"，也是世界对中国漆文化及其美学思想消费需求使然，它确证了近代以前中国是世界漆文化输出的大国。

丝路漆艺向世界敞开它独特的民族文化之美，漆艺及其民族性能够成为世界文化消费的对象，反映出西方宫廷贵族对中国漆艺的奢侈想象以及他们的消费观念与行动。美国人房龙道出了其间的真谛："很奇怪的是，中国的艺术品比印度的艺术品更吸引西方人。中国的绘画、雕塑、陶器和漆器很适合进入欧洲和美洲的家庭，但是印度的作品即使是放在博物馆里也会打破和谐，并且使人感到不舒服。"[64]可见中国古代漆器是欧美日常生活适用的、和谐的物件，并"使人感到舒服"。丝路漆艺所承载的中华民族文化成功地跨出国门，成为世界文化传播的典范，显示出中国文化在全世界的地位。

从汉唐始，中国漆艺通过丝绸之路被输出至欧洲、美洲以及东亚与东南亚等世界各地。从功能上说，中国漆器向来是被人们消费的奢侈文化品，漆艺奢侈品是消费者的生活与文化之符号。正是在这个维度上，奢华的中国漆器及其民族性成为十七至十八世纪法国、英国、比利时等西方国家宫廷消费主义文化的符号[65]。丝绸之路溢出的"器"度不凡的漆艺向世界傲然敞开它的文化之美。

近代以前的"中国化"是世界文化中的核心词语,处于东方中心主义视野下的中国文化所秉承的理念则是"文化输出主义"。抑或说,丝路的出现意味着中国漆文化从此被输出海外,成为世界人民的消费对象,海外各国从中国学习到世界上最先进的制漆及其髹漆技术。

十七世纪末期到十八世纪,法国首先仿制中国漆器,英国家具设计师托马斯·齐平特采用中国福建漆仿髹漆家具,开创具有中国美学特色的"齐平特时代"[66]。一直到二十世纪二三十年代欧美装饰艺术运动[67]兴起之时,中国漆艺的装饰美学思想还在深刻影响着西方,如让·杜南采用中国漆艺装饰邮轮"诺曼底号",并大量使用漆绘屏风。

中国漆器所承载的中国艺术美学、实用美学与宗教美学等跨出国门,在海外传播,显示出中国美学思想的独特魅力。丝绸之路亦确乎是一条"漆艺之路"。漆艺作为丝路上中西文化交流的"大使",不仅输出了中国美学思想,还给西方美学思想带去深远影响。

英国著名作家威廉·萨默塞特·毛姆颇受中国漆艺文化思想的影响,在其《在中国屏风上》一书中多有溢美与惊诧之语。如《陋室记》篇描写到:"庙里褪了色的朱红油漆上描绘的褪了色的金龙的藻井依旧漂亮。……房子后壁是一座神龛,那里放着一张大漆香案,香案后面是一尊入定的古佛。"[68]《残片》篇中曰:"你可能设想中国的手艺人不刻线施色把一个物件表面的简单打破不认为他的工作是完全的。在一张用作包装的纸上,也要印上阿拉伯式的图案。但是当你看见一个铺店木制门面上的精美装饰,杰出的雕花,贴金或浮雕漆金的漆作,精致的柜台,精雕细镂的招牌,更是出乎意料。"[69]可见,"一件漆作"已然成为中国文化与美学思想的载体。

十八世纪三十年代,神甫杜赫德对中国漆艺之美多有溢美之词。他在所编撰的《中华帝国通史》第二卷中有漆艺叙事:"从这个国家进口的漆器、漂亮的瓷器以及各种工艺优良的丝织品足以证明中国手工艺人的聪明才智。……如果我们相信自己亲眼看到的漆器和瓷器上的画,就会对中国人的容貌和气度做出错误的判断……不过有一点倒没错,美在于情趣,美更多在于想象而非现实。"[70]杜赫德道出了中国漆艺之美的艺术特征——美在情趣。

美国《龙的故乡:中华帝国》曾描述了中国漆竹藤及其漆画对英国诗人塞缪尔·泰勒·柯勒律治(Samuel Taylor Coleridge,1772—1834年)

产生的影响："在上都忽必烈那宽阔的狩猎禁苑的中央矗立着一所巨大的宫殿，上面的房顶是用镀金的和上过漆的竹藤精心建造的并且还画满了鸟兽。它在几百年之后给了英国的大诗人塞缪尔·泰勒·柯勒律治以灵感，根据马可·波罗对于他自己称之为'仙都'（Ciandu）的记述，把这所'堂皇的安乐殿堂'称为'赞拿都'（Xanadu），写出了《忽必烈汗》那首脍炙人口的名诗。"[71]柯勒律治的审美思想极大地受到了中国漆艺美学思想的影响。

中国漆艺文化所传递的美学，能表现出一种被信赖的中国文化及其美学思想持续向世界输出，抑或说，中国漆艺就是中国文化与美学思想的一部《圣经》。

注　释

［1］［法］L.布尔努瓦：《丝绸之路》，耿昇译，乌鲁木齐：新疆人民出版社，1982年，第240页。

［2］广州市文物管理委员会、中国社会科学院考古研究所、广东省博物馆编辑：《西汉南越王墓（上）》，北京：文物出版社，1991年，第346页。

［3］（南朝宋）范晔撰：《后汉书》卷八十八"西域传第七十八"，（唐）李贤等注，北京：中华书局，1965年，第2920页。

［4］（汉）司马迁撰：《史记》卷一百二十九"货殖列传第六十九"，（宋）裴骃集解，（唐）司马贞索隐，（唐）张守节正义，北京：中华书局，1959年，第3268页。

［5］（元）周达观：《真腊风土记校注》，夏鼐校注，北京：中华书局，2000年，第148页。

［6］［法］L.布尔努瓦：《丝绸之路》，耿昇译，乌鲁木齐：新疆人民出版社，1982年，第206—210页。

［7］［日］羽田亨：《西域文化史》，耿世民译，北京：华文出版社，2017年，第100—101页。

［8］［罗］米列斯库：《中国漫记》，柳凤运、蒋本良译，北京：中国工人出版社，2000年，第239页。

［9］转引自钱林森：《光自东方来：法国作家与中国文化》，银川：宁夏人民出版社，2004年，第241页。

［10］（战国）左丘明撰：《国语》卷十七"楚语上"，（三国吴）韦昭注，上海：上海古籍出版社，2015年，第363页。

［11］（春秋）左丘明：《左传》，李维琦、陈建初、李运富等注，长沙：岳麓书社，2001年，第90页。

［12］（春秋）左丘明：《左传》，李维琦、陈建初、李运富等注，长沙：岳麓书社，2001年，第91页。

［13］安徽省文化局文物工作队、寿县博物馆：《安徽寿县茶庵马家古堆东汉墓》，《考古》，1966年第3期，第140页。

［14］湖北省荆沙铁路考古队编：《包山楚墓》，北京：文物出版社，1991年，第144—146页。

[15] [法] L. 布尔努瓦：《丝绸之路》，耿昇译，乌鲁木齐：新疆人民出版社，1982年，第27—51页。

[16] 李德金、蒋忠义、关甲堃：《朝鲜新安海底沉船中的中国瓷器》，《考古学报》，1979年第2期，第245页。

[17] 黄启臣主编：《广东海上丝绸之路史》，广州：广东经济出版社，2003年，第457页。

[18] （北魏）郦道元撰：《水经注》卷三十六，陈桥驿点校，上海：上海古籍出版社，1990年，第688页。

[19] Chap Kusimba, "Ancient Trade Between China and East Africa" in *Early Maritime Cultures in East Africa and the Western Indian Ocean*, ed. Akshay Sarathi (Oxford: Archaeopress, 2018), p. 83—102.

[20] 沙丁、杨典求、焦震衡等：《中国和拉丁美洲关系简史》，郑州：河南人民出版社，1986年，第61页。

[21] 广东省文物管理委员会等编：《南海丝绸之路文物图集》，广州：广东科技出版社，1991年，第20页。

[22] （宋）朱彧、陆游撰：《萍洲可谈 老学庵笔记》卷二，李伟国、高克勤校点，上海：上海古籍出版社，2012年，第29页。

[23] [法] 布罗斯：《发现中国》，耿昇译，济南：山东画报出版社，2002年，第38页。

[24] 朱杰勤：《中外关系史》，桂林：广西师范大学出版社，2011年，第107页。

[25] [法] 布罗斯：《发现中国》，耿昇译，济南：山东画报出版社，2002年，第92—93页。

[26] [英] G. F. 赫得森：《罗柯柯作风》，载《中外关系史译丛》，朱杰勤译，北京：海洋出版社，1984年，145页。

[27] 芊岚：《7—14世纪中日文化交流的考古学研究》，北京：中国社会科学出版社，2001年，第174页。

[28] 芊岚：《7—14世纪中日文化交流的考古学研究》，北京：中国社会科学出版社，2001年，第180—181页。

[29] （汉）班固撰：《汉书》卷九十六上"西域传第六十六上"，（唐）颜师古注，北京：中华书局，1964年，第3885页。

[30]（唐）玄奘撰：《大唐西域记》卷第二"三国"，周国林注译，长沙：岳麓书社，1999年，第116页。

[31]（唐）玄奘撰：《大唐西域记》卷第八"一国"，周国林注译，长沙：岳麓书社，1999年，第460页。

[32]甘肃省博物馆：《武威磨咀子三座汉墓发掘简报》，《文物》，1972年第12期，第10页。

[33]［日］木宫泰彦：《日中文化交流史》，胡锡年译，北京：商务印书馆，1980年，第672—676页。

[34]（明）张燮：《东西洋考》，谢方点校，北京：中华书局，1981年。

[35]张星烺编注：《中西交通史料汇编》，朱杰勤校订，北京：中华书局，2003年，第464页。

[36]（唐）房玄龄等撰：《晋书》卷一百十二"载记第十二"，北京：中华书局，1974年，第2870页。

[37]（宋）欧阳修、宋祁撰：《新唐书》卷五十二志第四十二"食货二"，北京：中华书局，1975年，第1352页。

[38]（宋）梅尧臣：《梅尧臣诗选》，朱东润选注，北京：人民文学出版社，1980年，第244—245页。

[39]（明）高濂：《遵生八笺》燕闲清赏笺上，成都：巴蜀书社，1988年，第486页。

[40]朱亚非：《明代中外关系史研究》，济南：济南出版社，1993年，第249页。

[41]黄启臣主编：《广东海上丝绸之路史》，广州：广东经济出版社，2003年，第668页。

[42]（明）黄省曾：《西洋朝贡典录》，谢方校注，北京：中华书局，1982年，"目录"第1—2页。

[43]［荷］J. J. L.戴宏达：《荷兰使节来华文献补录》，载《中外关系史译丛》，朱杰勤译：北京：海洋出版社，1984年，第278页。

[44]（宋）赵汝适：《诸蕃志校释》，杨博文校释，北京：中华书局，1996年，第1页。

[45] Michael R. Schilling, et al, "Chinese lacquer: Much more than Chinese lacquer" *in Studies in Conservation* 59. S1 (2014): S132.

［46］［日］木宫泰彦：《日中文化交流史》，胡锡年译，北京：商务印书馆，1980年，第570页。

［47］芈岚：《7—14世纪中日文化交流的考古学研究》，北京：中国社会科学出版社，2001年，第172页。

［48］Harry M. Garner, et al. "The Export of Chinese Lacquer to Japan in the Yuan and Early Ming Dynasties." *ARCH. ASIAN ART* 25 (1971): 24.

［49］［日］木宫泰彦：《日中文化交流史》，胡锡年译，北京：商务印书馆，1980年，第566、568—569页。

［50］（明）冯梦龙编：《智囊》"术智部第五"，李择非整理，沈阳：万卷出版社，2009年，第312页。

［51］［日］木宫泰彦：《日中文化交流史》，胡锡年译，北京：商务印书馆，1980年，第579页。

［52］［日］木宫泰彦：《日中文化交流史》，胡锡年译，北京：商务印书馆，1980年，第158—159页。

［53］王琥：《漆艺术的传延：中外漆艺术交流史实研究》，南京艺术学院博士学位论文，2003年，第41页。

［54］转引自张星烺编注：《中西交通史料汇编》，朱杰勤校订，北京：中华书局，2003年，第651页。

［55］（清）张德彝：《航海述奇》，钟叔河校点，长沙：湖南人民出版社，1981年，第93页。

［56］张星烺编注：《中西交通史料汇编》，朱杰勤校订，北京：中华书局，2003年，第464页。

［57］［日］木宫泰彦：《日中文化交流史》，胡锡年译，北京：商务印书馆，1980年，第699页。

［58］（元）周达观：《真腊风土记校注》，夏鼐校注，北京：中华书局，2000年，第148页。

［59］朱亚非：《明代中外关系史研究》，济南：济南出版社，1993年，第289页。

［60］［菲］欧·马·阿利普：《华人在马尼拉》，载中外关系史学会编：《中外关系史译丛（第1辑）》，上海：上海译文出版社，1984年，第98页。

［61］［菲］欧·马·阿利普：《华人在马尼拉》，载中外关系史学

会编《中外关系史译丛（第1辑）》，上海：上海译文出版社，1984年，第123页。

［62］台北故宫博物院编委会编：《海外遗珍·漆器》，台北：台北故宫博物院，1998年。

［63］［德］瓦德西：《瓦德西拳乱笔记》，王光祈译，上海：上海书店出版社，2000年，第53页。

［64］［美］房龙（Van Loon, H.W）：《房龙地理·下》，杨禾编译，北京：金盾出版社，2014年，第72页。

［65］Herbert Cescinsky and George Leland Hunter, *English and American Furniture*（Boston: Skinner Press, 2015）.

［66］William Worthen Appleton, *A Cycle of Cathay: the Chinese Vogue in England During the 17th and 18th Centuries* (New York: Columbia University Press, 1951), P. Ⅲ.

［67］D avid Crowley, "Art Deco in Central Europe," in *Art Deco*, ed. Charlotte Benton et al. (London: Bulfinch Press, 2003), p.190—201.

［68］［英］威·萨·毛姆：《在中国屏风上》，陈寿庚译，长沙：湖南人民出版社，1987年，第4—5页。

［69］［英］威·萨·毛姆：《在中国屏风上》，陈寿庚译，长沙：湖南人民出版社，1987年，第204页。

［70］［法］杜赫德：《中华帝国通史·第二卷》，石云龙译，载周宁：《世纪中国潮》，北京：学苑出版社，2004年，第302、313页。

［71］美国时代-生活图书公司编著：《龙的故乡：中华帝国》，老安译，济南：山东画报出版社，2003年，第117页。

第一章

汉唐漆路：外溢初始

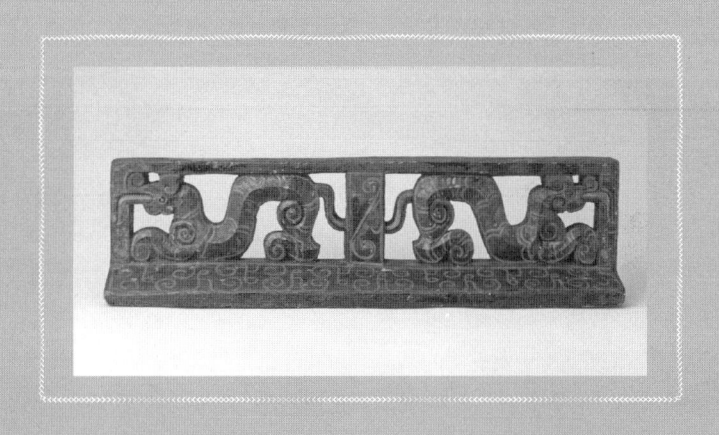

在全球范围内，汉唐漆器文化外溢有助于世界文化输出、传播与互动，同时也是与诸番文化对话、交融与增益的手段，它是中华文化外溢的代表，并具有独特内涵。丝路、港口及通商为汉唐漆器文化外溢提供契机，贸易、宗教、遣使及朝贡是汉唐漆器文化外溢的主要途径。尽管漆器作为汉唐文化对诸番文化的提升效应是强势的，但汉唐人容纳万有的文化气概与兼容并包的宇宙胸怀必然使他们在接纳异域文化的过程中实现双向互动，进而提升与改造自我文化。

汉唐是中国封建社会的上升时期，大统一的汉唐帝国处于世界中心地位，秉承文化发展与输出主义。"文化外溢"成为汉唐社会一个重大的文化主题与发展战略，其核心诉求不仅关涉输入国文化发展的示范、推动与提升，还指向中华文化与诸番文化之间的交流、增益与互补。在国家统一的背景下，国力强盛与国威远扬是汉唐社会的共同特征，特别是开通的汉唐丝绸之路，成为汉唐文化外溢的主要通道与载体。丝绸之路上的文化外溢使诸番社会能较为便捷地捕获汉唐优秀文化，也成就了汉唐人兼容天下的文化气概及胸怀世界的美学情怀。

汉唐文化千姿百态，漆器文化是其中的一朵奇葩。它的输出、传播与互动是中华文化外溢的代表，并具有独特内涵。那么，汉唐漆器文化外溢是在怎样的历史语境中形成的呢？在制度层面，尽管汉唐社会均实施中央集权制管理国家，但在处理中央与地方的关系上，汉唐社会有明显的差异：西汉时，国家是在诸侯分封的背景下实施中央集权的；到了唐代，国家则是在中央集权下实现地方分权。无论是集权还是分权，汉唐的封建中央集权制都为国家统一与经济繁荣奠定了制度性基础。汉代文景时期，国家为了稳定社会，采取与民休息以及劝课农桑的措施，为农业与手工业的发展提供了政治保障。虽然汉代大漆作为手工艺原料生产在国家"工"的政策发展中受阻，但漆器作为"商"能够产生的巨大社会利润在一定程度上又刺激了漆器工艺的发展。唐代贞观时期，国家也施行以农为本和轻徭薄税的政策，因此，漆器手工艺亦盛极一时。"螺钿""平脱""剔红"等漆器艺术成绩斐然。漆器一度被列入国家税收什物，甚或成为唐政府漆器外交的重要凭物，更是通往西域或南海的丝路货物。

在文化层面，"儒道并用"是汉唐社会典型的意识形态特征，它为包括漆器在内的手工艺发展提供深厚的文化滋养。汉初黄老哲学思想为汉初漆器工艺的发展提供思想准备，"与民休息，凡事简易"是汉初包括漆工艺在内的手工业发展的基本方案，也是道家思想与手工艺发展的天然结合。到西汉中后期，以神学儒家为主流的思想是汉代文化发展的主心骨。作为生活用品的漆器，体现出"致用为本"的儒家思想，漆器的图案、纹饰等设计也能体现儒家与神权并存的艺术特征。唐王朝的民本思想使得国家政治清明、经济繁荣，特别是以道家思想为宗的玄宗治国之策，使得唐朝一度成为世界最强大的中心帝国。同时，"均田制"保证了包括漆树种植在内的农业生产迅速发展，意气风发的民族心态使唐帝国的对外贸易走向极度繁荣。许棠在《送防州邹员外》中所曰"椒香近满郭，漆货远通京"[1]，生动反映出了唐代漆货交易繁华的场面。

在手工层面，汉唐经济繁荣，政府又有专门的国家生产机构及其手工业者，这都为汉唐漆器工艺的发展提供了条件。汉代的蜀郡与广汉郡是国家漆器生产专属地，拥有大量的手工艺人，他们专门为中央贵族提供所需的生活漆器，也为外销漆器提供货源。王维在《燕子龛禅师》中曰："种田烧白云，斫漆响丹壑。"[2]这不仅说明蜀地辛苦的割漆人之多，还暗示蜀中漆器手

▲ 图 1-1　江陵高台 28 号墓出土汉代漆盘

工业之盛。在国家经济繁荣的背景下，汉唐时期的漆器生产及其装饰是不计成本的，并且漆器所体现的文化带有"煌煌盛美"的国家意志。因此，"黄口银耳"与"错彩镂金"的汉代漆器有明显的社会奢华美学思想，唐代的"螺钿"与"剔红"也明显昭示出大唐帝国的富贵色彩与帝国气象。

总之，在制度层面，汉唐社会的中央集权制度是漆器文化外溢的保障；在文化层面，汉唐社会主流儒道思想为漆器文化外溢提供土壤与阳光；在手工层面，汉唐时期勤劳的皇家工人是漆器文化外溢的主要创作者。

一、汉唐海陆丝路漆艺

汉唐是中国封建社会上升时期，这段时期的工艺美术在中国工艺史上占据非常重要的地位。在国家统一的背景下，国力强盛与国威远扬是汉唐两代最为明显的特征。统一的汉唐国家处于世界中心地位，秉承文化输出主义，一元体系与大国身份培育出激昂向上、自信外倾与独立自主的民族精神。特别是汉唐丝路的开通，使得与中亚、西亚、南亚以及东亚的文化贸易往来成就了汉唐人兼容天下与胸怀世界的雄大美学情怀，也铸造了汉唐人"规天矩地"与"象天法地"的恢宏艺术法度，从而形成了汉唐雄奇艳采的艺术风格与盛大气象。"汉风"与"唐风"是对这段时期艺术风格最经典化、特征化的概括。

汉代不仅开辟西北古道丝路，还开通南方海上丝路航线。海上丝路的顺利开通不仅使古代中国文化与贸易走向世界，更具有深远的政治含义，象征国家地位的提升。通过海上丝路向外输出的漆器既能确证汉唐人雄奇的审美气度与艳采的文化特质，又能给世界带来无限的中国诗学想象与美学神往。汉代的合浦港、大唐的扬州港与泉州港成为中国古代漆器海外贸易的重要枢纽，《汉书》《求法高僧传》等文献不仅见证了汉唐漆器海洋贸易的盛况，还描述了汉唐漆艺影响东亚、东南亚、南亚及欧洲诸国的美术与装饰的情况。汉唐海上丝路漆器的对外输出、传播及互动是中国文化向世界输出与传播的一条途径，它广泛惠及海外诸番的生活与文化。

1. 汉唐漆器海外输出的发生背景

漆器作为手工艺品，它的发生大致有三个基础性背景或必要性前提：一是社会制度，二是国家文化，三是手工业者。社会制度是手工艺发生的保障，国家文化是给予手工艺的营养，手工业者是手工艺发生的基础。那么，汉唐漆器艺术的文化又是如何产生的呢？

在国家制度层面，汉唐社会施行封建中央集权制度，它维系着中国古代农业与手工业的发展与稳定。

唐代地方漆器工艺十分发达，我们可以从唐诗中窥见一斑。王维在其《辋川集》序中曰："余别业在辋川山谷，其游止有孟城坳……漆园、椒园等。"[3] 这说明长安附近的蓝田辋川（在今陕西蓝田终南山中，是王维隐居之地）盛产大漆。唐代诗人杜甫为避安史之乱，客居秦州（今甘肃天水一带），留有诗作"近闻西枝西，有谷杉漆稠"[4] 之句，可见天水大漆之盛和漆艺发达。王维有《燕子龛禅师》诗曰："种田烧白云，斫漆响丹壑。……周商倦积阻，蜀物多淹泊。"[5] 这里的"斫漆"，即"割漆"。从诗中"蜀物多淹泊"句，大概推测"燕子龛"在蜀地，也说明蜀地是生产大漆之地。"斫漆响丹壑"说明蜀地辛苦的割漆人之多，也暗示蜀中漆器手工业之盛。

总之，在国家制度层面，汉唐社会中央集权制度下的包括漆器在内的手工艺发展在人民生活与丝路贸易中占有独特位置；在文化思想层面，汉唐社会主流儒道文化思想及其开放的民主心态为漆器及其贸易繁荣提供土壤与阳光；在手工生产层面，汉唐时期勤劳的皇家工人不仅为汉唐人生产出大量的奢侈漆器，也书写出帝国的奢华文化，更为海外输出了华贵漆器及其文化。

2. 汉唐港口漆器海外输出路线图

汉代是古代中国漆器繁荣的第一个高峰期，漆器等货物经过东南沿海港口传入东亚、东南亚、西亚和中亚地区，并经阿拉伯、波斯传入欧洲，广泛地进入西方世界人们的生活空间。根据丝路的陆路与海路区分，汉代大体有西线（西北古道）、东线（东亚线）与南线（南海道）三条向世界输出漆器的路线，它们同时也是向世界输出中国文化的路线。

西线丝路漆器流通主要通过西北丝绸古道，将内地的漆器以及漆器技术传入西域与欧洲。东线丝路漆器通道主要由中国输入高丽,然后经朝鲜半岛再传入日本。汉代通过与汉四郡时期的古朝鲜之间的文化交流,促成了这个时期朝鲜与日本漆工艺的发展。南线主要经过云南、广西百越等陆路,再经过海上的拓展,流通到安南、身毒、暹罗等国,联系印度、越南、柬埔寨、印度尼西亚等东南亚与南亚地区。《汉书》记载:"自日南障塞、徐闻、合浦船行可五月,有都元国;又船行可四月,有邑卢没国;又船行可二十余日,有谌离国……黄支之南,有已程不国,汉之译使自此还矣。"[6]这段文字确证了汉代与南海诸国海上贸易的事实以及海上贸易路线图。另外,波斯、印度及罗马商人与汉代中国商人也有直接接触。《后汉书》曰:"(大秦)与安息、天竺交市于海中,利有十倍。……其王常欲通使于汉,而安息欲以汉缯彩与之交市,故遮阂不得自达。"[7]这里的安息(波斯)与天竺(印度)是中国与欧洲贸易的中转国,中国漆器等商品往往通过南亚与中亚的一些国家传入欧洲。

  与汉代相比,唐代海上丝路漆器贸易通海夷道大增,传播范围与国家也扩增很多。特别是在唐中后期,由于陆上丝路古道受阻,海上丝路取代陆上丝路成为唐代国家主要对外贸易的商业大通道。唐代贞元(785—805年)年间,宰相贾耽(730—805年)受皇命绘制《海内华夷图》(801年),并撰写《古今郡国县道四夷述》。他在该书中系统地归纳出隋唐以来共有7条"通夷丝路",即《新唐书》所曰:"集最要者七:一曰营州入安东道,二曰登州海行入高丽渤海道,三曰夏州塞外通大同云中道,四曰中受降城入回鹘道,五曰安西入西域道,六曰安南通天竺道,七曰广州通海夷道。"[8]这七条道路中,有五条为陆路,即"营州入安东道""夏州塞外通大同云中道""中受降城入回鹘道""安西入西域道""安南通天竺道"之五条陆上丝路。另外两条为海路,即"登州海行入高丽渤海道"和"广州通海夷道"。在海路通道中,第一条是"登州海行入高丽渤海道"。《新唐书》载:"登州东北海行,过大谢岛、龟歆岛、末岛、乌湖岛三百里……椒岛,得新罗西北之长口镇。又过……唐恩浦口。乃东南陆行,七百里至新罗王城。"[9]这段文字清晰记载了从登州海行入高丽渤海道的海上贸易路线。另外一条是"广州通海夷道",即广州—珠江口—海南岛—越南东南部—马来半岛湄公河—苏门答腊岛—爪哇—马六甲海峡—印度洋—斯里兰卡与印度半岛—波斯湾—巴格达,这是一条从汉代徐闻出海路线延伸出的、当时世界上最长的、远及非洲的国际性航道。

汉唐海上丝路商道的开通，使中国漆器被源源不断地输往海外，并进入贵族及富有阶层的生活。漆器烙刻着汉唐时期的中国文化以及美学思想烙印。奢华的汉唐漆器给西方人带去的不仅仅是生活器皿，还有独特的生活方式与审美情趣，海上丝路贸易介入汉唐漆器生产的耦合效应对西方社会的影响是明显的，汉唐漆器文化的溢出是对世界文化的一种贡献。因此，汉唐丝路漆器贸易不仅让西方人分享了中国的物质文化，还让他们感受到中国的诗意情怀与文明气息，更见证了汉唐时期中国的世界地位。

3. 汉唐港口及其漆器海洋贸易

汉代时期中国南海丝路港口主要有广州港、合浦港与徐闻港等，与东南亚、南印度洋等沿岸各国进行通商贸易，后又增设登州港、泉州港、温州港、杭州港等对外贸易港口。至唐代，还增设有明州港、扬州港等港口，通往东亚、南亚及西亚海岸城市，海上贸易一度走向极盛。

汉代时，徐闻出海的广州海上丝路在中外贸易中占据着重要地位。《汉书》载："自日南障塞、徐闻、合浦船行可五月。"[10] 此线路可达越南、泰国、印度、斯里兰卡等国。汉政府置左右侯官于徐闻，加强地方事务及海商监管。唐代李吉甫《元和郡县图志》载："汉置左右侯官，在县南七里，积货物于此，备其所求，与交易有利。"[11] 这里徐闻港的"左右侯官"或是汉郡都尉府

▲ 图1-2　唐代黑漆折腹碗

治下的地方官（署），它虽不专职通海贸易之事宜，但也可见汉武帝对徐闻港的高度重视。

唐代时，海上贸易政策较为宽松。唐朝国家对外商来华贸易实施特别优待，并下诏要求对外国商船贸易不得加税。按《唐大诏令集》记载，唐文宗太和八年（834年）之《太和八年疾愈德音》诏曰："南海蕃舶，本以慕化而来，固在接以恩仁，使其感悦。……除舶脚收市进奉外，任其来往，自为交易，不得重加率税。"[12]优厚的对外通商政策吸引了大量海外商人来华贸易。高丽的《三国史记》也记载了新罗人张保皋来往中朝贸易，并逐渐在东亚黄海一带建立自己海上势力的事迹。与汉代相比，唐代海上贸易管理及其政策明显走向了规划化与国家化的道路。

汉唐扬州地区一直是丝绸、漆器的生产重地，对外海上贸易繁荣。法国人布尔努瓦在《丝绸之路》中这样描述："东滨大海，南达扬子江，西至茫茫无际的甘肃，与胡族地区毗邻接壤。据《禹贡篇》记载，其中有六个省盛产丝绸……除此之外，六个省大都通过水路将他们的贡品进奉京都，计有：漆丝、白丝、五色丝、'织贝'，即仿珍贝纹理的丝绸。"[13]布尔努瓦描述了扬州一带生产漆器贡品的历史，这些漆器不仅通过内河水陆运输至京都，还通过西北古道运输到西域。

汉唐时期的漆器及其文化不仅远通西域，更惠及东南亚等国。譬如江苏盱眙大云山汉墓曾出土类似于古代西亚艺术风格的银盒、银盆，此外还出土类似于东南亚风格的鎏金铜象、铜犀牛以及驯象俑与驯犀俑等，特别是鎏金铜虎兽、鎏金龙纹铜虡业（钟架）、五格濡鼎等[14]。这说明，当时的广陵国海上丝路通达东南亚之苏门答腊岛（犀的种地），陆上丝绸之路通达伊朗高原（银盒与银盆属于伊朗风格）等地区。大云山汉墓域外遗物无疑说明，"'海上丝绸之路'早在西汉前期已经发展到长江三角洲一带……如果那样的话，说明长江三角洲一带与'西方''南亚'的文化交流时间还要更早一些，活动还要更多一些"[15]。显然，西汉对东南沿海诸侯国的文化是开放的，并通过海上丝路接通东南亚地区。

广州港是汉唐时期重要的漆器、瓷器等贸易港口，尤其唐代的广州港，是东方第一大海港，也是当时唐帝国对外商品贸易与文化交流的重要窗口。根据《广州汉墓》的研究可知，广州1134号墓中出有十五件陶质犀角模型和一件漆器扁壶，壶外表髹黑漆，两面各以朱漆绘一犀牛，而出有陶质象牙模型的广州1153号墓，也同出四件陶犀角模型[16]。"一般认为，犀牛产自东南亚、印度和非洲，因此当时可能有生犀或犀角由海路输入番禺。"[17]这里的"朱漆绘犀牛"说明广州地区受东南亚、印度或非洲文化影响深远，并在中外文化互动中创造性地进行漆艺生产，即生产出具有海外文化特征的中国漆器。

合浦港位于汉代的南越地，在这里，《汉书》曾记载西汉南海最早的一次海上航行历史。今天的合浦古汉墓曾有琥珀、玛瑙等舶来品的出土，也可见证合浦港是中国海上丝路的较早始发港之一。其中罗泊湾汉墓出土大批烙印"布山"戳记的漆耳杯和刻着"布""蕃"（番禺）铭文的铜器，而这两种产品均为"输出品"[18]。布山即今广西贵港市，汉代郁林郡治。这些带有铭文的漆器不仅能反映合浦港承接诸番漆器生产的事实，还能见证合浦港对外漆器贸易的盛况。

在中国工艺史上，汉代是漆器艺术首度辉煌的时期，它不仅开创性地为中国漆器发展奠定了各种基础，还开辟了古道丝路漆器西传的大通道，并将中国漆器及其文化源源不断地传入中亚、阿拉伯以及欧洲世界。相比较而言，唐代更是一个极其光辉灿烂的工艺发展时期，各种工艺美术都很发达，并具有很高的艺术水准。在漆器髹饰技术上，唐代漆器艺术盛极一时，螺钿、平脱、剔红等漆器艺术成绩斐然，名声显赫于世。尽管唐中后期海上丝路始兴，但西北古道丝路漆器贸易仍有一定的交易量。汉唐古道丝路漆艺文化的外溢、传播与互动，反映出汉唐帝国秉承文化输出主义；同时，漆器艺术介入陆上丝路贸易及其流通也反映汉唐内陆性文化发展的扩张性特点，以及世界早期"全球化"的深刻影响。

4. 汉唐古道丝路漆器输出史境

从最广泛的意义而言，手工艺从来就是该时代的政治、经济、文化、宗教、艺术与科技等层面的时空性展开，其造物逻辑或叙事方式从来就是时代的温度计与生活的风向标。因此，汉唐古道丝路漆艺的输出及其文化的传播是测量汉唐社会体温的温度计，也是把持汉唐社会发展的航舵手。反之，也能从汉唐的社会发展中透视古道丝路漆器艺术输出的历史语境。

在汉代，中央政府的主流哲学、政治体制、经济以及工商业的发展，均为古道丝路的发展提供了契机与途径。首先,汉兴始初之年,国家反秦之敝。"与民休息,凡事简易"[19]是汉初社会文化发展的一条"总路线",特别是汉代西域的发展路线更是注重发展边塞生产,发展西域农业与贸易。抑或说,汉初国家开拓疆土,发展边塞农业与贸易成为汉代政府之要务。其次,汉初"一统天下"的远大政治抱负对手工艺的制度化与标准化建设具有直接的推动作用,这对西域手工业发展具有重要的意义,特别是古道丝路的开通为汉代社会文化通向西域乃至中亚地区提供了契机。再次,汉代社会已然完成了由春秋战国青铜时代向铁器时代的重大社会转型,这为汉初手工艺的发展提供了物质准备与技术支撑。"休养生息"的经济改革,促使汉代的冶铁业、农业、造船业、造纸业等行业盛起。特别是中原经济的发展为西域发展提供有力的物质与经济保障。汉初社会生产力方式的变革,为包括漆器在内的手工业发展提供了强有力的物质与技术保障。最后,汉代工商业的发展,为包括漆工艺在内的手工业发展提供了最为重要的市场条件与发展动力。工商业是汉代帝王调控国家经济市场的重要杠杆,手工业的发达也使汉代商业在社会中的地位有所提高。虽然汉初统治者有"抑商重农"的思想,但政府无法抑制工商业给民众带来的实惠,因此,西域古道漆器、丝绸等贸易频繁。总之,汉初社会的"大一统"政治思想,以及"为民"经济变革与"简约"审美消费观,对包括漆艺在内的西域手工艺发展产生深刻的影响;同时,手工艺也成为实现"一统天下"的政治抱负与"休养生息"的经济改革的有效途径。它以特有的经济身份参与汉代社会结构组建与文明发展创造,为汉代社会的物质生活方式与审美需求提供特有的物质形态与文化支持,更为汉代古道丝路的开通及其贸易发展提供契机。

▲ 图 1-3　西汉凤鸟纹漆卮

唐代国家稳定，国力强盛，经济快速发展，文化也得到迅速发展。特别是国家对边疆西域的重视，以及对古道丝路贸易发展的支持，使得国家对外开放程度空前。因此，古道丝路成为唐代与世界对话和交流的大通道。其中，漆器一度被列入国家税收什物，甚或成为唐政府"漆器外交"的重要凭物。漆器不仅是唐帝国的物质文化精品，还是古道丝路上的文化使者。在漆器纹饰上，唐代漆器装饰图案脱离汉魏以来的古拙与神秘，开始走向现实主义的写实风格，大量出现以花鸟为主题图案的装饰风格，漆器艺术如同诗歌一样成为大唐开放文化意识自由挥发的载体。特别是在唐诗叙事中，漆艺的知识话语场亦呈现出唐代文化的历史现实、宇宙哲学与审美模式，成为反映大唐帝国的社会标本。漆器作为什物，抑或商品，它的身上浸润着诸多实用哲学与生活美学的价值内涵。唐代漆器的这些价值内涵常常被当时知识叙事所刊论，尤其是被唐代文学叙事所援引。失传的《漆经》想必是刊载唐五代漆艺辉煌的大成之作，其余如《四时纂要》《唐六典》《新唐书》《元和郡县图志》与《太平寰宇记》等文献也多有唐代漆艺叙事。清初编修的《全唐诗》中有大量漆艺知识叙事，这些知识叙事从一个侧面再现了唐帝国的社会气象与文化风貌。

5. 汉唐古道漆器输出路线图

在空间上，汉唐古道丝路所涉的西北地区是一个多民族聚居的地区。各民族在这块共同生活的土地上，政治、经济、文化上都存在密切的联系。中华民族是多元一体的，汉族是多元一体的，人数较多的少数民族也是多元一体的。各民族都有自己的民族文化，并通过交流与融通，共同促进了各民族文化的发展。

在文化体系上，汉唐西北古道所涉西北地区文化的内涵有三个重要的维度：一是游牧文化，二是绿洲农业文化（包括河西走廊地区），三是黄土高原中西部旱作农业文化。西北地区的少数民族对于开发与建设西北曾作出过巨大贡献。因此，在汉唐时期，西北边疆地区的古道丝路文化充分体现了少数民族对缔造国家政治、经济、文化方面的功绩。特别是西北地区，它是古丝绸之路主道所经过的地区，对于促进东西方文化的交流、促进东西方各国经济文化的发展，都曾经起到过巨大的推动作用。

关于古道丝路路线图，曾有多种说法。像人们曾经指出的，有所谓的"森林道""草原道"以及通过西南地区的南方丝路等。但无论如何，由长安或洛阳出发，经过甘肃、新疆通往西域各国的道路，始终是丝绸之路的主道，即西北丝路古道。从新疆轮台的克孜尔、库车的库木吐喇、吐鲁番的木头沟，到甘肃境内敦煌的莫高窟、永靖的炳灵寺、天水的麦积山，直到河南洛阳的龙门石窟，都是东西文化交流和荟萃的地方。以丝绸为主，兼及药材、漆器等商品，曾吸引了大批外国商人到这些地方进行贸易。

古道丝绸之路上的经济文化交流，既有与外国的交流，也有国内各民族之间的相互交流。西北古道上的漆器输出为东西文化交流提供一种特别的样板。尽管漆器不是古道丝路上向西域溢出的主流物品，但它具有特别的古道丝路中西文化交流的意义与内涵。

二、汉唐文献所载漆器贸易

汉代漆器海洋贸易范围主要限于东海丝路与南海丝路两条海上丝路贸易路线。东海丝路主要以日本、高丽为主要贸易国，南海丝路主要有南亚及西亚等地区的国家。

海上丝路的最早记载见于《汉书》，其"地理志"曰："自日南障塞、徐闻、合浦船行可五月，有都元国；又船行可四月，有邑卢没国；又船行可二十余日，有谌离国；步行可十余日，有夫甘都卢国。自夫甘都卢国船行可二月余，有黄支国，民俗略与珠崖相类。其州广大，户口多，多异物，自武帝以来皆献见。有译长，属黄门，与应募者俱入海市明珠、璧流离、奇石异物，赍黄金杂缯而往。所至国皆禀食为耦，蛮夷贾船，转送致之。亦利交易，剽杀人，又苦逢风波溺死，不者数年来还。大珠至围二寸以下。平帝元始中，王莽辅政，欲燿威德，厚遗黄支王，令遣使献生犀牛。自黄支船行可八月，到皮宗；船行可（二）月，到日南、象林界云。黄支之南，有已程不国，汉之译使自此还矣。"[20] 其所记录的是从徐闻（今广东徐闻）港、合浦（今广西合浦）港到都元国（苏门答腊）、邑卢没国（今缅甸勃固附近）、黄支国（今印度马德拉斯附近）、皮宗（今马来半岛克拉地峡的帕克强河口）、日南（今越南中部）、象林（今越南广南维川南）等海上丝路之交通情况。可见，汉代中国与东南亚、南洋群岛、南印度以及斯里兰卡等国都有密切的海上丝路交往。

西汉初年汉武帝平南越后，曾派使者沿南海和印度洋，经东南亚、孟加拉湾，抵达印度半岛的东南部以及锡兰（今斯里兰卡）。东汉时期，"至桓帝延熹九年（166年），大秦王安敦遣使自日南徼外献象牙、犀角、瑇瑁，始乃一通焉"[21]。这是有关中国与罗马首次海路往来的记载。与罗马的海上贸易，在古罗马科学家普林尼的《自然史》一书中也有所记载。

▲ 图1-4 西汉人头木祖

唐代高僧对中外漆艺文化交流作出了很大贡献，他们将漆器艺术应用到建筑庙祠（飞金上漆）、夹纻漆像（镏金烫漆）、佛教法器（彩绘釉漆）、喇嘛用印（火漆）、经匣（黑漆）等领域。同时，高僧也搭乘商船往来南海沿岸各国，并参与到中外文化交流之中。譬如《求法高僧传》，即《大唐西域求法高僧传》，就记述了从公元641年至691年，来自大唐、新罗、土蕃等地高僧去南海及印度访问求法之事迹，为研究公元七世纪海上丝路国际贸易及南洋诸国状况提供了绝好资料。

《求法高僧传》卷下"贞固传"记载："净于佛逝江口升舶，附书凭信广州，见求墨纸，抄写梵经，并雇手直。于时商人风便，举帆高张。遂被载来，求住无路。是知业能装饰，非人所图。遂以永昌元年（689年）七月二十日达于广府，与诸法俗重得相见。于时在制旨寺，处众嗟曰：'本行西国，有

第一章 汉唐漆路：外溢初始

望流通，回住海南，经本尚阙。所将三藏五十余万颂，并在佛逝国，事须覆往。既而年余五十，重越流波，隙驷不留，身城难保，朝露溘至，何所嘱焉？经典既是要门，谁能共往收取？随译随受，须得其人。'众佥告曰：'去斯不远，有僧贞固……'……及广府法俗，悉赠资粮。即以其年十一月一日附商舶，去番禺。望占波而陵帆，指佛逝以长驱。作含生之梯隥，为欲海之舟舻。"[22] 佛逝国即古代的三佛齐帝国，也就是印度尼西亚苏门答腊岛古国。这段文字记载，义净从广州港出发，登上佛逝江口商船，去南海及印度，并于永昌元年七月二十日乘商船回到广府的经历，从一个侧面反映出唐朝与南海的丝路贸易状况。

《求法高僧传》中记载的西行求法高僧有60多人，其中取海道者就有30人之多。往来南海之高僧多半是乘坐唐朝商船西行的，商舶所载"唐物"，在所到之处均受到番国青睐。兹将相关搭乘商船之高僧西行者节录如下：

常慜禅师者，并州人也……附舶南征，往诃陵国。从此附舶，往末罗瑜国。复从此国欲诣中天。然所附商舶载物既重，解缆未远，忽起沧波，不经半日，遂便沉没。当没之时，商人争上小舶，互相战斗。其舶主既有信心，高声唱言："师来上舶！"常慜曰："可载余人，我不去也！所以然者……"[23]

明远法师者，益州清城人也。梵名振多提婆（原注：唐云思天）……遂乃振锡南游，届于交阯。鼓舶鲸波，到诃陵国。次至师子洲，为君王礼敬。乃潜形阁内，密取佛牙，望归本国，以兴供养。既得入手，翻被夺将。事不遂所怀，颇见陵辱，向南印度。传闻师子洲人云往大觉，中方寂无消息，应是在路而终，莫委年几。[24]

义朗律师者，益州成都人也。……与同州僧智岸，并弟一人名义玄……既至乌雷，同附商舶。挂百丈，陵万波，越舸扶南，缀缆郎迦。蒙郎迦戍国王待以上宾之礼。智岸遇疾，于此而亡。朗公既怀死别之恨，与弟附舶向师子洲，披求异典，顶礼佛牙，渐之西国。传闻如此，而今不知的在何所。师子洲既不见，中印度复不闻，多是魄归异代矣。年四十余耳。[25]

会宁律师，益州成都人也。……爰以麟德年中杖锡南海，泛舶至诃陵洲。停住三载，遂共诃陵国多闻僧若那跋陀罗于《阿笈摩经》内译出如来焚身之事……会宁既译得《阿笈摩》本，遂令小僧运期奉表赍经，还至交府，驰驿京兆，奏上阙庭，冀使未闻流布东夏。运期从京还达交阯，告诸道俗，蒙赠小绢数百匹，重诣诃陵，报德智贤（原注：若那跋陀罗也），与会宁相见。于是会宁方适西国。……春秋可三十四五矣。[26]

运期师者，交州人也。与昙闰同游，仗智贤受具。旋回南海，十有余年。善昆仑音，颇知梵语。后便归俗，住室利佛逝国，于今现在。[27]

木叉提婆者，交州人也（原注：唐云解脱天）。不闲本讳。泛舶南溟，经游诸国。到大觉寺，遍礼圣踪。于此而殒，年可二十四五矣。[28]

窥冲法师者，交州人，即明远室洒也。梵名质呾啰提婆。与明远同舶而泛南海，到师子洲。向西印度，见玄照师，共诣中土。……首礼菩提树，到王舍城。遘疾竹园，淹留而卒，年三十许。[29]

智行法师者，爱州人也。梵名般若提婆（原注：唐云惠天）。泛南海，诣西天，遍礼尊仪。至殑伽河北，居信者寺而卒，年五十余矣。[30]

大乘灯禅师者，爱州人也。梵名莫诃夜那钵地已波（原注：唐云大乘灯）。幼随父母泛舶往杜和罗钵底国，方始出家。后随唐使郯绪相逐入京，于大慈恩寺三藏法师玄奘处进受具戒。居京数载，颇览经书。而思礼圣踪，情契西极。……既越南溟，到师子国观礼佛牙，备尽灵异。过南印度，覆届东天，往耽摩立底国。既入江口，遭贼破舶，唯身得存。[31]

彼岸法师、智岸法师，并是高昌人也。少长京师，传灯在念。既而归心胜理，遂乃观化中天。与使人王玄廓相随。泛舶海中，遇疾俱卒。[32]

昙闰法师，洛阳人也。……渐次南行，达于交阯。……附舶南上，期西印度。至诃陵北渤盆国，遇疾而终，年三十矣。[33]

…………

道琳法师者，荆州江陵人也。梵名尸罗钵颇（原注：唐云戒光）。……遂欲寻流讨源，远游西国。乃杖锡遐逝，鼓舶南溟。越铜柱而届郎迦，历诃陵而经裸国。所在国王，礼待极致殷厚。经乎数载，到东印度耽摩立底国。……自尔之后，不委何托。净回至南海羯荼国，有北方胡至，云有两僧胡国逢见，说其状迹，应是其人。与智弘相随，拟归故国，闻为途贼斯拥，还乃覆向北天，年应五十余矣。[34]

昙光律师者，荆州江陵人也。……南游溟渤，望礼西天，承已至诃利鸡罗国，在东天之东。年在盛壮，不委何之，中方寂无消息，应是摈落江山耳。[35]

慧命禅师者，荆州江陵人也。……泛舶行至占波，遭风而屡遘艰苦。适马援之铜柱，息匕景而归唐。[36]

灵运师者,襄阳人也。梵名般若提婆。……与僧哲同游。越南溟,达西国。……遂于那烂陀画慈氏真容……赍以归国……[37]

智弘律师者,洛阳人也,即聘西域大使王玄策之侄也。……幸遇无行禅师,与之同契。至合浦升舶,长泛沧溟。风便不通,漂居匕景。覆向交州,住经一夏。既至冬末,复往海滨神湾,随舶南游,到室利佛逝国。自余经历,具在行禅师传内。[38]

法振禅师者,荆州人也。……遂共同州僧乘悟禅师,梁州僧乘如律师……整帆匕景之前,鼓浪诃陵之北,巡历诸岛,渐至羯茶。未久之间,法振遇疾而殒,年可三十五六。既而一人斯委,彼二情疑,遂附舶东归,有望交阯。覆至瞻波(原注:即林邑国也),乘悟又卒。[39]

大津法师者,澧州人也。……遂以永淳二年(683年)振锡南海。爰初结旅,颇有多人,及其角立,唯斯一进。乃赍经像,与唐使相逐,泛舶月余,达尸利佛逝洲。停斯多载,解昆仑语,颇习梵书,洁行齐心,更受圆具。净于此见,遂遣归唐,望请天恩于西方造寺。……遂以天授二年(691年)五月十五日附舶而向长安矣。[40]

　　以上诸多高僧往来南海,或搭乘商船,或跟随使团。他们或始足于广州,或始足于合浦,或始足于交阯,或始足于长江上游内陆港口,均为中外商贾集聚之地。从大唐高僧随舶南游而又附舶东归的行程中可以看出,唐代漆器、丝绸等货物与南海诸国贸易频繁。譬如法国戴仁(Jean-Pierre Drège,1946年—)在《丝绸之路:东方和西方的交流传奇》中提到,公元743年,鉴真高僧第二次试图东渡日本,所带物品清单中就有漆碗30只,漆画屏风8幅(其中佛陀和菩萨漆画6幅、详载每月佛事漆画1幅、天体运动漆画1幅),随船手艺人有雕刻工、画师、铸工、文人等共185人[41]。可以推断,鉴真和随行以及带到日本的漆艺对日本的影响是久远的。

　　汉唐所载海上丝路贸易文献较为丰富,除了上述所提文献之外,还有《拾遗记》《后汉书》《邵氏闻见后录》《朝野佥载》《旧唐书》《新唐书》《元和郡县图志》《太平寰宇记》以及《通典》等诸多文献。

　　汉初,扶桑、泥离等国与汉朝政府都有朝贡往来。《拾遗记》卷五记载:"[孝惠帝二年(前193年)]时有东极,出扶桑之外,亦有泥离之国来朝。……至二年,诏宫女百人,文锦万匹,楼船十艘,以送泥离之使,大赦天下。"[42]

泥离国（中国东北，或埃及，或印度，或缅甸）虽已不可考，但仍能说明孝惠帝二年汉政府与海外交流之关系。汉代大秦国曾有王安敦遣使来中国，并交市于海上。《后汉书》载："凡外国诸珍异皆出焉。……与安息、天竺交市于海中，利有十倍。"[43]可见，漆器、琥珀、琉璃等珍异货物交市于海，其利极大。东汉后期，夹纻漆像在佛教文化中诞生，以至后来建筑庙祠飞金上漆、佛像镏金烫漆、法器彩绘釉漆等漆艺在唐代大兴，可见唐代佛教用漆已较为普遍。

▲ 图1-5　西汉双层九子漆奁

在知识社会学视角，唐中后期夹纻佛像的鼎盛是唐代社会走向颓废后的一次宗教选择。昂贵的大漆材料髹饰于佛像，反映出晚唐皇室对佛教的敬畏与虔诚之心，也见证了唐代漆艺文化的社会本质及艺术特征。

《旧唐书》载："广州地际南海，每岁有昆仑乘舶以珍物与中国交市。"[44]这说明唐代广州港有昆仑乘舶，并与中原有贸易往来，以珍异货物相互交市。另外，清初编修的《全唐诗》中也有大量关于漆器艺术的知识叙事，这些漆器叙事知识从一个侧面再现了唐帝国的社会气象与文化风貌。出土的漆器亦可为证，现藏北京故宫博物院的唐代漆琴"大圣遗音"和"九霄环佩"堪称漆器中的典范，再现了唐代漆器艺术的辉煌。《资治通鉴》也有"银平脱屏风，帐方丈六尺"[45]的记载。这里的"银平脱屏风"，即平脱漆器，是唐代漆器中的精品。唐天宝年间，一件平脱背镜的售价要达到三千至五千钱[46]，足以说明唐代平脱漆器十分贵重。唐肃宗甚至几次下诏，为杜绝奢侈而禁造平脱漆器。但在陕西、河南等地仍然出土有这种奢侈漆器，说明就连皇帝的诏书也无法抵挡奢华漆器的生产与消费,这也从侧面显出大唐王朝走向没落。

唐人杜佑在《通典》中也多有记载南海丝路贸易之情况,并对汉唐南海丝路作了这样的总结性描述:"海南诸国,汉时通焉。大抵在交州南及西南,居大海中洲上,相去或三五千里,远者二三万里。乘舶举帆,道里不可详知。外国诸书虽言里数,又非定实也。其西与诸胡国接。元鼎中,遣伏波将军路博德开百越,置日南郡。其徼外诸国,自武帝以来皆献见。后汉桓帝时,大秦、天竺皆由此道遣使贡献。及吴孙权,遣宣化从事朱应、中郎康泰使诸国,其所经及传闻,则有百数十国,因立记传。晋代通中国者盖尟。及宋齐,至者有十余国。自梁武、隋炀,诸国使至踰于前代。大唐贞观以后,声教远被,自古未通者重译而至,又多于梁、隋焉。"[47]这段史料再现了汉唐海上丝路贸易的简要历史,"伏波",即降伏波涛之含义。"伏波将军"是汉代与海洋相关的一种将军封号,还有"楼船将军""横海将军"等。公元前112年,汉武帝派遣第一任伏波将军路博德率船队10万余人开往百越,平定吕嘉叛乱。此后,"徼外诸国,自武帝以来皆献见",大秦与天竺等国皆由此道派遣使臣贡献方物。一直到大唐贞观时期,南海丝路仍是中国与诸番贸易的主要通道之一。

总之,汉唐是中国封建社会的上升时期,统一的汉唐帝国处于世界中心地位,秉承文化发展与输出主义。漆器是汉唐时期文化外溢的一个典范,"文化外溢"也就成为汉唐社会一个重大的文化主题与发展战略,其核心诉求不仅关涉输入国文化发展的示范、推动与提升,还指向中华文化与诸番文化之间的交流、增益与互补。

国家政策与管理是文化外溢的重要保障。汉唐开放的外交政策为开辟丝绸之路提供了重要的契机。同时,和亲外族单于、开辟灵渠等对汉唐文化的对外交流也起到极大的推动作用。

从空间分布看,陕、甘、青、宁、新等是丝路古道的主要地区。历史上,甘肃省南部和陕西省的宝鸡是周秦的发祥地,周武王灭殷后建都于镐。秦王朝统一中国后建都的地方,也在西北地区之内,而不在西北以外的其他地方。另外,秦朝统一中国后,在今天的陕西省境内设置了内史、汉中、上郡,在甘肃省境内设置了陇西、北地郡,说明今陕西省及甘肃省的部分地区处于秦朝统治中枢的近邻地区。我国古籍中所说的"中国""中原"等名称,仅指华夏民族与华夏文化孕育和发展的地区。到了秦汉,建立了统一的多民族国家之后,"中国"和"中原"的含义就起了变化。秦朝和汉朝在黄河流域、长江流域、珠江流域和西南地区的云南、贵州等地建立了许多郡,汉朝在今甘肃境内,除仍然保留秦朝设置的陇西郡和北地郡外,又增设了武都、金城、天水、安定、武威、张掖、酒泉、敦煌等郡,以加强对西域的管理。汉代中央对北方匈奴的方策经略,始于武帝元朔二年(前127年)。《汉书》记载:"收河南地,置朔方、五原郡。"[48]当时为了抗击匈奴对中原的侵扰,政府实行了移民屯田、和亲等边疆政策,从而使得匈奴地区人口大增,经济也快速发展。《汉书》记载:"元帝以后宫良家子王墙字昭君赐单于。单于欢喜,上书愿保塞上谷以西至敦煌,传之无穷,请罢边备塞吏卒,以休天子人民。"[49]此时,北方边郡进入了大发展、大繁荣时期,这种安定团结的局面一直延续到两汉之际。经济的发展,中原人的迁徙而至,也带去了当时发达的漆器生产技术。

唐代时,中央军队消灭突厥等势力,西域大部分地区的王国均臣服于大唐。唐政府在西域设立安西都护府及北庭都护府等行政单位,并将西域划归陇右道,设立安西四镇作为西域地区的主要城市。到了唐玄宗开元年间,国家增设碛西节度使,使唐朝在西域有效地行使政治、军事权力。这对维护唐国家统一的政权,发展古道丝路上中西文化交流,促进西域和中原以至中外文化对话,均有重大意义。

在汉代,中国西域漆器发展特别兴盛。在中国西北的考古发掘工作中发现,内蒙古、陕北、山西、甘肃、青海、新疆、宁夏等地区都存在着大量漆物。漆器作为当时较为奢侈的生活用品广为流传,为一般贵族富豪和有钱人所大量地使用,并在其主人死后随之埋葬于地下。漆器是研究汉代手工业及其文化历史的"活化石",它能反映出西北地区漆器手工业的生产与发展,更能昭示西北古道丝路漆器文化外溢的历史境况。

长安是丝路古道的出发地,汉代长安虽没有设置漆器生产中心,但因其独特的地理与政治优势,漆业发达。从二十世纪五十年代以来考古发现的陕西汉代漆器的分布看,出土汉代漆器的地点集中在渭河南北的华县、西安、咸阳、扶风、陇县,以及陕南汉水旁的安康,还有陕北的甘泉和榆林靖边县等,但主要集中分布在长安与渭城地区。漆器种类有木奁、竹奁、木耳杯、木盘、盒、案、木器、困、枕、革、罐、镜、棺,陶胎漆器有鼎、困、奁、盒、罐、灯、熏炉、壶、钫、钟、盘、灶、盆以及漆器之饰件等种类。可见,汉代陕西漆器生产已有了一定规模。

甘肃是丝路古道的必经地，汉代甘肃独特的地理位置，使得官营手工业及其漆器生产发达。汉代国家先于甘肃置凉州，至元封五年（前106年），又先后改置武都、陇西、金城、天水、安定、北地、武威、张掖、酒泉、敦煌等10郡。此时，甘肃仍是国家盐业、工业与手工业重要地区。武威郡位于河西走廊东部，汉帝国开发河西，建立四郡，武威是河西四郡之一。武帝分置四郡后，即从内地大量移民开荒，这样才巩固了汉代在河西各郡的政治经济基础和统治地位，也打通了中西交通要道。天水郡素有"陇上江南"之称。从考古出土漆器的地点来看，汉代甘肃漆器主要分布在武威（磨咀子与雷台）、天水放马滩、灵台县沟门、高台县骆驼城南、成县尖川、永昌水泉子等地，另外还有静宁县李店镇王沟村、甘谷县新兴镇七甲村等地。甘肃汉代漆器按照功能分类，主要有日常用具、丧葬用具与天文仪器等：日常用具有漆几、漆奁、漆碗、漆碟、漆盘、漆盒、漆樽、漆锤、漆耳杯、漆案、漆匣石砚、漆针线盒、漆箸、漆钵、漆葫芦等，丧葬用具有漆木车、漆木马、漆棺等，天文仪器有栻盘等。汉代甘肃漆器生产种类齐全，实用科学，并且富有民族特色。

青海是汉代的西羌地，有丝路重要辅道之青海道。武帝元狩二年（前121年）征伐四夷，北却匈奴，西逐诸羌，初开河西，列置四郡，通道玉门，隔绝羌胡，使南北不得交关。从此，中原文化开始入驻西羌部落。王莽新朝时期，在湖北岸置西海郡。东汉中后期，"建复西海郡县，规固二榆，广设屯田，隔塞羌胡交关之路，遏绝狂狡窥欲之源。又殖谷富边，省委输之役，国家可以无西方之忧"。西羌文化逐渐与中原文化融合。西羌人所居无常，依随水草，地少五谷，以产牧为业。至少从目前考古来看，青海汉代还没有发现有漆树种植的记载，这对青海漆艺的发展极为不利。但青海的邻省甘肃、陕西、四川等地都有漆树种植的记载，它们为青海漆艺提供了资源支持。青海是中原通往西域、吐蕃的交通要道，河西走廊南面的羌道（即青海道）是当时通向西域的一条重要辅道。青海漆器制作原料或部分漆器可能源于中原、巴蜀等地。考古发现，青海汉代墓群主要集中在平安、大通、民和、乐都、互助、西宁等地。其中漆器保存完好且最多的是青海平安县汉代墓。墓中漆器以木胎为主，也反映出汉代青海木漆器加工手工业十分发达，从青海不断出土的木简、木马、木牛、木漆器等便是见证。青海汉代出土漆器型主要有漆盌、木食盒、案、耳杯、碗、牛车模型、镇墓兽、簪、梳、篦、条板等。按照功能分，大致有四类：生活饮食器，如漆盌、木食盒、案、耳杯、碗等；梳妆用具，如簪、梳、篦；生活生产用具，如条板等；明器有镇墓兽、牛车模型等。汉代青海漆器手工业的发展有自己的民族特色，也有中原文化因子。

新疆地处欧亚大陆交通之要冲，是东西文化交流之关道。新疆，汉称西域，意思是中国西部的疆域。汉代国家为了打败匈奴而巩固其统治，"自武帝初通西域，置校尉，屯田渠犁"[50]。太初三年（前102年）战胜大宛后，西汉朝廷在轮台（今新疆轮台东）、渠犁（今新疆库尔勒西南）置使者、校尉，后又设置伊循都尉、护鄯善以西使者。西汉末，外戚作乱，王莽篡权而内地政局不稳，天山南北各地又陷入分裂割据状态。至东汉初年，匈奴南下重新统治西域。随着西汉政府在西域设置行政机构以及丝绸之路的开辟，加之新疆物产资源丰富，汉代新疆的手工业逐渐开始兴盛。尤其是制陶、冶炼、漆器、毛棉纺织、木器等手工业，生产技能达到了较高的水平。汉代新疆冶铁业相当兴盛。毛棉纺织业也是汉代新疆特别发达的手工业。从考古发掘看，新疆出土汉代漆器的主要墓葬分布于罗布淖尔地区的营盘、楼兰故城、喀什河吉林台、别特巴斯、库车县、乌鲁木齐市等地区。从出土漆器风格看，这里的漆器既有与中原漆器风格相同的，也有与中原风格迥异的。《史记》载："宛以西，皆自以远……自乌孙以西至安息……其地皆无丝漆，不知铸钱器。"[51]这说明汉代新疆没有大漆种植，主要靠内地输入。实际上，在新疆考古中发现漆器的墓葬不多见也能证明之。从出土的少量汉代新疆漆器来看，其工艺设计在保持自己的多民族设计风格的同时，还主要受到了汉代甘肃河西走廊与中原内地漆器设计风格的影响。

汉以来，丝绸之路的开通促进了宁夏与中原文化之间的交通，更开启了文化传播之旅。从长安出发至凉州（今甘肃武威）段，其中有一条重要的线路，就是经过今宁夏南部的固原，即西汉时期的高平，固原也因此成为丝绸之路上的一个重镇。从汉代宁夏与中原的交流来看，汉代手工业设计风格与思想也必然受到中原汉文化的渗透与影响。从目前出土的宁夏汉代漆器分布情况来看，以固原的汉代漆器遗存最多，其次是同心县、西吉县等地。从出土漆器的功能类型看，宁夏出土汉代漆器有漆棺、漆杯、漆盘、漆盒、漆器口装饰铜扣、漆剑等，其中以漆棺为主。从出土漆器胎型看，出土漆器以木胎为主。

其中固原市原州区东郊乡雷祖庙村与固原北塬西郊乡两处发掘的漆棺与漆器碎片上有漆画，它们是研究宁夏汉代漆器手工业重要的文物见证。

在唐代，四川主要盛产雕漆与金银平脱漆器。由于同漆色彩的差异，亦有"剔彩"、"剔犀"、"剔红"、"剔黑"等名目。金银平脱漆器在唐代主要的生产中心在长安的官属漆器作坊，但在四川也有生产，而且技艺相当先进。《万历野获编》称："滇工布满内府。"[52]雕漆始于唐代，全国以四川、云南大理为主产地。明代沈德符在《万历野获编》中记载："唐之中世，大理国（作者按：此处"大理国"或为"南诏国"）破成都，尽掳百工以去，由是云南漆织诸技甲于天下。""今雕漆什物，最重宋剔……其价几与宋埒，间有漆光黯而刻文拙者，众口贱之，谓为旧云南。"[53]所以"雕漆"固称"云南雕漆"，或"云雕"，或"假雕漆"，或"堆红器"。可见自唐宋以来，云南大理素以制作雕漆而著称于世。

唐代诗人杜甫为避安史之乱，客居秦州，留有诗作"近闻西枝西，有谷杉漆稠"[54]之句，可见天水大漆之盛和漆艺之发达。1970年，人们在天水县甘泉寺发掘北宋元丰年间的墓葬时，曾出土过漆碗等。漳县在发掘元大德年间光禄大夫、大司徒汪公墓中也出土有刻双龙的朱漆桌等。唐朝诗人王维《辋川集》序中有云："余别业在辋川山谷，其游止有孟城坳……漆园、椒园等。"[55]这说明长安附近蓝田辋川（在今陕西蓝田终南山中，是王维隐居之地）盛产大漆。据《资治通鉴》，"有漆弓百五十斤"[56]，"银平脱屏风，帐方丈六尺"[57]。可见唐朝陕西地区作为国都之地，大漆工艺也很辉煌。

汉代文献关于欧洲的记载很多，如《史记》之"大宛列传"记载了"安息在大月氏西可数千里"[58]。安息，即波斯，今伊朗。汉初国家设置酒泉郡管理西北国，并与安息有贸易往来。"大宛列传"记载了安息人在汉使还国之时，"以大鸟卵及黎轩善眩人献于汉"[59]。另外，在《汉武帝别国洞冥记》中也记载"元封三年（前108年），大秦国贡花蹄牛"[60]。大秦，即黎轩，或指叙利亚，或指罗马帝国领地。尽管"大秦"所指不定，但为西域外国是不容怀疑的。罗马著名学者普林尼（Pliny the Elder, 23—79年）之《博物志》曾记载古通丝路贸易之盛况："赛里斯人即处此。其林中产丝，驰名宇内。……后织成锦绣文绮，贩运至罗马。"[61]赛里斯人，即中国人。

尽管汉代典籍中少见其与西域漆器贸易，但仍能看出汉代国内漆器生产及其贸易之盛况。譬如《盐铁论》中涉及漆艺的就有《本议》《通有》《国疾》《散不足》等文。《本议》之大夫曰："陇、蜀之丹漆旄羽，荆、扬之皮革骨象，江南之枏梓竹箭，燕、齐之鱼盐旃裘，兖、豫之漆丝絺纻，养生送终之具也，待商而通，待工而成。"[62]《本议》确立了"盐铁会议"的基本议题。大夫认为："盐、铁、均输，万民所载仰而取给者，罢之，不便也。"[63]而文学认为："愿罢盐、铁、酒榷、均输，所以进本退末，广利农业，便也。"[64]讨论中大夫代表用工商业"足民财"的事实驳斥文学。从议论中我们可以窥见西汉中期手工业、商业等发展情况。从地点分布上看，全国手工业重镇甚多，如有陇（汉陇西郡，今甘肃一带）、蜀（汉蜀郡，今四川一带）、荆（近湖北省一带）、扬（今安徽、江苏等省部分地区）、江南（汉指豫章、长沙二郡，今湖南、江西一带）、燕（今河北省一带）、齐（今山东省北部一带）、兖（今山东省西部及河南省东部）、豫（今河南省一带）等地。从物产类属上看，全国物产丰富，如有丹（丹砂）、漆、旄（泛指兽毛）、羽、皮革、骨、象（象牙）、枏（楠）、梓、竹、箭（竹的一种）、鱼、盐、旃（用兽毛制成的毡子）、裘、丝、絺（细葛布）、纻（苎布）等。而且大夫指出，漆器乃"养生送终之具"，"待商而通，待工而成"。这说明当时商业与手工业在社会与生活中的重要地位，更能看出漆器作为"商品"的流通情况。

"通有"之大夫曰："故工商梓匠，邦国之用，器械之备也。"[65]文学曰："今世俗坏而竞于淫靡，女极纤微，工极技巧，雕素朴而尚珍怪，钻山石而求金银……旷日费功，无益于用。"[66]文学曰："若则饰宫室，增台榭，梓匠斵巨为小，以圆为方，上成云气，下成山林，则材木不足用也。男子去本为末，雕文刻镂，以象禽兽，穷物究变，则谷不足食也。妇女饰微治细，以成文章，极伎尽巧，则丝布不足衣也。"[67]这说明当时手工艺的"工极技巧""雕文刻镂"之风已经开始盛行，漆器髹饰定是"旷日费功"而"尚珍怪""求金银"。"国疾"之丞相史曰："大夫难罢盐、铁者，非有私也，忧国家之用，边境之费也。"[68]贤良曰："大臣擅权而击断，豪猾多党而侵陵，富贵奢侈，贫贱篡杀，女工难成而易弊，车器难就而易败，车不累期，器不终岁，一车千石，一衣十钟。常民文杯画案，机席缉蹋……"[69]这里的"文杯画案"即漆器。"散不足"篇中论及漆艺的内容最多，但"篇中贤良特将关于社会民生方面的各种精神的及物质的分配情况，分为八大纲领，分别列举了三十二项事实，作了一个所谓'今不如昔'的具体对比说明。据他们原来的意思，本是要用来证明奢侈逾制，世风不古的。但也反映了当时的社会民生，特别是新兴地主阶级的生活，确也出现了前所未有的繁荣"[70]。从造物视角分析，"散不足"透露出以下造物盛况：其一，建筑。"今富者井干增梁，雕文槛楯，垩幔壁饰。"[71]幔，涂的意思，足见当时建筑漆饰流行。其二，玩好之物。"今民间雕琢不中之物，刻画玩好无用之器。玄黄杂青，五色绣衣，戏弄蒲人杂妇，百兽马戏斗虎，唐锑追人，奇虫胡姐。"[72]追，即雕。唐锑追人，宝石艺雕人。从目前很多汉墓出土的冥器可以见出，这段文字记载基本属实。其三，辎车。"今富者连车列骑，骖贰辎軿。中者微舆短毂，繁髦掌蹄。夫一马伏枥，当中家六口之食，亡丁男一人之事。"[73]骖贰辎軿，即有帏三匹马拉车，大漆用于车马成为汉代时尚。其四，漆器、金器与铜器。"今富者银口黄耳，金罍玉钟。中者野王纻器，金错蜀杯，夫一文杯得铜杯十，贾贱而用不殊。"[74]银口，即汉代扣器；文杯，即漆杯。其五，服饰、屏风、漆器。"今富者黼绣帷幄，涂屏错趾。中者锦绨高张，采画丹漆。"[75]趾，屏脚也，说明漆屏风彩画丹漆。其六，杯棬、屏风。"堕成变故伤功，工商上通伤农。故一杯棬用百人之力，一屏风就万人之功，其为害亦多矣！"[76]杯棬，盛羹、注酒及盥洗等器之总称；屏风，即漆屏风。

汉代内地漆器之发达必然为西域漆器贸易提供物质基础，即为古道丝路贸易的发展提供源源不断的漆器产品，加之西域也可能有自己的漆器生产，因此，尽管鲜见文献记录古道丝路漆器贸易，但其与西域诸国的贸易往来是可能的。

三、汉唐西域与内陆漆艺文化互动

新疆，汉代称为"西域"。西域独特的地理位置与自然环境，哺育出这里富有多元性、大包容性之灿烂文化。它不仅汲取中原文化，还吸纳中亚诸国文化，乃至古道丝路上欧洲文化的精华。

根据考古发现，民丰尼雅遗址、和田周围的古城遗址、罗布淖尔地区楼兰晚期墓葬均发现有汉代陶器，说明汉代新疆制陶业已经相当成熟。同时，在新疆的民丰尼雅、洛浦县的阿其克山、库车县的阿艾山等地均发现汉代冶铁地址遗存，新疆的婼羌、鄯善、姑墨、龟兹等地皆盛产铁矿，说明汉代新疆冶铁业相当发达。

新疆本地并不生产大漆。从出土的少量汉代新疆漆器风格来看，主要受汉代甘肃河西走廊与中原内地漆器风格影响。不过，汉代中原与新疆的交流为漆器业的发展提供了有力的保障，譬如汉代内地的主流文化意识为西域漆器生产提供了思想文化资源。中华人民共和国成立前，除在罗布泊北端发现的汉代遗址外，"在罗布泊地区又两次发现西汉末至东汉的古墓，出土有陶、木、漆器和相当丰富的东汉织锦实物资料"[77]，汉代漆器遗存的发现说明了西域漆器使用及其发展情况是可信的。

二十世纪九十年代以来的新疆考古发掘出土的漆器也不少。1995年11月，新疆营盘墓地进行首次考古，发掘清理150座墓葬，出土漆器有漆杯、漆奁盒等[78]。1998年3月，人们在楼兰遗址区古城西北约4.8千米（楼兰故城东北23千米）的两处台地上分别清理两座墓葬。"彩棺墓1座……棺头外置二件漆器（一盘一杯）。……从彩棺的图案（朱雀，玄武图案）以及狮纹毛毯分析，其年代应在东汉末年到西晋时期。"[79] 1999年底，又在营盘墓地进行抢救性清理，发掘出土汉代墓葬，"其中有三具箱式木棺外壁绘满了彩色图案，纹样为神兽、辟邪、人面、云气、玉璧、日、月等，随葬品中的弓、箭、漆奁、铜镜等也很具特点"[80]。2003至2004年，新疆维吾尔自治区博物馆收藏了乌鲁木齐市刑警大队移交的两批文物，其中有"漆柄草茎刷"，用草茎秆束扎而成[81]。2003年4月到10月，新疆文物考古研究所组队对喀什河吉林台水库淹没区内的墓葬进行了大规模考古，发掘墓葬630多座。墓葬时代的上限推测相当于中原地区的战国时期，下限至汉晋。"别特巴斯陶墓群出土一批重要的文物，包括有陶器、铁器、铜器、石器、木器（个别墓葬中发现有漆木器）、骨器、金器等。"[82] 2007年8月至9月，新疆文物考古研究所与阿克苏地区文物局、库车县文物局在新疆库车县友谊路地下街共清理发掘砖室墓7座，小型竖穴墓3座。"斜坡墓道单室穹隆顶砖室墓发掘4座……还有一些贴金髹漆木棺的漆皮和贴金残片痕迹。……斜坡墓道双室穹隆顶砖室墓发掘1座（M1）……残存遗物有陶罐、灯盏、五铢和龟兹小钱等，还清理发现有少量髹漆贴金木棺残迹。"[83] 另外，新疆汉代的漆器风格既有中原漆器风格特点，也有地域特色。从功能类型上分类，汉代新疆漆器主要有生活饮食具、梳妆用具、生活卫生具、丧葬具等四大类别：生活饮食具，如漆杯、漆盘等；梳妆用具，如漆奁等；生活卫生具，如漆柄草茎刷等；丧葬具，如漆棺等。汉代新疆漆器主要为木胎挖斫而成，如漆奁、漆杯等。这些漆器的装饰工艺主要采用彩绘、贴金等髹饰技法，贴金主要用于丧葬棺具。在漆器上贴金银箔的金银平脱技法盛行于西汉中后期，湖南长沙汉墓、安徽天长三角圩汉墓、广西合浦汉墓、江苏邗江姚庄汉墓、陕西咸阳马泉汉墓等均发现金银平脱技法漆器，说明贴金银箔的金银平脱漆器技法在西汉中后期开始传入西域。汉代新疆漆器风格以素面为主，部分彩绘有花卉图案。如营盘出土的漆"木器以素面为主，少量绘彩木器中常见的是通体黑彩，即通称的'漆器'，主要使用在小巧玲珑的奁、粉盒、纺杆上，纹样有彩带、三角、叶瓣、圆点纹等"[84]。营盘出土的漆奁花纹图案设计与相同地点出土的西域毛锦图案设计十分相似。营盘出土的毛绣花纹为由七瓣花组成的四方连续棱格，其内有四叶八蕾，在大叶瓣间也穿插四方花叶。毛绣花纹与漆奁花纹在形状上极为相似，分布皆为四方对称，布局工整，技术娴熟。这说明汉代新疆漆器的花纹设计吸收了当时西域毛绣织锦花纹的设计风格。

汉代新疆漆器设计风格深受甘肃与中原漆艺影响，其梳妆漆器用具的风格与内地基本相同。"汉代西域人不仅喜欢内地衣服样式，还喜欢使用内地流行的梳妆用具。如楼兰古城附近的墓葬和洛浦山普拉等地发现的木梳、铜镜和盛放铜镜的镜袋、漆奁等物，都与内地完全相同。"[85]这说明汉代新疆漆器设计与内地有基本相同的设计思想。楼兰古城（今罗布泊西岸）东约六七千米处曾发现东汉墓葬区，仍是依汉族葬俗[86]，"营盘15号墓的丧葬习俗不仅在河西走廊地区，而且在远离西域的长江流域也可找到同类，可以肯定地说，营盘人的丧葬风俗采自汉地"[87]。而且出土的器物中有大量的珍贵文物，反映了汉代新疆与内地中原一样，具有崇尚厚葬之风。

▲ 图1-6 长沙马王堆1号墓出土汉代双层九子漆奁

"乌鲁木齐市的阿拉沟、鱼尔沟、艾维尔沟墓葬地处苏贝希文化与察吾乎文化的交界地带，文化因素反映出交融的特征。……随葬品有陶器、木器、铜器、铁器、金、银、漆制品、丝织品等。……漆制品有流云纹盘。"[88]纹样是线的组合艺术，也是对事物抽象的形态。流云纹样是汉代漆器设计中最常见的一种，云纹也是汉代神仙思想与五行思想在漆器上的集中表现，具有动感与神韵之美。汉代新疆漆器及其他器具上的流云与波纹纹样，显然受到了中原漆器纹样的启发与浸染。实际上，"从汉晋时期开始，西域人民便喜欢使用内地流行的梳妆用具。在民丰县尼雅河旁一座古遗址中出土的殉葬的奁盒系用我国南方常用的藤条编成，内装一面篆体书写的'君宜高官'铜镜。另有绸制绣花粉袋、漆花、木梳、线具，与内地所用物品无异。吐鲁番等地发现许多木梳，形式与内地长沙、江陵等地出土的完全相同。此外还发现了铜镜和盛放铜镜的漆奁等。现在民间流行的梳妆用具基本与内地相同"[89]。不光是器皿上的文字设计，布锦上的文字设计也具有汉代特色。楼兰古城东东汉墓葬区，发现有"延年益寿大宜子孙""长寿光明""长乐光明""长葆子孙"锦[90]。另外，"瑞兽纹文句锦缘毹花毛布裤、'大长乐明光承福受右'锦方枕、'大长乐明光承福受右'锦残片、格纹丝编织组带大概属于同一时期，年代属于东汉至西晋"[91]。这种吉祥文字设计在汉代瓦当设计中最为常见。瓦当字样是人民思想与意愿的具体化和符号化体现，流行广泛，具有很强的艺术生命力，在汉代建筑设计中具有代表性，它表达了汉代人与宇宙"万岁""安乐"的生命观。这些种类的吉祥文字设计在新疆出土的汉代文物中也多有所见，同样传达出类似的吉祥美好的设计思想。

最后，汉代新疆漆器图案与风格设计，受甘肃河西走廊及中原文化影响深远。"从乌鲁木齐鱼儿沟墓葬出土的漆器、丝织物和小铁刀，都是来自祖国的中原地区。鱼儿沟和阿拉沟墓葬中出土的彩陶，据考古工作者分析，它的图案和风格，显然是受到了甘肃河西走廊古代文化的影响，并和玉门清泉火烧沟遗址中出土的彩陶图案，有着明显的共同点。"[92] 1998年3月，新疆文物考古研究所在楼兰遗址区清理两座墓葬时发现，墓中彩棺五面绘彩，棺体上绘铜钱纹及花卉纹，棺两头封板上分别绘朱雀和玄武。彩棺上的朱雀与玄武是汉代艺术设计中典型的"四神"图案。青龙、白虎、朱雀、玄武一起并称"四神兽"。四大"方镇"之神常用来表示方位，它始于汉代，汉陵便有以四神瓦当表示方位的做法。王莽时流行"四神瓦当"，即瓦当上面有青龙、白虎、朱雀、玄武形象，用以表示东、南、西、北方位。在汉代画像石中，四灵作为祥瑞的象征，有辟邪驱恶之功能。"在汉代人的思想中，打鬼驱邪是为升仙开道，而驱邪和升仙过程中都离不开神兽。因为龙虎神兽，可使凶煞恶鬼不敢妄动，有助于墓主升仙。"[93]汉代新疆漆器图案中的朱雀与玄武正好对应南与北的方位，也体现出其设计所传达出来的宗教信仰思想。

简言之，由于汉代国家对西域实行戍边屯田政策，以及丝绸之路的开辟，汉代新疆漆器设计风格与思想深受甘肃河西走廊地区以及中原内地影响，尤其在漆器梳妆种类、纹样图案、平面文字等方面基本与内地相仿。由此可见汉代新疆与中原内陆文化和商业的交流，以及设计思想与风格上的相互接纳及吸收。从物体系看，新疆漆器具有独特的地域风格与生产体系，作为新疆物质文化遗产，它们是新疆文化的物质载体与情境道具，以物体系建构出了汉代新疆人们的生活理念、审美观念与文化制度体系，对汉代文化的贡献巨大。从传统文化看，新疆漆器不仅具有社会用途与主观解释，还能表明汉代新疆传统文化具有自己的地域身份与区域特色，并兼具"同制京师"的社会化倾向，它的装饰、思想与制度文化已成为新疆文化的转述者。从传播学看，新疆漆器的社会性主要得益于中原漆器文化以及它内部系统的多元性。新疆漆器文化也成为新疆美学思想向中原或西域传播的重要物质载体，它特有的艺术文化秉性散发出西域古典美学思想，它所传递的美学思想表现出一种被信赖的西域美学思想，以及与他域美学思想交融的文化态势。

兵器是见证唐代与边塞军事关系的凭物。实际上，大漆与兵器之间有"盟友"关系。中国古代弓箭多为大漆髹饰而成，主要原因：一是大漆髹涂后，产生的漆膜非常光滑，弓箭在运动中与风的摩擦力小，可以增加箭的速度；二则大漆髹涂兵器不易腐烂，可以长久保存；三是大漆漆膜非常耐磨，弓与弓之间磨损小，搬运方便。

1928年7月30日，日本媒体报道石狩町红叶山遗址发掘出1800年前的漆弓，该漆弓长1.20米，宽0.04米，朱红为底，髹玄纹案。考古学家江上波夫认为，该漆弓纹样酷似西伯利亚蒙古地区的风格，不过，结合同时出土的陶器、石器、骨珠等装饰品来看，它们与中国大陆之间的文化联系相当明显。《春秋左传·宣公二年》中有这样一段文字记载："宋城，华元为植，巡功。城者讴曰：'睅其目，皤其腹，弃甲而复。于思于思，弃甲复来。'

使其骖乘谓之曰：'牛则有皮，犀兕尚多，弃甲则那？'役人曰：'从其有皮，丹漆若何？'华元曰：'去之！夫其口众，我寡。'"[94]这里的"从其有皮，丹漆若何？"说的是春秋时期，宋国公族大夫华元带领宋军与郑国作战，宋军大败，华元被俘后，宋国用兵车与文马向郑国赎回华元。不久，宋国修城池，而华元任监工，只听筑城人唱歌讽曰："睅其目，皤其腹，弃甲而复。于思于思，弃甲复来。"但见一随从和曰："牛则有皮，犀兕尚多，弃甲则那？"而筑城人曰："从其有皮，丹漆若何？"意思是说，纵然有很多牛皮造盔甲，但没有那么多的丹漆可用。这段文字透露出两个信息：一是大漆是弓箭的天然髹涂材料；二是在春秋时期，生漆产量不是很高，且很珍贵。

唐末五代画僧贯休有诗曰："一领彤弓下赤墀，惟将清净作藩篱。"[95]这里的"彤弓"最早见于《诗经》，其《小雅·彤弓》曰："彤弓弨兮，受言载之。我有嘉宾，中心喜之。钟鼓既设，一朝右之。彤弓弨兮，受言櫜之。我有嘉宾，中心好之。钟鼓既设，一朝酬之。"孔颖达等正义曰："《彤弓》，天子锡有功诸侯也。"[96]锡，即赏赐。《诗经》之"彤弓弨兮，受言载之"，也是南朝宋颜延之在《三月三日诏宴西池诗》中所说的"彤弓受言"。可见，"彤弓"成为古代帝王恩赐的一种奢侈的符号。《诗经》之"彤弓受言"，折射出西周社会的战争与礼仪等社会面貌，以及当时贵族王室要员获得漆器的方式是被赏赐。《考工记》中大漆用于髹弓的记载有多处，如"筋欲敝之敝，漆欲测"，"丝三邸，漆三斜"[97]。这也说明此时大漆已被使用于车、弓等领域。《史记》载："二世立，又欲漆其城。优旃曰：'善。……漆城荡荡，寇来不能上。'"[98]虽未漆城，但可见漆有御寇或饰兵器之用。从考古发现，秦俑及木质战车、兵器等随葬品多用大漆。

汉代庄园手工业种类有染织、漆器、纺织、兵器、农具等。《四民月令》以时令和物候为参照标准，记述庄园一年十二个月农事、手工业、商业等活动事项的计划安排，其中就有漆弓缮治的记载。譬如 "制新、浣故""可上角弓弩，缮治"，也即可以修缮漆兵器；九月，可"修箄""缮五兵"等。漆在战争中的作用非同小可，除马车、铠甲、箭矢、盾牌、马鞍、矛、枪等髹饰外，漆还因作为当时兵器重要的黏合剂而不可或缺。2001年，云南省文物考古研究所在昆明羊甫头西汉墓发掘出土的漆器中有大量兵器，如戈柲11、钺柲7、啄柲5、斧柲2、矛柲2、戚柲5、箭箙1、锛柲5、凿柲5、锤柲1、耙柲1、纺织工具2、壶3、木雕附件2、俎形器9、杖头1等。

漆兵器主要为兵器柲，木胎，木柄多以黑漆为底，用红漆描线纹，也有以咖啡色或棕红色漆装饰，有的嵌有锡片或缠以藤条、麻绳[99]。东汉应劭在其《风俗通义》一书中记载："予之祖父郴为汲令，以夏至日诣见主簿杜宣，赐酒。时北壁上有悬赤弩，照于杯中，其形如蛇。宣畏恶之，然不敢不饮，其日便得胸腹痛切，妨损饮食，大用羸露，攻治万端，不为愈。后郴因事过至宣家，窥视，问其变故，云畏此蛇，蛇入腹中。郴还听事，思惟良久，顾见悬弩，必是也。则使门下史将铃下侍徐扶辇载宣于故处设酒，杯中故复有蛇，因谓宣：'此壁上弩影耳，非有他怪。'宣意遂解，甚夷怿，由是瘳平……"[100]这段话的意思是：县令应郴请主簿（秘书）杜宣饮酒，杜宣见杯中好像有条蛇，心生畏惧，但县令赐酒不敢不饮。饮酒后回到家中，杜宣只觉得胸腹疼痛难忍，一连数日多方医治无效。后来应郴去杜宣家，杜宣告诉他是酒杯中的蛇进入腹中。应郴百思不得其解，回到家中仍在思考：酒杯中怎能有蛇呢？突然，他发现北墙上挂着一张涂有红漆的弓，这才恍然大悟。他立即派人把杜宣接过来，在原来的地方摆上酒，弓映在酒杯中，形状如蛇，杜宣这才明白，酒杯中的蛇原来是弓影，疑虑顿消，不久病愈。此乃"杯弓蛇影"之说，说的是客人见杯中弓影，以为是蛇在酒中，勉强喝下，即疑虑而生病，明白真相后，疑虑消失。比喻疑神疑鬼，自相惊扰。此典故也体现出"赤弩"髹饰技艺高超。

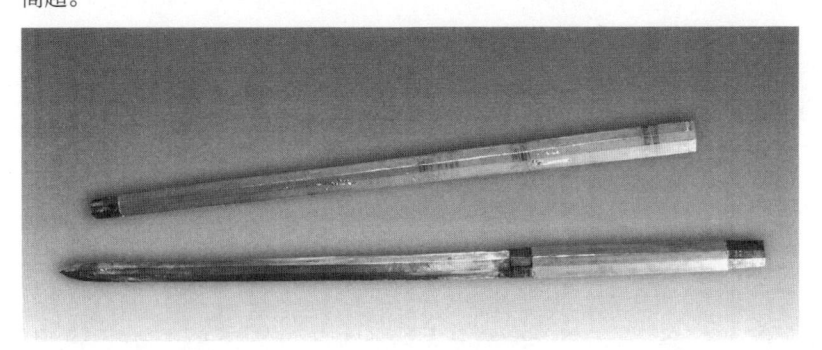

▲ 图1-7 长沙马王堆3号墓出土汉代漆剑鞘与漆角质剑

按《魏书》曰："十二月，肃宗以阿那瓌国无定主，思还绥集，启请切至，诏议之。时朝臣意有同异，或言听还，或言不可。领军元又为宰相，阿那瓌私以金百斤货之，遂归北。二年正月，阿那瓌等五十四人请辞，肃宗临西堂，引见阿那瓌及其伯叔兄弟五人，升阶赐坐，遣中书舍人穆弼宣劳。阿那瓌等拜辞，诏赐阿那瓌细明光人马铠二具，铁人马铠六具；露丝银缠矟二张并白眊，赤漆矟十张并白眊，黑漆矟十张并幡；露丝弓二张并箭，朱漆柘弓六张并箭，黑漆弓十张并箭；赤漆盾六幡并刀，黑漆盾六幡并刀；赤漆鼓角二十具……"[101]这里的"赤漆矟（长矛）""黑漆矟""朱漆柘弓（柘材为弓）""黑漆弓""赤漆盾""黑漆盾"等皆为髹漆兵器，可见大漆为兵器的上等天然涂料。

唐代，髹漆兵器亦以弓箭为主。按《旧唐书》曰："忠嗣少以勇敢自负，及居节将，以持重安边为务。尝谓人云：'国家升平之时，为将者在抚其众而已。吾不欲疲中国之力，以徼功名耳。'但训练士马，缺则补之。有漆弓百五十斤，尝贮之袋中，示无所用。军中皆日夜思战，因多纵间谍以伺虏之隙，时以奇兵袭之，故士乐为用，师出必胜。"[102]到了宋代，军用弓中多有单色黑漆弓。按《宋史》"兵十一器甲之制"条曰："器甲之制：其工署则有南北作坊，有弓弩院，诸州皆有作院，皆役工徒而限其常课。……诸州岁造黄桦、黑漆弓弩等凡六百二十余万。又南北作坊及诸州别造兵幕、甲袋、梭衫等什物，以备军行之用。京师所造，十日一进，谓之'旬课'，上亲阅视，置五库以贮之。"[103]相传北宋大军平定江南之后，赵匡胤为安定天下秩序，将散落民间的兵器集中藏于扬州兵器库，至宋末方腊起事，童贯打开兵器库取兵器，惊呼良弓——时隔100余年，弓箭胶漆不脱，完好如初。至金兵南下，江都大帅翁彦国令扬州官兵打造神臂弓，工期为一个月，然而，兵器不能用。宋代，连皮甲与马具也多用髹漆。《文献通考》曰："宋太祖皇帝开宝三年（970年），诏：'京都士庶之家，不得私畜军器。军士素能自备技击之器者，寄掌于本军之司，俟出征，则陈牒以请。……'……上亲阅之，制作精绝，尤为犀利。其国工之署有南北二作坊、弓弩院，诸州有作院，皆役工徒，限其常课。南、北作坊，岁造涂金脊铁甲、素甲、浑铜甲、墨漆皮甲……金钱朱漆皮马具装、铁钢朱漆皮马具装……凡三万二千。"[104]难怪唐代刘秩说："大铜，以为兵则不如铁，以为器则不如漆……"[105]

研究古代兵器用漆不仅能透视当时的军事历史与战争情况，还能对当代军事与军用品制造有很大启发。譬如火箭外涂用漆的开发，特别是火箭涂料漆，它能解决火箭升空与空气的摩擦产生热量的问题；军用或民用大轮船涂料漆也亟待开发，特别是海洋军用轮船底部高耐酸耐盐漆的研制，必将是漆科学中的一个重要课题；另外，军用火车、铁轨、高铁、弹药箱等耐腐用漆的研制也前景广阔。

中国丝路文化史是世界文化史的一个重要部分，中国的传统陶瓷、漆艺等工艺是中西文化艺术交流、碰撞与交融的一种典范，中国传统工艺文化对西方文明的进程及其发展起到了不可忽视的作用。从另外一个侧面看，丝绸之路是中西文化与艺术交流的前提，也是重要的、必然的产物。没有中西文明的交流，也就失去了相互发展与对话的动力源。在全球范围内，两种文明的吸引与碰撞在时空维度上实现了接纳、包容与互惠，就要数中华文明与世界文明了：在时间维度上，中华文明与世界文明的同步性是惊人的，并实现了西方文明在中华文明中的成长；在空间维度上，中华文明与世界文明的同步性也显示出阶段性的延展。就汉唐而言，丝绸之路因汉唐国家的文化强盛、对外政策以及港口贸易等内外要素，帮助中华文明首次被广泛而深入地纳入世界文明体系之中，并彰显出中华文明外溢世界的能力与张力。

四、汉唐漆艺的海外印象及影响

日朝在唐代曾派大量"遣唐使"来中国交流学习，他们也把中国的漆文化带回自己的国家，为中国与东亚的漆器艺术文化交流作出了很大贡献。李白和王维曾写下不少诗歌反映日朝遣唐使来中国的情况，这些诗歌虽然没有直接描写唐代髹漆之事，但也能从中窥见中、日、朝三国漆艺文化交流的史实。

从汉代起，中国漆器艺术就开始传入日本与高丽。日本漆器在奈良时代飞速发展，大约在公元八世纪，相当于中国唐代。从日本漆艺专业术语中，可窥见日本漆器艺术的故乡在中国。如中土平脱技术自盛唐时代开始传入日本的奈良时代，按美术史的说法是"飞鸟时代"，平脱技术一直被日本完好保存，并延传至今。另外，"根来涂"是被日本漆艺界视为比较有日本民族特色的漆器纹饰技术。殊不知，"根来涂"最早是由唐代的中国高僧带入日本的。不过，日本漆艺中的莳绘技术在江户时代达到辉煌的鼎盛时期以后，日本自认为是漆工艺"世界第一"的国家[106]，以至于西方国家称日本（Japan）为"漆国"，这实际上是一种文化误解。

唐代漆器精美绝伦，富丽奢华，并得到新罗人崔致远的高度赞扬。在新罗末期，朝鲜学者崔致远在《进漆器状》中记载："当道造成乾符六年（879年）

供进漆器一万五千九百三十五事。右件漆器，作非淫巧，用得质良。冀资尚俭之规，早就惟新之制。虽有惭于琼玉，或可代于琉瓶。伏缘道路多虞，星霜屡换，器贡难通于万里，纲行遂滞于三年，既失及时，唯忧虚月。臣今差押银青光禄大夫、检校太子宾客、兼御史中丞、上柱国辛从实押领，随状奉进。谨进。"[107]这些漆器知识叙事作为语言文本，它的意义已超越了它的本身，走向亟待形成的文化及社会符号意义。它至少有以下三层含义：

第一，"漆器一万五千九百三十五事"，说明唐代扬州大量生产漆器，生产规模极大，并且为官营作坊生产体制，也反映了唐帝国皇家使用漆器之多。

第二，作为贡器的漆器"作非淫巧，用得质良"，说明扬州唐代漆器在技术与质量上均为上乘。

第三，"惟新之制"，说明唐代扬州漆器髹漆技法较前代开始创新，并突破传统漆器之制。《桂苑笔耕集》记载："犀楪子二十片，在小合内盛，金花银脚螺杯一只。"[108]又曰："右件匙筯犀合茶椀螺杯等，虽愧金盘，粗胜棘匕，钿玫瑰之表异，固让魏铭；咏玳瑁之标奇，敢征潘赋。所贵者烟排翠点，霞染织条，掌握增荣，不虑刘使君见失；指踪任意，或希柳御史自携。况乃水族殊姿，天成雅器，永免蜘蛛寄迹，能将鹦鹉齐名。稍谓珍奇，远思寄献。伏惟静筹帷幄，许接罇罍。对郭隗于高台，深倾露液；遣甘需于仙阙，胜醉霞浆。伏惟恩私，特赐检纳，幸甚云云。"[109]这里的"金花银脚螺杯"或"螺杯"均为螺钿工艺漆器，可见唐代扬州螺钿髹漆工艺已盛起。

汉唐以来，中国工艺在艺术以及技术上均达到非常高的水平。日本寺尾善雄有这样的评价："在这些珍品中，多半可以看到现在所运用的工艺技术，其中有的在技术上今天还无法模仿。在藏品中，有铸造、镂金、镶嵌、漆工艺品，有陶器（已上釉）、镂雕玻璃之类的玻璃制品，锦缎、丝绸、绫罗、土布、蜡染，织出了配有葡萄和羽毛毽子图案的飞马、鹿、象、骆驼等形象的纺织品——有波斯、罗马、阿拉伯、印度式的花纹，从中反映了中国西域情调的丰满的美人画等等，显示出当时美术工艺水平之高超，这在世界上也是珍贵的艺术宝库。"[110]在寺尾善雄眼中，中国的漆艺被誉为"在技术上今天还无法模仿"的珍贵物品。特别是中国汉唐大漆屏风颇受日本人的青睐，曾被日本清少纳言称赞为"辉煌的东西"。他在随笔中这样评价："《坤元录》的御屏风，觉得真是很有意思的名字。汉书的御屏风，却觉得是很雄大的。

再有画着每月风俗的御屏风,也有意思。"[111]清少纳言所言中国之御屏风、汉书之御屏风、风俗之御屏风三类"辉煌的东西",映射出他对中国漆屏风的一种艺术批评立场:"有意思"与"很雄大"。在内容上,中国御屏风选的是类似于地方志的《坤元录》以及风俗为题材内容,反映出这类漆画具有生活性与民俗化的艺术风格;在形式上,"汉书的御屏风,却觉得是很雄大的",道出了清少纳言对汉代漆画风格的准确把握:"雄大"。正如鲁迅所言,"遥想汉人多少闳放,新来的动植物,即毫不拘忌,来充装饰的花纹。……汉唐虽然也有边患,但魄力究竟雄大……"[112]。可见,"雄大"是汉唐漆器艺术的重要风格特征,清少纳言对中国画的漆屏风之风格批评是恰当的,符合中国唐代漆艺品格。他在后来题为"想见当时很好而现今成为无用的东西"一文中对中国漆画屏风之损毁表示惋惜[113],也从另一个侧面体现出清少纳言对中国唐风漆器艺术推崇与赞赏的艺术态度。

▲ 图1-8 洛阳出土唐代螺钿人物花鸟纹镜

　　从这些史料以及对汉唐漆器艺术的高度评价中可以看出,汉唐中国漆器艺术在东亚一些国家是非常受欢迎的,并被视为不可复制的人间瑰宝。

　　在唐代,真腊即占腊,系今柬埔寨境内的中南半岛古国。真腊与唐朝贸易关系密切。2014年12月至2015年4月,在加拿大多伦多阿迦汗博物馆(Aga Khan Museum)与新加坡共同承办的"失去的独桅帆船:海上丝绸之路的发现"文物展中,1200年前沉没的阿拉伯"黑石号"商船上的中国"唐货"被展示在世人面前,这次展览再现了唐代海外贸易的盛况。

马克·奥莱尔·斯坦因(Marc Aurel Stein,1862—1943)曾经在米兰堡遗址考古发现很多"漆皮鱼鳞战甲残片",他认为这是"值得特别叙说的"奇异物品[114]。1906年斯坦因发现的这件八世纪唐代的皮质漆甲片,是为何物?王世襄在《髹饰录解说》中有所分析。他说:"据斯坦因所著书的描述,甲片可能用骆驼皮制成。"[115]陶宗仪也引《因话录》曰:"髹器称西皮者,世人误以为犀角之犀,非也。乃西方马鞯,自黑而丹,自丹而黄,时复改易,五色相叠,马镫磨擦有凹处,粲然成文,遂以髹器仿为之。"[116]可见,犀皮之髹器是模仿马鞯或马镫五色相叠之所为。斯坦因所发现的漆髹的犀皮鱼鳞甲片,或为犀皮漆工艺。

1922至1925年,法国阿富汗考古团在阿富汗贝格拉姆调查发现了两座南北相距约600米的城址,城址中出土了一些中国汉代漆器[117],它们见证了汉代与西亚的文化交往。1906年,斯坦因在新疆尼雅县北遗址中发现有佉卢文书及东汉封泥,金刻篆文"鄯善都尉",这说明当时鄯善已完全归服于汉朝。在尼雅遗址,斯坦因还发现了一些具有文化互动特征的中西合璧的艺术。日本学者前岛信次这样描述道:"斯坦因和他的同伴们到处作了细致的调查。房屋全是木结构的,房梁上雕刻着使人一望而知其受希腊文化影响的浮雕。从住宅的垃圾堆里还发现能让人追索古代居住者生活情况的漆器破片、毛毡制品、绢、小麦等等。"[118]这些"漆器破片"是中原漆器在西域使用的有力见证。另外,从"房梁上雕刻着使人一望而知其受希腊文化影响的浮雕",也可证实西域与希腊文化的相互影响。

有关汉唐工艺的风格特征,法国人布尔努瓦在《丝绸之路》中有这样一段精彩议论:"十八世纪里昂的那些织物的图案设计师们都不知道中国宋代那些精妙绝伦和细腻的图案,唐代那些刚劲有力的图案和汉代那些造型严密的图案,而仅仅知道中国清代那种颓废和破落的艺术,并且还不厌其烦地反复抄袭,这不能不说是一件十分令人遗憾的事情。"[119]在此,布尔努瓦在批评里昂的织物图案设计师不厌其烦地反复抄袭中国清代颓废艺术,而忘却"造型严密"的汉代工艺图案与"刚劲有力"的唐代工艺图案,这明显是十八世纪欧洲人对东方艺术的偏见所致。这一方面说明汉唐社会历史已久远，西方人很难深刻了解与学习；另一方面也说明汉唐时期的工艺美学是西方人难以把握的。实际上，布尔努瓦高度精准地评价了汉唐包括漆器艺术在内的工艺特征：汉之"造型严密"与唐之"刚劲有力"。

总之，汉唐漆器文化的外溢具有了中外文化互动的意义与特征，留给海外人永不磨灭的中华优秀文化印象。

汉唐漆器艺术是海上丝路贸易首次向世界输出中国器物之美与文化的对象，它以特有的高贵、奢华与大美向世界人民传递着中华民族的雄大气魄与致美思想。

在官营生产体系的支配下，汉唐官办漆器工场生产的漆器多半专供皇室与贵族使用，因此汉唐漆器在材料、工序以及其他辅助物上均不计成本，极尽奢华。换言之，汉唐漆器是一种非常奢华的贵族工艺，具有明显的奢侈美学思想特征。

汉代时，元帝"柔仁好儒"，成帝"善修容仪"，以致国家"绮丽、雕饰之风大盛"，错彩镂金之漆器盛行。孝成帝、孝哀帝都曾下诏禁奢靡，尚简约。《汉书》载汉成帝永始四年（前13年）诏曰："方今世俗奢僭罔极，靡有厌足。公卿列侯亲属近臣……或乃奢侈逸豫，务广第宅，治园池……而欲望百姓俭节，家给人足，岂不难哉！……其申敕有司，以渐禁之。"[120]《汉书》载哀帝绥和二年（前7年）诏曰："制节谨度以防奢淫，为政所先，百王不易之道也。……齐三服官、诸官织绮绣，难成，害女红之物，皆止，无作输。"[121]可见漆器之奢华消费已经引起国家帝王的重视，也从另外一个侧面折射出汉代漆器的奢华美学诉求。汉代国力强盛，经济文化繁荣，人们的消费水平也相应提高，物质消费更是接近奢靡。在国家层面上，唐政府为了禁止奢靡之风，特颁布"国家限漆诏令"。《资治通鉴》载曰："上问谏议大夫褚遂良曰：'舜造漆器，谏者十余人，此何足谏？'对曰：'奢侈者，危亡之本；漆器不已，将以金玉为之。忠臣爱君，必防其渐，若祸乱已成，无所复谏矣。'"[122]可见漆器的奢侈之风已经到了危及国家安全的地步。安史之乱后，唐代宗再次下旨："诏诫薄葬，不得造假花果及金手脱、宝钿等物。"[123]这说明唐代漆器奢靡之风狂进，也从另外一个侧面反映了唐代金平脱漆器与螺钿漆器之奢华，以至于国家不得不限制奢华漆器的生产，以防过分消耗国家财力，危及国家安全。

精美绝伦的汉唐漆器被称为"什物"与"唐货",它首先被输入日本、朝鲜、东南亚等国家和地区,再被输入南亚、中亚以及欧洲部分国家。日本天平胜宝八年(756年)的《东大寺献物帐》曾记载有螺钿紫檀五弦琵琶一面、螺钿紫檀阮咸一面等遗物[124],这些都是由唐代流入日本的中国漆艺瑰宝。同时,汉唐中国的漆器思想、文化及其观念也裹挟在一起被输往海外。特别是汉唐大一统的思想表现在器物身上,远播诸番。汉唐社会是中国封建社会的上升与发展时期,整个社会意气风发,并积极拓疆扩土,"天大、地大、人亦大"的社会意识形态占据主流地位,成为汉唐社会的重要主体特征。

汉唐社会之"大"可表述为西方之"崇高"(sublime),即"一种表达无限的企图"[125],它更多地指向汉唐"人"的崇高审美精神与企图。在某种程度上,"大仁""大美""大匠""大汉""大唐""大帝"等充满无限企图的语义逻辑,暗指汉唐人对"大"的倚重与推崇。相对于漆艺而言,"大美"是汉唐漆艺共同的审美特质与理想。实际上,"大漆"之"大"有着天然的"大美"潜质。《尔雅》曰:"奕奕,忧也"[126]或"夏,大也"。因此"大漆"即可谓"夏漆"也。清人朱骏声在《说文通训定声》书中指出:"(夏)此字本谊当训大也,万物宽假之时也。"[127]"大"是宇宙万物的资始。汉唐人崇高之"大"的企图与理想,正好与"大漆"之"大"走向了高度的契合与协同,或者说,大漆之"大"为汉唐人的大审美提供了一种思想"出口"与美学"进路"。

究其原因,无论在漆器空间(如汉唐漆画)表现上,还是在漆器纹样题材的选择上,汉唐漆艺无疑是"大美"艺术的典型代表,契合了汉唐人的审美旨趣与文化企图。特别需要指出的是,汉唐漆器之"大美"企图与汉唐儒学所宣扬的"煌煌盛美"有直接关系。特别是汉代的儒教神学对漆艺之美影响深远。对于汉代儒教神学而言,何谓"大"?《白虎通》给出了答案:"皇,君也,美也,大也,天人之总,美大之称也。"[128]可见,汉代地主阶级所宣扬的或在漆艺上所表现的"大美",是大"皇"(或"黄")之美。《通典》曰,"黄者中和美色。"[129]在儒教神学看来,"中和之美"是天德的表现。正如《春秋运斗枢》所言,皇天是"煌煌盛美,不可胜量"[130]的。很明显,汉代漆器之"大美"范畴,是上帝之大美的直接表现,也是上帝意志的体现,它明显带有神学的意味。不过,到了唐代,这种带有神学意味的"大美"明显消失。诗人韦应物《观早朝》曰:"丹殿据龙首,崔嵬对南山。"[131]这说明用大漆髹成的"丹殿"文化在唐代十分流行。高贵大美的丹漆美学是唐代辉煌建筑艺术的追求,盛大威美的"彤楼之美"是唐人"超以象外"的空间意象在诗歌中的一次精彩立体回放。唐代诗人王勃《滕王阁序》曰:"飞阁流丹,下临无地。"[132]文中"飞阁"就是架空建造的漆彩阁道,"流丹"是彩饰的朱漆,鲜艳欲流。"飞阁流丹"就是说,凌空建造的阁道涂有鲜艳欲流的丹漆。从"飞阁流丹"的"象外之象"看,大漆髹饰建筑的美学意境正好迎合了诗歌要表现的"超以象外"的大美盛唐气象。

总之,汉唐人的漆器之美表现出一种超大的"无限企图",这不仅体现在漆器空间上,还体现在漆艺时间叙事上。很显然,汉唐漆器之大美激起了海外人对大汉与大唐的无限神往与梦想。

汉唐漆器艺术对朝鲜与日本等东亚国家的影响是深远的,尤其是对东亚的工艺美术、建筑装饰以及佛教的影响十分明显,并由此影响了周边其他国家的文化发展。换言之,汉唐漆器艺术肩负重大的文化使命。它东渡日本、朝鲜,西抵西域,北送匈奴,南传南越与西南夷,对远播汉唐帝国的文化与美作出了独特贡献。

▲ 图 1-9 江陵高台 28 号墓出土汉代漆耳杯

相传,中国漆艺在殷商时代就传延至朝鲜半岛,但从大量的历史记载以及朝鲜半岛出土的漆器实物可以看出,这里最早接触漆器艺术是在中国汉代。1916 年朝鲜发现汉代蜀郡漆器,日本考古学者在朝鲜古乐浪郡古墓葬内发现大批有长铭文款识的汉代漆器。古乐浪郡是现在朝鲜平壤沿大同江一带地区。继 1916 年发掘后,该地区又陆续有不少重要的考古发现,如 1924 年发掘王盱墓址，找到了刻有"五官掾王盱印""王盱信印"等铭文漆器，还有建武二十一年（45年）的铭文漆杯、永平十二年（69年）的铭文神仙龙虎画像漆盘等。神仙龙虎画像漆盘描绘极为精美细腻，漆盘背面有25个工整的汉隶铭文："永平十二年，蜀郡西工夹纻行三丸，治千二百，卢氏作，宜子孙，牢。"[133]这件漆器明确地传递出它为汉代时期蜀郡与广汉郡生产制造。最多的一次发现是在1932年，当时日本考古队在朝鲜乐浪地区西汉古墓出土漆器400余件，这些漆器约出自"西汉中期至东汉初期墓葬，以石岩里第194号墓为代表……'蜀郡西工''蜀西工''广汉郡工官''子同郡工官''成都郡工官'等表明其生产地是四川"。公元前108年，汉武帝远征并攻占朝鲜，在平壤附近设立汉四郡。从此，汉代漆器传入朝鲜半岛，成为朝鲜漆器发展之源。在1996年中韩漆艺交流展上，韩国郑复相教授的一件漆艺作品《故乡96—9》，充分体现了韩国人对中国漆艺的敬仰之情，以及对韩国漆艺师承关系的认识。据古乐浪郡（朝鲜）城南东汉古墓出土的漆杯铭文记载，"建武廿八年，蜀郡西工，造乘舆侠纻量……"[134]，建武廿八年，即公元52年。乐浪郡是武帝时设置，总共"十八城，户六万一千四百九十二，口二十五万七千五十"[135]。朝鲜是其中一城。《后汉书》记载："建武二十年（44年），韩人廉斯人苏马諟等诣乐浪贡献。光武封苏马諟为汉廉斯邑君，使属乐浪郡，四时朝谒。"[136]根据史载，汉武帝大军袭王险城（今平壤），灭卫氏朝鲜后，朝鲜半岛分划四郡——乐浪郡、玄菟郡、真番郡和临屯郡，史称"汉四郡"时期（古朝鲜时期）[137]。此时，汉代官员在任职期间也必然将国内漆器与髹漆技术传入朝鲜。因此，在乐浪郡发现东汉武帝时蜀郡西工造漆器，并不为奇。当时，除了蜀漆器产品大量输入朝鲜外，朝鲜当地也移植引种中国的漆树，开始学习自己制作漆器，并学会了中国漆器艺术中的漆绘技术。譬如在桃山时代（十六世纪末叶）就流行一种漆绘。用色漆绘画，这在中国自古就有，在河南省洛阳古坟中出土的战国时代的漆器里，就可以看到在黑漆底子上用红漆画的漆绘。在朝鲜乐浪郡迹等地出土的汉代漆器里，可以看到用朱、黄、绿等色漆画的巧妙的漆绘。

▲ 图1-10　江陵望山1号墓出土战国漆座屏

中国汉代时期正值日本弥生时代,此时中国漆艺外传日本有北线与南线等主要路线。北线是经过古朝鲜传入日本。日本弥生时代(前300—300年)受中国秦汉文明的强烈影响,髹漆技术得到了较大的发展。日本的漆器工艺是途经朝鲜半岛传入日本的,当时正是中国漆艺最为鼎盛的时期。通过与处在汉四郡时期的古朝鲜之间的经济交流、技术交流乃至军事入侵,这一时期日本漆器工艺得到了发展。南线是经过日本与南越交往而传入。据考证,"越人与日本的倭人个子都比较矮小,许多学者已论证他们是同种人。日本的一部分倭人可能是由中国江南的越人迁去,并带去了太湖地区的稻作、玉玦、髹漆等先进文化"[138]。王充的《论衡》也记载:"成王之时,越常献雉,倭人贡畅。"[139]这里的"倭人",即同"越人"。江苏人氏徐福东渡东洋求仙药的传说,在中国与日本间广为流传。"日本甚至有关于登陆地点在纪伊熊野浦的具体考定,以及所谓徐福墓和徐福祠的出现",至今在日本本州和歌山有徐福墓,墓碑上刻有"秦徐福之墓"字样[140]。可见,日本(倭国)在建武中元二年(57年)正式与汉廷建立外交关系,漆器艺术交流成为当时的一大文化风景。此时中国髹漆技艺在日本生根发芽,日本的莳绘技术就是学习中国的漆绘技法,只是将调漆的有色颜料改为金粉与银粉而已。"日本最早出现的漆绘是法隆寺里的玉虫厨子装饰画(也有一种说法,认为那是密陀绘)。平安时代以后,由于莳绘的发展,漆绘不甚风行,只局限于用朱漆绘制饮食用具之类的简单物品;但到了桃山时代,在爱美的时代潮流和中国密陀绘的影响下,漆绘又繁荣起来,各地又出现了富有特色的作品,主要有奥州的秀衡木碗、山口的大内木碗等。到了近代,以白色颜料为主,掺以色素的色淀颜料的出现,使漆绘本身得不到太大的发展,虽然,除了黑、朱、黄、绿色外,似乎对其他色彩也能运用自如了。"[141]中国漆艺对日本的影响，主要还在于日本绘画领域：日本镰仓时代的漆画屏风以及建筑装饰画，基本是围绕"汉风"而展开的；中国唐代以胖为美的人物画更是深刻影响日本绘画风格，这种丰腴之美的唐风一直影响到日本桃山文化时代的家具与屏风画法。

从汉晋以来，滇是通往缅、印的南丝绸之路之要冲。元封二年（前109年），武帝派郭昌入滇平西南夷，设益州郡和24个县，从而开辟通往缅甸和印度的商道。后来又派唐蒙修复扩建五尺道，更名为"西南夷道"。郡县的设置与道路的开通为云南与内地的交流提供了可能，也为云南的漆器手工业与巴蜀漆器流通提供了良机。2001年，云南昆明羊甫头古墓群发掘出大量漆木器，从发掘的漆趿鼓妇俑椎髻妆饰来看，其发高髻大装饰有巴蜀人习俗。《史记》载："西南夷……此皆魋结，耕田，有邑聚。"[142]其"魋结"即为高大的发髻。1977年3月，在四川西昌也出土了类似饰椎髻的陶俑。如此，从出土的文物可以看出，汉代云南与巴蜀有密切的往来，其漆器文化相互借鉴与模仿是可能的。

滇南是通往东南亚的要道，汉唐的漆器艺术文化经南海通往诸番。东南亚各国的文化以佛教为主，但汉唐漆艺等文化的影响，使得他们的生活方式、文化理念及审美思想被深深烙上了中国文化的印记。譬如从中国往真腊输出的物品种类很多，大致有生活器皿（如金银器、漆器、瓷器、铁锅、铜盘）、纺织品（如麻布等）、药物（如硫黄、焰硝、檀香、草芎、白芷、麝香等）、日常用具（如雨伞、篦箕、木梳、针等），还有一些制作器物的材料（如水银、纸札、锡镴）等。特别有一些制作漆器的材料，如锡镴、水珠、桐油、银朱、麻布等。可以推断，汉唐柬埔寨（即占腊或真腊）漆器等工艺美术的生产原料及技术可能模仿"温州之漆盘"，受中国髹漆技术影响。今天的金边皇宫里依然陈列着具有中国西南风格的元、明、清时代的生活漆器，这些漆器对当地人的生活方式也产生了久远的影响。

汉唐漆艺对欧洲的影响主要体现在波斯帝国以及奥地利、乌克兰地区。从汉代起，中国与波斯的丝路贸易就开始了。波斯艺术与中国艺术相互影响的例子很多，如英国人劳伦斯·比尼恩（Laurence Binyon，1869—1943年）就说："请看看《毕德培寓言》的一幅插图：一只猴子正把一颗无花果掷向乌龟；然后再看看同一则寓言的另一幅插图：树正在成长，风在树叶间穿行。在这里，我们接触到某种与陈腐的希腊格套截然不同的东西；

我们感到那来自成熟、巧妙的中国艺术的气息。"[143]很显然,"中国气息"的艺术对波斯人的影响不是"陈腐的希腊格套",而是新颖的,中国艺术具有活力的成熟的东方艺术气息。

十九世纪中叶,欧洲新艺术运动中的象征主义迅速发展。艺术家习惯运用隐喻象征的艺术形式来表现社会生活,进而探寻情感世界。奥地利大师古斯塔夫·克里姆特(Gustav Klimt,1862—1918年)是绘画史上著名的分离派领袖,也是奥地利著名画家。他15岁时就进入维也纳工艺美术学校学习,毕业后先后创作了《为青年人所作的绘画》《神话》《牧歌》等建筑壁画。坚实的写实技巧、唯美的绘画风格充分显示出他优雅的古典主义气息,这些壁画使他名声大噪。1897年以后,克里姆特的艺术风格进入了创新发展阶段。《哲学》《医学》与《法学》三部作品可见证克里姆特的艺术创新,即从具象描绘到象征主义呈现的蜕变过程。在后期作品中,他大胆运用平面装饰风格、象征性人物形象、富有变化与有秩序感的线描,显示出东方传统艺术的惯用手法。特别是在1911年以后的绘画作品中,他借鉴中国民间年画、陶瓷、丝绸上的装饰纹样,在色彩上还借鉴东方艺术强烈的对比色与纯色块来构成画面。克里姆特装饰艺术风格的东方化转向,使我们可以窥见中国漆画艺术中之一斑。1973年,在宁夏固原西部雷祖庙附近的古墓发掘中,出土了一具精美的北魏时期的漆棺,它为中国美术史的图像研究提供了全新的北朝绘画史料[144],并显示出一种克里姆特装饰画的风格特征。在符号层面,宁夏固原的漆棺画与克里姆特绘画均出现了许多相似的图形与符号,它们或许代表了同样的意义。例如其中的旋涡纹(螺旋纹),中国古代也称为云雷纹,这种纹样在漆棺画与克里姆特的绘画中均有出现。在漆棺画中出现了用单螺旋形团表现的天河,这与生死息息相关。克里姆特的绘画中大多用到了双螺旋,部分用了单螺旋形,意在象征画面中男人与女人、生与死的关系。可见,中国汉代漆画和克里姆特的装饰绘画有共同之处。克里姆特的肌理制作充分借鉴了中世纪的镶嵌艺术与东方艺术,借用了贴金、螺钿、羽毛或喷洒等绘画技法,展现出特殊的肌理效果,使绘画之美与工艺之美得到完美的结合与彰显。宁夏固原北魏漆棺画与克里姆特的装饰性绘画虽属不同地域、不同时期、不同画种,但在艺术语言表现性上显示出一种跨文化的艺术同构性。特别是在构图、线条、色彩、图案、符号、肌理材料等装饰视觉语言层面上,中西装饰艺术文化具有某种特定的审美共通性[145],抑或说,中国漆艺对欧洲艺术的影响是显而易见的。

▲ 图1-11　北宋剔黑双鸟四季花卉纹长方盘（美国波士顿美术馆藏）

2001年1月至2月，日本奈良国立博物馆举办了一场"修复完成纪念——游历丝绸之路的汉代漆器"特别展，这次展览文物均为乌克兰国立科学院附属的考古研究所克里米亚支部收藏的中国汉代漆器。这是中国漆器制品在欧亚大陆最西端的重大发现，对于深入了解远古时期在丝绸之路上演的东西文化交流实态来说，这无疑是一次非常珍贵的发现。早在1970年左右，该支部就主持了对乌斯妥阿鲁玛遗迹的发掘调查，发现了公元前2世纪到公元3世纪的多数后斯基泰文化的地下墓葬群。其中从620号墓和720号墓中发现，除金属饰品、剑、罗马样式的铜器之外，还有几个1世纪左右中国汉代的黑色漆盒。这些黑色漆盒均放置在女性墓主人的脚底位置，盒中有粉盒、罗马玻璃小瓶、银匙等化妆工具。可以推断，这个来自东方丝绸之路的东洋神秘物曾得到当时当地许多女性的青睐。此次黑海北部克里米亚半岛的乌克兰境内出土的汉代漆器表明，漆器在汉代丝路贸易中占有一定份额，并深刻影响了乌克兰人的生活及审美。

布尔努瓦在《丝绸之路》中指出："曾对欧洲丝绸工业施加过影响的另一因素是一种长期以来都无法估量的现象，生活方式——尤其是女性的生活方式——变幻无常，而且是瞬息万变，叫人捉摸不定，既不符合一般的逻辑，也令人百思不得其解。因此，它也成了骤然间变成百万富翁或顷刻间又破产拍卖的祸根……那时人们也喜欢穿着具有果品、树木、贝壳和飞禽羽毛等图案的服装。这就是卢梭所歌颂过的那种自然主义，号称田园诗的时代！终于在欧洲首次出现了汉人式的图案：如佛塔、竹桥、人像等等。令人震惊的是，这些图案已经背离了中国文明全盛时代那种优雅和刚劲的线条了，而其完全是画在中国清代的车间里生产的那些专为出口的古董、瓷器和漆器上，其风格十分矫揉造作，很不高明。"[146]布尔努瓦的"遗憾"反映出汉唐艺术对欧洲的影响至少体现在以下几点：第一，欧洲人的生活方式，尤其是女性的生活方式受到了东方文化的影响，乌克兰考古发现的汉代黑色漆器盒里的粉盒化妆工具就能证明布尔努瓦的推断；第二，欧洲人所崇尚的自然主义，即喜欢穿戴果品、树木、贝壳和飞禽羽毛等图案的服饰，与中国"汉风"与"唐风"之漆器的自然装饰不无关系；第三，优雅而刚劲的汉唐装饰图案在欧洲十分流行，只不过欧洲人"已经背离了中国文明全盛时代那种优雅和刚劲"。如此说来，汉唐漆器等装饰艺术在欧洲的影响是久远而深刻的。

五、汉唐漆器海洋贸易透入中国社会文化

海上丝路贸易是中外文化互动与交流的重要途径。通过丝绸之路，汉唐中国社会与海外国家的文化实现了首次真正意义上的交换、互补与对话。

据考证，汉代流行的弓形箜篌就源于埃及与印度之琴瑟。汉乐府中名曲《箜篌引》之"箜篌"，即为"弯琴"。今出土的南阳画像石中就有漆制箜篌之身影。弓形箜篌，亦为"桑柯"或"弯琴"，也称"凤首箜篌"。它是东晋初年从印度经中亚传入中国的。另说，凤首箜篌是缅甸古乐器的一种，远在千余年前就已传入我国。汉代与西域、中亚文化交往密切，与南亚以及南印度洋沿海国家丝路贸易频繁。因此，海外文化元素也被带入中国汉代社会。

在"功能性延续"上，海上丝路器物具有它的社会性文化传递功能，至少我们能从器物的生活功能或技术性上延伸到它的文化流通等社会性功能层面。根据史料记载，汉代丝路最远延及古罗马，并从古罗马人那里学会了制作玻璃的技术。广西贵港市曾出土过一件绿色玻璃杯，该玻璃杯为模压成型，并属于一种透明的钠钙玻璃，与中国古代不透明的铅钡玻璃有很大区别，但在罗马玻璃器中较为常见。而且，此杯形制与同时期广西出土的其他玻璃杯形制相同。根据对合浦等地出土汉代玻璃器抽样测试发现，大部分玻璃属于钠钙琉璃系统，与中原地区的铅钡玻璃以及罗马钠钙玻璃成分均有差别[147]。这说明，汉代合浦人利用当地材料，或从罗马那里学会了烧制玻璃的技术。公元前15世纪左右，两河流域境内开始制造玻璃器皿，随后埃及、希腊也有类似的玻璃器皿的制作发明。随着汉代南方丝绸之路的开通，罗马帝国时期的玻璃制造技术也被引入南越国。

丝路文化的互动是中外文化的一次审美相遇，这是一种具体的文化现象。各种相遇的文化艺术之类型，也即审美现象的类型开始展开。在各种艺术审美现象中，作为对象结构，艺术与主体的意象性结构是同构的、互动的和同一的。作为符号的艺术所呈现出来的语言符号，是我们认识艺术的知识形态。譬如中国与日本文化的相遇，中国的唐代建筑风格与日本的大漆佛像艺术完美地结合在扬州大明寺内："主体建筑有天王殿、大雄宝殿。……鉴真纪念堂，由碑亭、陈列室和正殿组成，系参照唐代建筑风格设计而成。堂院占地2540平方米，由门厅、碑亭、殿堂组成。碑亭内立横式纪念碑，殿堂内有鉴真楠木雕像，是仿照日本唐昭提寺鉴真干漆夹像雕刻的。东西两侧壁上是鉴真东渡事迹的绢饰画。"[148]作为建筑与漆佛像的艺术符号，大明寺见证了中外文化交流的知识形态，其建筑结构及中外文化意象性是同构的。

文化的交流是双向的、互动的，也是多方位的。古代海上丝路贸易不仅影响了海外社会文化的发展，更影响了古代中国社会文化的发展。

首先，漆器作为文化呈现的载体，它在文化传播与传承中能实现地区文化的"趋同效应"。法国学者布尔努瓦在《丝绸之路》中指出："当时，中国的传统疆域一直维持到汉代……扬子江地区扬州的特产（当时该地区已完全汉代）为青红丝匹，还有'厥篚玄纤缟'，即那种纬纱为黑色、经纱为白色的丝绸。"[149]扬州地区长期被中原文化滋润，想必其漆器制造也在汉唐文化传承上发挥着重要作用。从全国出土的汉代漆器风格看，至少漆器在传承汉文化上实现了地区文化的趋同,并与汉中央文化保持一致。

其次,在海洋贸易刺激下,对外贸易中的生漆及其产品为国家提供了可靠的财政收入。生漆及其漆器是汉唐社会重要的经济来源,尤其在唐代,漆器产品可作为实物税代替人头税。"中国现存最早的人口普查记录是在公元2年进行的,而对于纳税人口的登记大大巩固了汉朝的经济基础。被登记的男性要服兵役和徭役(修路或建造长城的劳役),还要缴纳人头税和以产品(丝绸、生漆、粮食)等形式缴纳的实物税。"[150]安史之乱之后,判度支赵赞曾实施国家税费改革,按《新唐书》记载:"诸道津会置吏,阅商贾钱,每缗税二十,竹、木、茶、漆税十之一,以赡常平本钱。"[151]可见"漆税"是缓解当时国家财政困难的手段之一。

再次,汉唐漆器艺术是"外交的使者",对当时的边疆和平作出了独特贡献。皮日休对唐代的漆艺知识叙事暗示出唐帝国与边疆的关系。皮日休有诗曰:"襄阳作髹器,中有库露真。持以遗北房,绐云生有神。每岁走其使,所费如云屯。吾闻古圣王,修德来远人。未闻作巧诈,用欺禽兽君。吾道尚如此,戎心安足云!如何汉宣帝,却得呼韩臣?"[152]这里的"库露真"漆器何以"持以遗北房,绐云生有神"?它的知识叙事走向了另外一个空间,即南方漆器作为"遗北房"的使者流传到北方。今天,吐尔基山辽墓出土有金银器,它的造型、纹饰、工艺等方面包含诸多外来因素,其直接影响应该来自唐王朝的金银器[153]。1984年,人们在内蒙古和林格尔县发现一座金墓,墓中出土木梳一面涂有红色漆,另一面涂有豆绿色漆,与同时代的南方漆器相仿[154]。因此可以说,皮日休的漆器"库露真"叙事直接暗示出唐中央与边疆的政治和文化关系。

最后,在对外漆器贸易中,汉唐社会也汲取了海外文化营养,并为汉唐社会的发展提供思想源泉与发展动力,尤其是海外技术文化被引进中国。譬如在汉代与古罗马的贸易中,古罗马人模压成型的玻璃器皿制造技术向东传播,为中国古代玻璃器皿的制造提供了技术支撑与理论来源。唐代时,中国也从大量的日本遣唐使那里学到了日本工艺美术知识。在互动的海上贸易中,中外知识文化得到了极大的交融与互补。

简言之,汉唐漆器海洋贸易对中国社会文化的影响是多方面的,它不仅推动中国汉唐漆器的发展,还为中国社会经济、文化提供与外邦互动的契机,更为中国汉唐社会发展提供财政支持与文化发展动力。

注 释

[1] 王启兴主编：《校编全唐诗》，武汉：湖北人民出版社，2001年，第3018页。

[2] 王启兴主编：《校编全唐诗》，武汉：湖北人民出版社，2001年，第466页。

[3] 王启兴主编：《校编全唐诗》，武汉：湖北人民出版社，2001年，第488页。

[4] 王启兴主编：《校编全唐诗》，武汉：湖北人民出版社，2001年，第811页。

[5] 王启兴主编：《校编全唐诗》，武汉：湖北人民出版社，2001年，第466页。

[6]（汉）班固撰：《汉书》卷二十八下"地理志第八下"，（唐）颜师古注，北京：中华书局，1964年，第1671页。

[7]（南朝宋）范晔撰：《后汉书》卷八十八"西域传第七十八"，（唐）李贤等注，北京：中华书局，1965年，第2919—2920页。

[8]（宋）欧阳修、宋祁撰：《新唐书》卷四十三下志第三十三下"地理七下"，北京：中华书局，1975年，第1146页。

[9]（宋）欧阳修、宋祁撰：《新唐书》卷四十三下志第三十三下"地理七下"，北京：中华书局，1975年，第1147页。

[10]（汉）班固撰：《汉书》卷二十八下"地理志第八下"，（唐）颜师古注，北京：中华书局，1964年，第1671页。

[11]（唐）李吉甫撰：《元和郡县图志》"阙卷逸文卷三"，贺次君点校，北京：中华书局，1983年，第1087页。

[12]（宋）宋敏求编：《唐大诏令集》，北京：中华书局，2008年，第65页。

[13]［法］L.布尔努瓦：《丝绸之路》，耿昇译，乌鲁木齐：新疆人民出版社，1982年，第7—8页。

[14] 南京博物院、盱眙县文广新局：《江苏盱眙县大云山汉墓》，《考古》，2012年第7期，第55—56页。

[15] 刘庆柱：《关于江苏盱眙大云山汉墓考古研究的几个问题》，《东

南文化》，2013年第1期，第83页。

［16］中国社会科学院考古研究所等编：《广州汉墓》，北京：文物出版社，1981年，第128、174页。

［17］潘义勇:《中国南海经贸文化志》,广州: 广东经济出版社,2013年,第16页。

［18］广西壮族自治区博物馆编：《广西贵县罗泊湾汉墓》，北京：文物出版社，1988年，第33、70页。

［19］（汉）班固撰：《汉书》卷八十九"循吏传第五十九"，（唐）颜师古注，北京：中华书局，1964年，第3623页。

［20］（汉）班固撰：《汉书》卷二十八下"地理志第八下"，（唐）颜师古注，北京：中华书局，1964年，第1671页。

［21］（南朝宋）范晔撰:《后汉书》卷八十八"西域传第七十八",（唐）李贤等注，北京：中华书局，1965年，第2920页。

［22］（唐）义净：《大唐西域求法高僧传校注》卷下，王邦维校注，北京：中华书局，1988年，第214—215页。

［23］（唐）义净：《大唐西域求法高僧传校注》卷上，王邦维校注，北京：中华书局，1988年，第51—52页。

［24］（唐）义净：《大唐西域求法高僧传校注》卷上，王邦维校注，北京：中华书局，1988年，第67—68页。

［25］（唐）义净：《大唐西域求法高僧传校注》卷上，王邦维校注，北京：中华书局，1988年，第72—73页。

［26］（唐）义净：《大唐西域求法高僧传校注》卷上，王邦维校注，北京：中华书局，1988年，第76—77页。

［27］（唐）义净：《大唐西域求法高僧传校注》卷上，王邦维校注，北京：中华书局，1988年，第81页。

［28］（唐）义净：《大唐西域求法高僧传校注》卷上，王邦维校注，北京：中华书局，1988年，第83—84页。

［29］（唐）义净：《大唐西域求法高僧传校注》卷上，王邦维校注，北京：中华书局，1988年，第84页。

［30］（唐）义净：《大唐西域求法高僧传校注》卷上，王邦维校注，北京：中华书局，1988年，第87页。

[31]（唐）义净：《大唐西域求法高僧传校注》卷上，王邦维校注，北京：中华书局，1988年，第88页。

[32]（唐）义净：《大唐西域求法高僧传校注》卷上，王邦维校注，北京：中华书局，1988年，第95—96页。

[33]（唐）义净：《大唐西域求法高僧传校注》卷上，王邦维校注，北京：中华书局，1988年，第97页。

[34]（唐）义净：《大唐西域求法高僧传校注》卷下，王邦维校注，北京：中华书局，1988年，第133—134页。

[35]（唐）义净：《大唐西域求法高僧传校注》卷下，王邦维校注，北京：中华书局，1988年，第141页。

[36]（唐）义净：《大唐西域求法高僧传校注》卷下，王邦维校注，北京：中华书局，1988年，第143页。

[37]（唐）义净：《大唐西域求法高僧传校注》卷下，王邦维校注，北京：中华书局，1988年，第168页。

[38]（唐）义净：《大唐西域求法高僧传校注》卷下，王邦维校注，北京：中华书局，1988年，第174—175页。

[39]（唐）义净：《大唐西域求法高僧传校注》卷下，王邦维校注，北京：中华书局，1988年，第206页。

[40]（唐）义净：《大唐西域求法高僧传校注》卷下，王邦维校注，北京：中华书局，1988年，第207—208页。

[41]［法］Jean-Pierre Drège：《丝绸之路——东方和西方的交流传奇》，吴岳添译，上海：上海书店出版社，1998年，第134—135页。

[42]（晋）王嘉撰，（梁）萧绮录：《拾遗记》，齐治平校注，北京：中华书局，1981年，第113—114页。

[43]（南朝宋）范晔撰：《后汉书》卷八十八"西域传第七十八"，（唐）李贤等注，北京：中华书局，1965年，第2919页。

[44]（后晋）刘昫等撰：《旧唐书》卷八十九"列传第三十九"，北京：中华书局，1975年，第2897页。

[45]（宋）司马光编著：《资治通鉴》卷二百一十六"唐纪三十二"，（元）胡三省音注，北京：中华书局，1956年，第6902页。

[46]黄永年主编：《古代文献研究集林（第二集）》，西安：陕西

师范大学出版社，1992年，第132页。

[47]（唐）杜佑撰：《通典》卷第一百八十八"边防四"，王文锦等点校，北京：中华书局，2016年，第5078页。

[48]（汉）班固撰：《汉书》卷六"武帝纪第六"，（唐）颜师古注，北京：中华书局，1964年，第170页。

[49]（汉）班固撰：《汉书》卷九十四下"匈奴传第六十四下"，（唐）颜师古注，北京：中华书局，1964年，第3803页。

[50]（汉）班固撰：《汉书》卷九十六下"西域传第六十六下"，（唐）颜师古注，北京：中华书局，1964年，第3912页。

[51]（汉）司马迁撰：《史记》卷一百二十三"大宛列传第六十三"，（宋）裴骃集解，（唐）司马贞索隐，（唐）张守节正义，北京：中华书局，1959年，第3173—3174页。

[52]（明）沈德符：《万历野获编》卷二十六"玩具"，北京：中华书局，1959年，第662页。

[53]（明）沈德符：《万历野获编》卷二十六"玩具"，北京：中华书局，1959年，第661—662页。

[54]王启兴主编：《校编全唐诗》，武汉：湖北人民出版社，2001年，第811页。

[55]王启兴主编：《校编全唐诗》，武汉：湖北人民出版社，2001年，第488页。

[56]（宋）司马光编著：《资治通鉴》卷二百一十五"唐纪三十一"，（元）胡三省音注，北京：中华书局，1956年，第6863页。

[57]（宋）司马光编著：《资治通鉴》卷二百一十六"唐纪三十二"，（元）胡三省音注，北京：中华书局，1956年，第6902页。

[58]（汉）司马迁撰：《史记》卷一百二十三"大宛列传第六十三"，（宋）裴骃集解，（唐）司马贞索隐，（唐）张守节正义，北京：中华书局，1959年，第3162页。

[59]（汉）司马迁撰：《史记》卷一百二十三"大宛列传第六十三"，（宋）裴骃集解，（唐）司马贞索隐，（唐）张守节正义，北京：中华书局，1959年，第3173页。

[60]（汉）郭宪撰：《汉武帝别国洞冥记》卷二，北京：中华书局，

1991年，第6页。

［61］张星烺编注:《中西交通史料汇编》，朱杰勤校订，北京:中华书局，2003年，第122页。

［62］（汉）桑弘羊:《盐铁论校注（定本）》卷一，王利器校注，北京:中华书局，1992年，第3页。

［63］（汉）桑弘羊:《盐铁论校注（定本）》卷一，王利器校注，北京:中华书局，1992年，第3—4页。

［64］（汉）桑弘羊:《盐铁论校注（定本）》卷一，王利器校注，北京:中华书局，1992年，第1页。

［65］（汉）桑弘羊:《盐铁论校注（定本）》卷一，王利器校注，北京:中华书局，1992年，第43页。

［66］（汉）桑弘羊:《盐铁论校注（定本）》卷一，王利器校注，北京:中华书局，1992年，第42—43页。

［67］（汉）桑弘羊:《盐铁论校注（定本）》卷一，王利器校注，北京:中华书局，1992年，第43—44页。

［68］（汉）桑弘羊:《盐铁论校注（定本）》卷五，王利器校注，北京:中华书局，1992年，第332页。

［69］（汉）桑弘羊:《盐铁论校注（定本）》卷五，王利器校注，北京:中华书局，1992年，第334页。

［70］（汉）桑弘羊:《盐铁论简注》，马非百注释，北京:中华书局，1984年，第218页。

［71］（汉）桑弘羊:《盐铁论校注（定本）》卷六，王利器校注，北京:中华书局，1992年，第349页。

［72］（汉）桑弘羊:《盐铁论校注（定本）》卷六，王利器校注，北京:中华书局，1992年，第349页。

［73］（汉）桑弘羊:《盐铁论校注（定本）》卷六，王利器校注，北京:中华书局，1992年，第350页。

［74］（汉）桑弘羊:《盐铁论校注（定本）》卷六，王利器校注，北京:中华书局，1992年，第351页。

［75］（汉）桑弘羊:《盐铁论校注（定本）》卷六，王利器校注，北京:中华书局，1992年，第352页。

［76］（汉）桑弘羊：《盐铁论校注（定本）》卷六，王利器校注，北京：中华书局，1992年，第356页。

［77］穆舜英：《新疆考古三十年》，《新疆社会科学》，1985年第3期，第91页。

［78］张迎春、刘玉生：《新疆大考古：寻找失落的文明》，《新疆人文地理》，2009年第5期，第45、47页。

［79］张玉忠：《近年新疆考古新收获》，《西域研究》，2001年第3期，第109页。

［80］张玉忠：《近年新疆考古新收获》，《西域研究》，2001年第3期，第110页。

［81］王明芳：《新疆博物馆新收藏的纺织品》，《文物》，2009年第2期，第83、86页。

［82］刘学堂、托呼提、阿里甫：《新疆尼勒克县别特巴斯陶墓群全面发掘获重要成果》，《西域研究》，2004年第1期，第107页。

［83］新疆文物考古研究所、库车县文物局：《新疆库车县发现晋十六国时期汉式砖室墓》，《西域研究》，2008年第1期，第137页。

［84］周金玲：《新疆尉犁县营盘古墓群考古述论》，《西域研究》，1999年第3期，第64页。

［85］侯灿：《新疆在汉魏时期中西文化交流中的地位的几个问题》，《新疆师范大学学报》（哲学社会科学版），1994年第3期，第1页。

［86］杨东晨、杨建国：《秦汉时期新疆地区的多民族国家与文化》，《西藏大学学报》（汉文版），2001年第2期，第34页。

［87］宋晓梅：《新疆尉犁县营盘15号墓文化内涵探析》，《石河子大学学报》（哲学社会科学版），2008年第5期，第19页。

［88］王鹏辉：《新疆史前时期考古学研究现状》，《华夏考古》，2005年第2期，第58页。

［89］蒋林：《新疆汉族民间艺术》，《新疆艺术》，1995年第2期，第35页。

［90］杨东晨、杨建国：《秦汉时期新疆地区的多民族国家与文化》，《西藏大学学报》（汉文版），2001年第2期，第34页。

［91］王明芳：《新疆博物馆新收藏的纺织品》，《文物》，2009年第2期，

第89页。

［92］陈慧生：《汉代以前新疆和中原地区的经济文化联系》，《西域研究》，2001年第3期，第2页。

［93］罗西章：《试论汉代的傩仪驱鬼与羽化登仙思想》，《考古与文物》，2001年第5期，第62页。

［94］（清）洪亮吉撰：《春秋左传诂》卷十，李解民点校，北京：中华书局，1987年，第396页。

［95］王启兴主编：《校编全唐诗》，武汉：湖北人民出版社，2001年，第3251页。

［96］毛公传：《毛诗正义（附校勘记）》卷十一，（汉）郑玄笺，（唐）孔颖达等正义，上海：上海古籍出版社，1990年，影印本，第350页下栏—352页上栏。

［97］《周礼注疏（附校勘记）》卷四十二，（汉）郑玄注，（唐）贾公彦疏，上海：上海古籍出版社，1990年，影印本，第657页下栏、第660页下栏。

［98］（汉）司马迁撰：《史记》卷一百二十六"滑稽列传第六十六"，（宋）裴骃集解，（唐）司马贞索隐，（唐）张守节正义，北京：中华书局，1959年，第3203页。

［99］云南省文物考古研究所、昆明市博物馆、官渡区博物馆：《云南昆明羊甫头墓地发掘简报》，《文物》，2001年第4期，第33—45页。

［100］（东汉）应劭撰：《风俗通义校释》，吴树平校释，天津：天津人民出版社，1980年，第328页。

［101］（北齐）魏收撰：《魏书》卷一百三"列传第九十一"，北京：中华书局，1974年，第2300页。

［102］（后晋）刘昫等撰：《旧唐书》卷一百三列传第五十三"王忠嗣"，北京：中华书局，1975年，第3199页。

［103］（元）脱脱等撰：《宋史》卷一百九十七志第一百五十"兵十一"，北京：中华书局，1977年，第4909页。

［104］（宋）马端临：《文献通考》卷一百六十一"兵考十三"，上海师范大学古籍研究所、华东师范大学古籍研究所点校，北京：中华书局，2011年，第4825页。

[105]（后晋）刘昫等撰：《旧唐书》卷四十八志第二十八"食货上"，北京：中华书局，1975年，第2098页。

[106] John Ayers, Oliver Impey and John V.G.Mallet, *Porcelain for palaces: the fashion for Japan in Europe 1650—1750*（London: Oriental Ceramic Society, 1990）.

[107][新罗]崔致远：《桂苑笔耕集校注》卷五，党银平校注，北京：中华书局，2007年，第129页。

[108][新罗]崔致远：《桂苑笔耕集校注》卷十，党银平校注，北京：中华书局，2007年，第299页。

[109][新罗]崔致远：《桂苑笔耕集校注》卷十，党银平校注，北京：中华书局，2007年，第299—300页。

[110][日]寺尾善雄：《中国古代艺术对日本的影响》，载中外关系史学会、复旦大学历史系编：《中外关系史译丛（第4辑）》，上海：上海译文出版社，1988年，第181—182页。

[111][日]清少纳言：《枕草子》卷十一，周作人译，载《日本古代随笔选》，北京：人民文学出版社，1988年，第293—294页。

[112]鲁迅：《看镜有感》，载《鲁迅全集（第一卷）》，北京：人民文学出版社，1961年，第300—301页。

[113][日]清少纳言：《枕草子》卷八，周作人译，载《日本古代随笔选》，北京：人民文学出版社，1988年，第203页。

[114][英]斯坦因：《斯坦因西域考古记》，向达译，北京：中华书局，1936年，第80页。

[115]王世襄：《髹饰录解说：中国传统漆工艺研究》（修订版），北京：文物出版社，1983年，第235页。

[116]（元）陶宗仪撰：《南村辍耕录》卷之十一，北京：中华书局，1959年，第138页。

[117]罗帅：《阿富汗贝格拉姆宝藏的年代与性质》，《考古》，2011年第2期，第75—76页。

[118][日]前岛信次：《丝绸之路的99个谜：埋没在流沙中的人类遗产》，胡德芬译，天津：天津人民出版社，1981年，第56页。

[119][法]L.布尔努瓦：《丝绸之路》，耿昇译，乌鲁木齐：新疆

人民出版社，1982年，第251页。

［120］（汉）班固撰：《汉书》卷十"成帝纪第十"，（唐）颜师古注，北京：中华书局，1964年，第324—325页。

［121］（汉）班固撰：《汉书》卷十一"哀帝纪第十一"，（唐）颜师古注，北京：中华书局，1964年，第336页。

［122］（宋）司马光编著：《资治通鉴》卷一百九十六"唐纪十二"，（元）胡三省音注，北京：中华书局，1956年，第6184页。

［123］（后晋）刘昫等撰：《旧唐书》卷十一本纪第十一"代宗"，北京：中华书局，1975年，第300页。

［124］转引自［日］林谦三：《东亚乐器考》，北京：音乐出版社，1962年，第498—499页。

［125］［德］黑格尔：《美学（第二卷）》，朱光潜译，北京：商务印书馆，1979年，第79页。

［126］《尔雅》卷上"释训第三"，（东晋）郭璞注，叶自本纠伪，陈赵鹄重校，北京：中华书局，1985年，第29页。

［127］（清）朱骏声编著：《说文通训定声》，北京：中华书局，1984年，第446页下栏。

［128］（宋）李昉等撰：《太平御览》卷七十六"皇王部一"，北京：中华书局，1960年，第355页下栏。

［129］（唐）杜佑撰：《通典》卷一百四"礼六十四"，王文锦等点校，北京：中华书局，2016年，第2703页。

［130］（宋）李昉等撰：《太平御览》卷七十七"皇王部二"，北京：中华书局，1960年，第361页上栏。

［131］王启兴主编：《校编全唐诗》，武汉：湖北人民出版社，2001年，第1319页。

［132］《中国古代文学词典》，南宁：广西教育出版社，1989年，第308页。

［133］林剑鸣：《秦汉史》，上海：上海人民出版社，2019年，第895页。

［134］后德俊：《湖北科学技术史稿》，武汉：湖北科学技术出版社，1991年，第174页。

［135］（南朝宋）范晔撰：《后汉书》卷第二十三"郡国五"，（唐）

李贤等注，北京：中华书局，1965年，第3529页。

[136]（南朝宋）范晔撰：《后汉书》卷八十五"东夷列传第七十五"，（唐）李贤等注，北京：中华书局，1965年，第2820页。

[137]辽宁大学历史系、世界古代中世纪史教研室编：《世界古代史名词解释汇编》，1983年，第210页。

[138]董楚平：《吴越文化新探》，杭州：浙江人民出版社，1988年，第289页。

[139]黄晖撰：《论衡校释（附刘盼遂集解）》卷第十九"恢国篇"，北京：中华书局，1990年，第832页。

[140]中国国家博物馆编：《文物秦汉史》，北京：中华书局，2009年，第234页。

[141][日]寺尾善雄：《中国古代艺术对日本的影响》，载中外关系史学会、复旦大学历史系编：《中外关系史译丛（第4辑）》，上海：上海译文出版社，1988年，第185页。

[142]（汉）司马迁撰：《史记》卷一百一十六"西南夷列传第五十六"，（宋）裴骃集解，（唐）司马贞索隐，（唐）张守节正义，北京：中华书局，1959年，第2991页。

[143][英]劳伦斯·比尼恩：《亚洲艺术中人的精神》，孙乃修译，沈阳：辽宁人民出版社，1988年，第77页。

[144]宁夏固原博物馆编：《固原北魏墓漆棺画》，银川：宁夏人民出版社，1988年。

[145]胡玉康、邵媛：《克里姆特的装饰画：基于固原漆棺画的比较分析》，载王万成、陈金华主编：《2017全国高等院校漆画教学研讨会暨全国高校青年教师漆画提名展作品集》，兰州：敦煌文艺出版社，2018年，第48页。

[146][法]L.布尔努瓦：《丝绸之路》，耿昇译，乌鲁木齐：新疆人民出版社，1982年，第251页。

[147]徐文举编著：《古琉璃收藏与鉴赏》，南京：南京出版社，2010年，第30—31页。

[148]周菁葆：《丝绸之路佛教文化研究》，乌鲁木齐：新疆人民出版社，2009年，第147页。

[149] [法] L. 布尔努瓦：《丝绸之路》，耿昇译，乌鲁木齐：新疆人民出版社，1982年，第7—8页。

[150] [英] 吴芳思：《丝绸之路2000年》，赵学工译，济南：山东画报出版社，2008年，第40页。

[151] （宋）欧阳修、宋祁撰：《新唐书》卷五十二志第四十二"食货二"，北京：中华书局，1975年，第1352页。

[152] 王启兴主编：《校编全唐诗》，武汉：湖北人民出版社，2001年，第3117页。

[153] 内蒙古文物考古研究所：《内蒙古通辽市吐尔基山辽代墓葬》，《考古》，2004年第7期，第53页。

[154] 崔利明：《内蒙古和林县发现一座金墓》，《考古》，1993年第12期，第1146页。

第二章

-

宋代漆路：
耦合视界

宋代海上丝路贸易不仅为漆器文化生产提供契机与途径，还为漆器文化生产提供聚合的时间、区间与参数，更为漆器文化生产提供聚合的历程与效应。同时，宋代海洋贸易嵌入文化生产的风险也是存在的，特别是会对宋代宫廷美学及其文化发展产生某种偏向。

由于唐末陆路丝绸之路受阻，宋代丝绸之路贸易开始向海上转移，海上丝绸之路成为宋代中国对外贸易的新通道。宋代海洋贸易及其资本虽然能穿越空间，在不同的空间分异中按地区层次小规模地运作，但是，它仅能在"非自由"与"非组织化"的海洋贸易中流通，并逐步形成国家性规模。这种贸易流通特征主要是相对于十九世纪的"自由化"海洋贸易与二十世纪的"组织化"海洋贸易而言的，因为宋代的海洋贸易流通在某种程度上是"被迫的"，也没有在全国或世界范围内实现规模化流通。

就政治背景而言，宋代从汉唐以来的军事帝国转型为城市国家，其中一个明显的政治倾向就是"守内虚外"，以至于北宋时期边事频繁而节节败退。尽管如此，宋太宗还认为："外忧不过边事，皆可预防；奸邪共济为内患，深可惧也。"[1]直至后来，南宋政府苟安江南一隅，被迫发展南方区域性海洋经济，这种海洋贸易也是较为零散的生产种类。换言之，宋代海上丝路贸易运作实际上是"被迫的"与"非组织化"的，这样的海洋贸易运作为明清时期的禁海及锁国政策埋下了伏笔。

在本质上，海上丝路贸易实际上是一种海洋商品与资本的运作形式，当海洋贸易嵌入文化生产之时，海洋贸易与文化生产之间的耦合机理与效用也必然成为被阐释的话语，特别是它们之间的耦合所体现出来的紧密配合、相互依赖与相互影响，并通过相互作用而彼此传输能量的效应。本章将通过透视宋代海洋贸易与漆器文化生产之间的耦合契机、途径与效用，来认识海洋贸易介入文化生产的耦合时间、区间、过程、系数、功能等向度的耦合语义链，从而认识宋代海洋贸易与文化发展之间的嵌入与耦合关系。

一、耦合史境

在耦合时间层面，宋代海上丝路贸易介入文化生产是在特定历史语境中完成的。从某种程度上看，耦合时间决定海洋贸易与文化生产的耦合契机及其水平。北宋王朝结束了五代十国时期的国家分裂与混乱局面，随着社会步入稳定，劳动力不断增多，生产经验不断积累，以及科技与文化进步，国家逐渐走向新的发展期。特别是在宋初户税改革后，自耕农不断增加，佃农对封建地主的依附性随之减弱，唐五代以来国家农业的萧条局面也开始慢慢复苏。原来的一些官僚世袭地主被迫向庶族地主转变，灵活的小农经济形态为宋代乡村宗法共同体的形成奠定了经济基础。农村的生产力得到极大发展，商业经济也随之逐步繁荣。特别是官方手工业采用"和雇""招募"等新的用工形式，为手工业者提供了极好的发展机会——从唐以来严格区分的坊市逐渐走向瓦子勾栏。城市商铺林立，都市商业繁华，这为漆器的流通奠定了商业发展基础。另外，随着北方少数民族的不断袭扰与侵入，宋代经济重心逐步南移，南方经济因此得到快速发展，尤其是手工艺与工商业都进入了繁荣期。王安石"以钱代役"的变法政策大大加强了农产品的商品化程度。宋代的漆器、瓷器等手工业品生产和销售大大超过唐代，景德镇的青白瓷、扬州一带的漆器开始行销海内外，海洋丝路贸易也因此活跃。除了上述原因外，还得益于以下几点：

第一，在远洋能力层面，宋代发达的造船技术是海上贸易繁荣的基础。"木兰舟""神舟"与"万斛之舟"不仅提高了宋代远洋装载容量，也进而扩大了海上丝路的贸易量。《岭外代答》之"木兰舟"条云："今世所谓木兰舟，未必不以至大言也。"[2]这里所载"木兰舟"，为当时海洋上的巨型海轮，容量超大。另外，《梦粱录》载："且如海商之舰，大小不等，大者五千料（斛），可载五六百人；中等二千料至一千料，亦可载二三百人。"[3]可见海商之舰的容量为海上贸易量的扩大提供了可能。据考古发掘，泉州出土的宋船载重量约为250吨，这与《梦粱录》记载的"五千料"大致相当，属于中等海船。洪迈在《容斋四笔》还提及"南人有万斛之舟"，这正好反映了宋代海船可载万斛的航海能力。值得一提的是，宋代官造远洋"神舟"技术十分高超。北宋人徐兢在《宣和奉使高丽图经》中描述："若夫神舟之长阔高大，什物器用人数，皆三倍于客舟也。"[4]长阔而高大的神舟不仅提高了宋代航海能力，还提升了宋代在海洋国家中的地位。

第二，在航海技术层面，航海技术发达是宋代海上丝路贸易走向繁荣的又一个支点。在宋代，我国已经开始学会制造磁体。到了元符年间（1098—1100年），中国海船已普遍安装磁体司南装置，即罗盘指南针。宋代的罗

▲ 图 2-1　北宋六花瓣式漆盘

盘针用于远洋航海导航，为在海上航行测定方位提供了可靠的技术工具，也为海上丝路贸易提供了重要的技术支持。北宋初年燕肃在其《海潮论》中记载，宋代不仅有指南车，还有海航指南针。吴自牧在其《梦粱录》中曰："风雨晦冥时，惟凭针盘而行，乃火长掌之，毫厘不敢差误，盖一舟人命所系也。"[5] 这里的"针盘"，即罗盘针。沈括在《梦溪笔谈》中也提及磁针罗盘定方位的方法，如"缕悬法""水浮法""指甲法""碗唇法"等。元初周达观《真腊风土记》载："自温州开洋，行丁未针。历闽、广海外诸州港口……又自真蒲行坤申针，过昆仑洋，入港。"[6] 这里的"丁未针"或"坤申针"，就是宋元时期航海罗盘的二十四向之一。先进的航海司南装置是宋代科学技术进步的标志性仪器，也是宋代航海技术水平及其远洋能力的象征。

第三，在边境贸易层面，除了政府积极鼓励海外贸易、拓展海外市场以及扩大贸易范围和规模之外，内陆和边疆的商品经济也得到长足发展。在边境贸易中，"榷场"是宋官方对外贸易的重要据点。《西夏书校补》载："自与通好，略无猜情，门市不讥，商贩如织，纵其来往，盖示怀柔。"[7] 可见，当时官办榷场贸易盛况空前，商贩如织。榷场的货物不仅通往北方的辽、夏与金等地，还远通西域、波斯等。《宋史》载："西夏自景德四年（1007年），于保安军置榷场，以缯帛、罗绮易驼马、牛羊、玉、毡毯、甘草，以香药、瓷漆器、姜桂等物易蜜蜡、麝脐、毛褐、羱羚角、碙砂、柴胡、苁蓉、红花、翎毛，非官市者听与民交易，入贡至京者纵其为市。"[8] 可见，宋代互市贸易为漆器等大宗货物的海外输出提供了重要契机与交易平台，同时，内地边境的贸易繁荣也在一定程度上支持了海上丝路贸易。

第四，在生产资料层面，海上漆器贸易离不开东南沿海的大漆种植、地方贡漆以及漆器规模化生产。据载，宋代杭州有漆树种植。《宋史》曰："（青溪）县境梓桐、帮源诸峒皆落山谷幽险处，民物繁夥，有漆楮、杉材之饶，富商巨贾多往来。"[9]漆楮之饶是漆器贸易的物质基础，青溪县的漆树种植为杭州的漆器生产与贸易提供了生产资料。宋代王存在其《元丰九域志》中记载，台州临海郡土贡金漆30斤[10]，湖州吴兴郡土贡漆器30件[11]。两浙路是北宋时期的一个地方行政区，苏州、常州、杭州、湖州、明州（宁波）、台州（临海）、温州等地都生产漆器，最为著名的是"温州漆器铺""里仁坊口游家漆铺""清湖河下戚家犀皮铺"等。漆器规模化生产基地为繁荣的海上丝路贸易提供源源不断的商品。

二、耦合契机

宋代海洋贸易介入漆器文化生产的耦合契机，主要是由耦合空间、耦合参数以及耦合过程三个变量完成的：在空间上，宋代海上丝路航线为漆器文化生产提供聚合区间；在制度上，宋代海洋市舶司的设置及管理为漆器文化生产提供聚合参数；在形式上，宋代漆器海洋贸易为漆器文化生产提供耦合过程。

1. 海上丝路航线

在耦合空间层面，宋代海上丝路贸易介入文化生产是在特定空间中完成的。这个特定空间，即海上丝路航线，它的开通是海洋贸易介入文化生产的重要契机。中国自汉唐以来，经过许多个世纪的海上航行探索及频繁的丝路贸易，到宋代，国家已经开始由农业大国转向海洋大国。就远洋航线而言，大致有"阿拉伯与印度航线""广州至阇婆、菲律宾等航线""日本高丽航线""东非航线"等。

第一，阿拉伯与印度海上贸易航线。宋代通往大食（阿拉伯）、蓝里、三佛齐等国的海上起点有广州港、泉州港等。《诸蕃志》载："大食在泉之西北，去泉州最远。番舶艰于直达，自泉发船四十余日，至蓝里博易住冬，次年再发，顺风六十余日方至其国。"[12]这是对泉州港通往大食贸易航线的直接描述。《诸蕃志》载："故临国自南毗舟行，顺风五日可到，泉舶四十余日到蓝里住冬，至次年再发，一月始达。"[13]这是泉州港至印度西南故临国的航线。

第二，广州至阇婆、菲律宾等海上贸易航线。这条贸易航线大致有"阇婆国航线""菲律宾航线"等。阇婆国丝路贸易航线见《诸蕃志》："阇婆国又名莆家龙，于泉州为丙巳方，率以冬月发船……西北泛海十五日至渤泥国。又十日至三佛齐国，又七日至古逻国，又七日至柴历亭，抵交趾，达广州。"[14]这条贸易路线大致是阇婆国—大食国—渤泥国—三佛齐国—交趾—广州。宋代与阇婆国的丝路贸易途径以贡物等为主。菲律宾海上丝路航线见《诸蕃志》："蛮贾乃以其货转入他岛屿贸易，率至八九月始归……商人用瓷器、货金、铁鼎、乌铅、五色琉璃珠、铁针等博易。"[15]这里的"三屿"指菲律宾群岛中的卡拉棉、巴拉望和布桑加诸岛。

第三，与日本、高丽的海上贸易航线。宋代往来于日华间的商船基本上从沿海两浙地方出发，横渡东中国海，到达肥前的值嘉岛，然后再转航到筑前的博多。但到了宋末，有不少船只开始从博多深入日本海，驶进越前的敦贺[16]。北宋蔡襄《荔枝谱》载："水浮陆转，以入京师，外至北戎、西夏。其东南舟行新罗、日本、琉球、大食之属，莫不爱好，重利以酬之。"[17]这也反映了宋代与新罗及日本的海上贸易情况。

第四，与东非的海上贸易航线。宋代与非洲贸易往来密切，考古学家在东非发掘出土的大量宋元时期外销瓷见证了当年海上丝路的贸易盛况。《宋史》记载："层檀国在南海傍，城距海二十里。……元丰六年（1083年），使保顺郎将层伽尼再至，神宗念其绝远，诏颁赉如故事，仍加赐白金二千两。"[18]这里大食口音的层檀国应是公元十一世纪初至十二世纪末在中亚地区建立的塞尔柱帝国。层檀乃其君主苏丹的别译，以之指代国名，在名义上仍附属于阿拉伯帝国，故谓之为大食层檀[19]。宋时阿拉伯语称东非沿岸和桑给巴尔岛一带为"僧祇拔儿"，即层檀国。

简言之，无论在远洋能力、贸易吞吐量还是航海范围上，宋代海上丝路贸易较唐以前均有所扩大，同时，宋代海上丝路航线的开通为海洋贸易介入文化生产提供了绝好的机会。

2."市舶司"设置及管理

在耦合制度层面,宋代海上丝路贸易介入文化生产是在特定参数中完成的,这个参数即宋代市舶司的设置与管理。在宋代,国家先后在广州港、临安府、庆元府、泉州港、密州板桥镇(胶州)、嘉兴府(秀州)华亭县、镇江府、平江府、温州、江阴军、澉浦镇、上海镇等地设立船运"市舶司",用以专门管理丝路海外贸易。

宋政府于开宝四年(971年)设立广州市舶司,后又设立杭州市舶司与明州市舶司。《宋史》曰:"开宝三年(970年),徙建安榷署于扬州。江南平,榷署虽存,止掌茶货。四年,置市舶司于广州,后又于杭、明州置司。……太宗时,置榷署于京师,诏诸蕃香药宝货至广州、交阯、两浙、泉州,非出官库者,无得私相贸易。"[20]从该互市舶法之记载可得知,在开宝三年,宋政府在扬州设置"榷署",以管理海运过境贸易。开宝四年,宋政府置市舶司于广州,后又于杭、明州置市舶司。宋太宗在京师汴梁设置"榷署",诸番交易地点定在广州、交阯、两浙、泉州等,由管库管理贸易。

北宋政府于太平兴国三年(978年)设立两浙路市舶司,以管理杭州、

▲ 图2-2 南海1号沉船出水南宋漆盘

明州等市舶事务,并于咸平二年(999年)于明州独立设置市舶司。但在熙宁九年(1076年)又罢杭、明州市舶,诸舶皆隶属于广州市舶司。元祐二年(1087年),泉州港重新被开放,专设市舶司对外贸易,管理过境海运事宜。熙宁五年(1072年),宋神宗对发运使薛向说"东南之利,舶商居其一",可见宋朝廷对海上丝路贸易的重视程度。随后置司泉州,后因为广州市舶亏岁课20万缗一事,罢停杭州、明州市舶,诸市舶皆隶属于广州一司管理。元丰二年(1079年),朝廷正式修定广州市舶条约,命转运使孙迥管理通商。宋廷修定广州市舶条约目的在于防止盗贩与私贩,以提高国家对港口贸易的控制与管理力度。

崇宁元年(1102年),北宋政府又复置杭州与明州市舶司。《宋史》载:"崇宁元年,复置杭、明市舶司,官吏如旧额。三年,令蕃商欲往他郡者,从舶司给券,毋杂禁物、奸人。……政和三年(1113年),诏如至道之法,凡知州、通判、官吏并舶司、使臣等,毋得市蕃商香药、禁物。"[21]这里记载了从崇宁三年(1104年)到政和三年的互市舶之相关法规。宣和元年(1119年),宋政府开放青龙江浦,在华亭县(上海)设市舶务,制定《广州市舶条法》,史称《元丰法》。宋代海运《元丰法》实施之时,国家对外贸易达到全盛。这部法律是史上首部专门管理港口通商之法,具有划时代意义。

市舶贸易是宋代海上丝路贸易的主要形式,也是海洋贸易与资本介入文化生产的重要契机。宋代市舶司也称"提举市舶司",其制度基本沿袭唐代,由提举负责关税征收以及对海舶的监管和查私。宋代国家实行禁榷官卖制度,规定利润高的商品由国家专门买卖。北宋初期,朝廷十分重视来华商人,鼓励外商在东南沿海经商,曾遣使赴沿海诸国"勾招进奉"。另外,宋代市舶贸易有一整套完整的管理体系,对东南沿海港口的地位与职责、航海路线以及诸番通商等均有详细之法则。宋代市舶司改为提举市舶司之后,成为一个由中央掌控的独立运营海关机构,其经济与行政权力大大提升。

3. 港口通商

在耦合过程层面,宋代海上丝路贸易与文化生产的耦合是通过港口通商来实现的。泉州港、广州港和明州港是宋代设置的三大对外贸易港口,它是海洋贸易介入文化生产的重要保障与契机。相对于瓷器等大宗货物，漆器是宋代港口贸易中较少的一部分，在数量上并不具显赫地位，但其贸易明显具有海上丝路贸易的独特意义与内涵。

唐以来，广州"通海夷道"一直是通往海外国家的重要通道之一，因此成为西方贸易的终端。阿拉伯人爱德利奚（Al-Idrisi,1100—1165年）在《地理书》中指出："最大之港曰康府（Khanfu）。西国商业，以此为终点。"[22]其中又以与大食诸国的海上贸易最为频繁。每年冬天，商船从广州港出发，经苏门答腊岛往印度，到蓝里、麻离拔国，最后到达大食国。宋代海上丝路贸易除了常规丝绸、瓷器等优势货物之外，漆与漆器也是重要的出口商品之一。另外，越南北部之交趾国也盛产大漆，这为地方漆器制作提供了物质生产资料。《诸蕃志》载："交趾，古交州。……土产沉香、蓬莱香、生金、银、铁、朱砂、珠、贝、犀、象、翠羽、车渠、盐、漆、木绵、吉贝之属。"[23]另外，马来半岛地处马六甲海峡东北岸，是东西方海上交通的咽喉。宋代马来半岛与中国经常有商业贸易的国家有佛罗安、凌牙斯加、朋丰等国。佛罗安故地在今马来西亚的巴生港一带。凌牙斯加中心在今吉打地区，范围横跨半岛东西。朋丰在今彭亨一带。当时不时有商舶来广州、泉州诸港，向宋输出的货物主要有木香、生香、笺香、降真香等。宋商舶常载金银、瓷器、铁器、漆器等货物来该地区贸易，或参加本地佛事活动。从泉州到三佛齐（今印尼苏门答腊）贸易的中国商船，必先至凌牙门，经销1/3的货物，再入三佛齐。此"凌牙门"，亦称"龙牙门"，乃今新加坡的外港，宋时曾是东南亚一繁荣商港，与宋商舶的贸易也相当可观[24]。

三、耦合途径

在耦合方法层面，宋代海上丝路贸易介入文化生产是在特定途径中实现的。就漆器而言，这种途径包括商贸、侨民或海外移民等形式，进而达到海洋贸易与文化生产的耦合效用。

1. 贸易：商业的途径

海洋贸易及其资本介入文化生产的核心途径主要是通过商业贸易来完

成的，或者说，商业贸易实现了海洋资本嵌入文化生产与输出的主要耦合途径。就漆器贸易而言，宋与真腊之间的漆器贸易及其文化交流密切。元丰元年（1078年），宋廷曾派使者出访真腊。在政和、宣和年间，真腊国也曾两次遣使来宋朝入贡。宋廷赐以朝服及名贵器物，并加封以官爵，宋真两国建立了友好的政治与经济关系。南宋庆元六年（1200年），真腊又来贡各种方物和驯象，宋廷照例优予回赐包括漆器在内的珍贵物品。真腊是当时最著名的香料出产国，向宋输出货物以各种优质香料为主，如沉水香、速暂香、黄熟香、金颜香、笃耨香、生香、麝香等。这些香料主要在泉州、温州诸港进行贸易。宋商则贩金银、瓷器、漆器、纺织品及凉伞、皮鼓、酒、糖等生活日用品至彼地贸易。对于异域来的漆器等华货，真腊人民特别喜欢。

宋代与文莱之渤泥国的漆器贸易也有一定比重。《诸蕃志》载："渤泥在泉之东南……番商兴贩，用货金、货银、假锦、建阳锦、五色绢、五色茸、琉璃珠、琉璃瓶子、白锡、乌铅、网坠、牙臂环、胭脂、漆碗楪、青瓷器等博易。番舶抵岸三日，其王与眷属率大人（原注：王之左右，号曰大人）到船问劳，船人用锦藉跳板迎肃，款以酒醴，用金银器皿筵席凉伞等分献有差。……价定，然后鸣鼓以召远近之人，听其贸易。"[25]可见，番商兴贩漆器等华货前往渤泥国，受到渤泥国王"问劳"；泊舟登岸后，"商贾日以中国饮食献其王"，并"鸣鼓以召远近之人"，进行贸易；交易完成后再举办佛节，然后出港。华货在渤泥国的销售与际遇之各种"仪式"，反映出宋代中国商品在海外的热销与受欢迎。

另外，宋代与越中南部的占城国也有漆器贸易往来。《诸蕃志》载："占城，东海路通广州……番商兴贩用脑、麝、檀香、草席、凉伞、绢、扇、漆器、瓷器、铅、锡、酒、糖等博易。"[26]可推断，漆器是海上贸易之珍贵货物。

除了上述各国，宋代还与马来半岛中西部之佛罗安国和爪哇岛之阇婆国等国有漆器贸易往来。《诸蕃志》载："佛啰安国……番商以金、银、瓷、铁、漆器、酒、米、糖、麦博易。岁贡三佛齐。"[27]"阇婆国又名莆家龙……番商兴贩，用夹杂金银，及金银器皿、五色缬绢、皂绫、川芎、白芷、硃砂、绿矾、白矾、鹏砂、砒霜、漆器、铁鼎、青白瓷器交易。"[28]可见，此时漆器文化交流的途径或为岁贡，或为商贩。

2. 宋代蕃坊及蕃商

宋代蕃坊及蕃商为海洋贸易介入文化生产提供了主体途径。海外人侨居在广州的聚居区,被称为"蕃坊"或"蕃巷"。蕃坊是宋代管理海外商人的一个政治建制的行政单位,它集行政("蕃坊公事")、招商("招邀蕃商")以及司法("蕃人有罪,送蕃坊行遣")之职责于一身。《天下郡国利病书》记载:"天圣后,留寓益伙。伙首住广州者,谓之番长。因立番长司。"[29]可见,蕃坊后发展为蕃长司,行使管理招引蕃商、入贡和管理侨务的公务。宋代番禺地以阿拉伯穆斯林人居多,穆斯林人也是蕃商中最为富裕的群体。《桯史》之"番禺海獠"条记载:"番禺有海獠杂居,其最豪者蒲姓,号白番人,本占城之贵人也。……故其宏丽奇伟,益张而大,富盛甲一时。"[30]这里的"海獠"系聚居在广州的穆斯林。宋代穆斯林借助海上贸易之机,来华经商者甚多。《岭外代答》曰:"诸蕃国之富盛多宝货者,莫如大食国,其次阇婆国,其次三佛齐国,其次乃诸国耳。"[31]大食国、阇婆国、三佛齐国等地处海道之要冲,在海洋季风以及航海技术的支撑下,这些国家与宋港口之间的贸易十分频繁,因此是蕃国中的最富者。在宋代,与海外诸番的往来贸易可详见《岭外代答》记载:"诸蕃国大抵海为界限,各为方隅而立国。国有物宜,各从都会以阜通。正南诸国,三佛齐其都会也。……渡之而西,则木兰皮诸国,凡千余。更西,则日之所入,不得而闻也。"[32]这段史料所涉之地有三佛齐、阇婆、占城、真腊、麻离拔国、木兰皮国、女人国、高丽、百济、佛罗安、大理、黑水、吐蕃、细兰(即锡兰)国、故临国、大秦国、王舍城、天竺国、大食等。

四、耦合效应

在耦合功能层面,宋代海上丝路贸易介入文化生产的价值是多层面的:在对外层面,宋代漆器文化对海外人的艺术批评及其审美意趣产生深远影响,特别是宋代东亚文化圈已初步形成;在对内层面,海洋贸易促进了商品经济的发展,进而动摇了重本抑末的经济思想,并深刻影响了中国漆器文化生产的宫廷美学偏向。

1. 宋代漆文化与诸番社会文化耦合效应

法国汉学家谢和耐（Jacques Gernet，1921—2018年）在《南宋社会生活史》中说："中国社会上一小撮人漫无止境的奢侈浮华，乃是财政上收支不平衡的主因之一。而杭州一地对于奢侈逸乐的狂热更是强烈。……举凡苏州的丝绸，温州的漆器，从福建和广东经海路运来的茉莉花盆景，南昌的折扇，以及今浙江和江苏省著名的米酒，皆琳琅满目，应有尽有。"[33]谢和耐的评价不无道理，南宋宫廷皇室奢侈糜烂的生活，已成为政府财政上收支不平衡的原因之一。其中，漆器成为宋代皇室最为奢华的工艺，是宋朝宫廷糜烂生活的帮凶。这样的漆器美学尽管在装饰以及髹漆技法上获得了某些进步，但它无端地阻碍了中国美学的正常发展，也破坏了中国艺术生活化与日常化的正常发展轨迹。宋代文化对世界的影响与辐射是史无前例的。英国人阿诺德·约瑟夫·汤因比（Arnold Joseph Toynbee，1889—1975年）指出："中国人曾经认为，他们的文明是世界上唯一的文明。到1126年，中国已成了半个世界的'中央王国'，为一些文化上的卫星国所拱卫。这些卫星国都在一定程度上采纳了中国文明，但又将其转化为与众不同的东亚型汉文化。"[34]汤因比对中国以及宋代的中国在世界上地位的描述，特别是在东亚地位的评价，显示出宋代时东亚文化圈已初步形成。实际上，汉唐以来的中华文化对周边的辐射已不仅仅是东亚，还深刻影响着南亚、西亚及欧

▲ 图 2-3　江苏常州武进蒋塘村出土南宋戗金漆盒

洲等地区。美国人勒芬·斯塔夫罗斯·斯塔夫里阿诺斯（Leften, Stavros Stavrianos, 1913—2004年）也看出了这一点："宋朝时期值得注意的是，发生了一场名副其实的商业革命，对整个欧亚大陆有重大的意义。商业革命的根源在于中国经济的生产率显著提高。技术的稳步发展提高了传统工业的产量。"[35]换言之，宋代的商业发展已经给欧亚大陆带来了包括经济文化在内的许多领域的革命性变化。实际上，海外贸易介入文化生产的耦合绝不是单向的，而是在矩阵式动态轨道上发展与跟进。南宋方勺在《泊宅编》中记载："螺填器本出倭国，物象百态，颇极工巧，非若今市人所售者。"[36]这说明中国宋代螺钿髹漆技术很有可能来自日本。实际上，宋代瓷器在某种程度上也吸纳了漆器的一些文化元素，漆器与瓷器在技术上尽管有很多差异，但瓷器在用色、图案以及造型上均能借鉴漆器。日本学者木宫泰彦在《日中文化交流史》中这样描述："有一个名叫加藤四郎左卫门景正的，曾从道元入宋，研究了宋朝制造陶瓷技术后回国，在尾张的濑户开窑，创制所谓'濑户烧'，为日本制陶技术开辟了新纪元；还有一个名叫弥三的，曾随辨圆入宋，学习了纺织广东绸和缎子的技术后回国，在博多创制了'博多织'。"[37]从宋代瓷器艺术以及绸缎子技术对日本的影响看，想必宋代漆器对日本漆器的影响也是深远的。同样，日本的莳绘、螺钿与描金对中国宋代漆器也产生了潜移默化的影响。木宫泰彦指出："……和前代一样，还输出了莳绘、螺钿、水晶细工、刀剑、扇子等日本美术工艺品。后白河法皇于承安三年（1173年）赠给宋朝明州刺史答礼物品中，有描金橱一架（内装彩革三十枚）和描金提箱一只（内装黄金一百两），平清盛的答礼物品中有剑一把、提箱一只（内装武具）。"[38]日本输出的莳绘、螺钿、描金等精美漆器表明：商品本身的文化绝不是静止的，文明是流动的。宋代的漆器文化不仅沾溉日本，还受到日本反哺。宋代丝路海洋贸易的扩张和商品经济的发展，使得宋代较汉唐时期的海外贸易更直接、更深入和更繁荣。因此，宋代的海洋贸易与漆器文化生产的耦合效用也十分明显。

2. 宋代漆器海洋贸易与中国社会文化耦合效应

随着宋代海外贸易以及商品经济的繁荣，宫廷贵族对漆器以及海外进口奢侈品的消费与日俱增，功利主义与享乐主义盛行。此时，东亚日本漆器开始输入宋朝中国。其中，"描金漆器，从平安朝（781—1185年）中叶以来就进献宋朝，是足以向中国夸耀的一种日本美术工艺品。所以明朝为了学习此项技术，曾在宣德年间特地派人到日本，有个名叫杨埙的学习此技，据说还有独到之处。贡献方物中的大刀鞘和砚箱，都以梨木为地，上以描金研出徽章，扇箱上也施以描金。在国王附搭品中，第三次勘合船时有描金品大小六百三十四色。屏风宋朝以来就为中国所珍视，贡献方物中的屏风是在贴金上描绘花鸟等物，颇为优美"[39]。描金是一种金彩髹漆方法，我国在战国与汉代已开始使用这样方法髹饰漆器。宋代出现一种金花纹漆器，但宋代的日本与高丽描金漆器均得到迅速发展，并以进贡的方式传入中国宋代宫廷，受到宋宫廷与贵族的珍视。另外，日本的髹漆屏风也广受宋代中国人的青睐。

宋代漆器海洋贸易的扩张，刺激了中国对海外商品的需求，特别是奢侈品的需求。因此，进口行业的加工行业也随之产生，并且分工精细。譬如南宋京城的文思院："监官分两界：曰上界，造金银珠玉；曰下界，造铜铁竹木杂料。然两界监官廨舍，毋得近本院邻墙并壁居，所以防弊欺也。但金银犀玉工巧之制，彩绘装钿之饰，若舆辇法物器具等皆隶焉。"[40]《续资治通鉴长编》还载："文思院上下界金银、珠玉、象牙、玳瑁、铜铁、丹漆、

▲ 图2-4 浙江温州瑞安慧光塔出土北宋描金堆漆盒

皮麻等诸作工料,最为浩瀚。"[41]宋徽宗时,在杭州设置造作局,负责加工某些进口品。"造作器用,曲尽其巧,牙角、犀角、金银、竹藤、装画、糊抹、雕刻、织绣。"[42]造作局的工匠则从民间差役:"诸色匠人,日役数千,而财物所须,悉科于民。"[43]但南方漆作或造作局的生产,也无法满足宋宫廷帝王挥霍无度的奢靡生活需求,还需要大量输入日本的漆器等货物。日本学者木宫泰彦说:"当时宋商运来的贸易品是些什么虽不甚详,但主要可能是锦、绫、香药、茶碗、文具等物。……但不容忽视的是,随着藤原时代日本文化的发展,日本输出特有的美术工艺品,很受宋朝欢迎。"[44]入宋僧奝然回国以后,曾在永延二年(988年)二月派遣他的弟子嘉因和宋僧祈乾等赴宋,向宋太宗进献的物品有螺钿花形平函、螺杯、法螺、金银莳绘筥、金银莳绘砚筥、金银莳绘扇筥、螺钿梳函、螺钿书案、螺钿书几、金银莳绘手筥、螺钿鞍辔、倭画屏风、螺钿莳绘厨、海图莳绘衣箱、屏风形软障等,几乎涵盖日常生活及审美消费的各个方面,以螺钿、莳绘为最。可见,日本漆文化对宋代中国文化的影响是深入的。

  第一,宋代漆器海洋贸易促进了漆器市场的成熟,漆器贸易迫使漆器生产走向商品化市场。《梦粱录》这样描述:"市肆谓之'团行'者,盖因官府回买而立此名,不以物之大小,皆置为团行,虽医卜工役,亦有差使,则与当行同也。……其他工役之人,或名为'作分'者,如碾玉作……漆作、钉铰作、箍桶作、裁缝作、修香浇烛作、打纸作、冥器等作分。"[45]这段史料说明,随着海上贸易的深入,南方港口城市的团行、市、作等具有市场性的活动场所兴起,并有差使、官司等相应负责人管理这些市场。其中,漆作就是海上丝路贸易及其市场经济的产物。

  第二,宋代漆器海洋贸易提高了漆器生产量以及技术。宋代漆器海洋贸易促进了东南沿海城市的兴起与繁荣。宋代改变唐以来坊与市的严格区分制度,城市中行、铺林立,如南宋杭州有"温州漆铺""游家漆铺"等。《东京梦华录》载:"景灵东宫南门大街以东,南则唐家金银铺、温州漆器什物铺、大相国寺,直至十三间楼、旧宋门。"[46]这里的"温州漆器什物铺"最负盛名。《梦粱录》也记载:"杭州大街,自和宁门杈子外……太平坊大街东南角虾蟆眼酒店,漆器墙下李官人双行解毒丸……清湖河下戚家犀皮铺,里仁坊口游家漆铺,李博士桥邓家金银铺、汪家金纸铺,炭桥河下青篦扇子铺,水巷桥河下针铺,彭家温州漆器铺,沿桥下生帛铺、郭医产药铺,住大树下桔园亭文籍书房，平津桥沿河布铺，黄草铺温州漆器、青白磁器，铁线巷笼子铺、生绢一红铺……"[47]可见，宋代杭州大街上的"漆器墙""漆器铺"甚多，生意兴隆。

第三，在海上丝路的刺激下，漆器、瓷器等手工业出口产品成为国家经济收入的重要部分，促使东南沿海地区的农业商品化逐渐扩大。特别是"漆器的出口规模较大，是宋政府规定用来博买香药宝货的商品之一"[48]。因此，宋代漆器商业发展很快，相应税收稽征数额也较增。宋初国家有减税之诏，有"恤商"之政。但到北宋末商税日趋苛繁，山区人民"吾侪所赖为命者，漆、楮、竹、木耳，又悉科取，无锱铢遗"[49]。到了南宋，国家的苛捐杂税已严重阻碍了社会生产力和商品经济的发展。

第四，宋代漆器的商品化以及漆器消费的奢靡化，促使漆器文化生产发展走向了一个极端——腐朽与奢华。宋代漆器海洋贸易的扩张，加之南宋政府奢靡腐朽的生活，助长了漆器生产扩大与奢华漆器消费之风，特别是一些贵族官僚的漆器生活极其腐朽与颓败。《宋史》曰："政和元年（1111年）十一月，重修大内，至六年（1116年）九月毕工。……合屋数千间，尽以真漆为饰，工役甚大，为费不赀。而漆饰之法，须骨灰为地，科买督迫，灰价日增，一斤至数千。于是四郊冢墓，悉被发掘，取人骨为灰矣。"[50]这些"真漆为饰"与"取人骨为灰"的历史写照，反映出宋代漆艺消费的极度奢靡。

▲ 图2-5　江苏常州武进村前家族墓出土南宋戗金漆奁

概言之，宋代海上丝路贸易介入宋代漆器文化生产的耦合效应是明显的，不仅对中国漆器生产起到了极大推动作用，还直接影响了宋代宫廷美学的发展方向。同时，中外漆艺文化的互动、交流与耦合，无疑给世界文化的繁荣与发展带来机遇。

宋代海洋贸易对宋代文化生产的逻辑嵌入裹挟着海外文化并至少能体现以下几点文化要义：第一，宋代海洋贸易介入文化生产的耦合如同一个矩阵，它是一个动态的能量循环体，即海洋贸易为文化生产提供契机与途径，文化生产又为海洋贸易提供能量与资源。海洋贸易在对文化生产的嵌入式发展中实现世界文化能量的动态流动与传输。第二，宋代海洋贸易介入文化生产的价值是多向量与多层面的。对外，宋代海洋贸易下文化逻辑嵌入式的发展为海外社会不仅提供中国文化，还提供中国情调与中国风格；对内，宋代海洋贸易嵌入文化生产的耦合效应提升了宋代国家的经济水平与文化高度。第三，宋代海洋贸易嵌入文化生产的社会风险也是存在的，特别是随着海洋贸易及其商品经济的发展，宋代重本抑末的思想开始动摇，士大夫的功利主义、享乐主义等风气盛行。抑或说，海洋资本文化对宋代宫廷美学思想产生了深远的文化影响。

注 释

[1]（元）脱脱等撰：《宋史》卷二百九十一列传第五十"宋绶"，北京：中华书局，1977年，第9734页。

[2]（宋）周去非：《岭外代答校注》卷六，杨武泉校注，北京：中华书局，1999年，第217页。

[3]（宋）吴自牧：《梦粱录》卷十二，杭州：浙江人民出版社，1984年，第111页。

[4]（宋）徐兢撰：《宣和奉使高丽图经》卷第三十四"海道一"，朴庆辉标注，长春：吉林文史出版社，1986年，第71页。

[5]（宋）吴自牧：《梦粱录》卷十二，杭州：浙江人民出版社，1984年，第112页。

[6]（元）周达观：《真腊风土记校注》，夏鼐校注，北京：中华书局，2000年，第15页。

[7]（清）周春：《西夏书校补》卷三五载记一"景宗"，胡玉冰校补，北京：中华书局，2014年，第247页。

[8]（元）脱脱等撰：《宋史》卷一百八十六志第一百三十九"食货下八"，北京：中华书局，1977年，第4563页。

[9]（元）脱脱等撰：《宋史》卷四百六十八列传第二百二十七"宦者三"，北京：中华书局，1977年，第13659页。

[10]（宋）王存撰：《元丰九域志》卷第五，王文楚、魏嵩山点校，北京：中华书局，1984年，第216页。

[11]（宋）王存撰：《元丰九域志》卷第五，王文楚、魏嵩山点校，北京：中华书局，1984年，第211页。

[12]（宋）赵汝适：《诸蕃志校释》，杨博文校释，北京：中华书局，1996年，第89页。

[13]（宋）赵汝适：《诸蕃志校释》，杨博文校释，北京：中华书局，1996年，第68页。

[14]（宋）赵汝适：《诸蕃志校释》，杨博文校释，北京：中华书局，1996年，第54页。

[15]（宋）赵汝适：《诸蕃志校释》，杨博文校释，北京：中华书局，

1996年，第141页。

［16］［日］木宫泰彦：《日中文化交流史》，胡锡年译，北京：商务印书馆，1980年，第245页。

［17］（宋）蔡襄：《蔡襄全集》卷三十"杂著"，陈庆元、欧明俊、陈贻庭校注，福州：福建人民出版社，1999年，第678页。

［18］（元）脱脱等撰：《宋史》卷四百九十列传第二百四十九"外国六"，北京：中华书局，1977年，第14122—14123页。

［19］孙文范编著：《世界历史地名辞典》，长春：吉林文史出版社，1990年，第244页。

［20］（元）脱脱等撰：《宋史》卷一百八十六志第一百三十九"食货下八"，北京：中华书局，1977年，第4558—4559页。

［21］（元）脱脱等撰：《宋史》卷一百八十六志第一百三十九"食货下八"，北京：中华书局，1977年，第4561页。

［22］转引自张星烺编注：《中西交通史料汇编》，北京：中华书局，2003年，第796页。

［23］（宋）赵汝适：《诸蕃志校释》，杨博文校释，北京：中华书局，1996年，第1页。

［24］《东南亚历史词典》，上海：上海辞书出版社，1995年，第88、357页。

［25］（宋）赵汝适：《诸蕃志校释》，杨博文校释，北京：中华书局，1996年，第135—136页。

［26］（宋）赵汝适：《诸蕃志校释》，杨博文校释，北京：中华书局，1996年，第8—9页。

［27］（宋）赵汝适：《诸蕃志校释》，杨博文校释，北京：中华书局，1996年，第47页。

［28］（宋）赵汝适：《诸蕃志校释》，杨博文校释，北京：中华书局，1996年，第54—55页。

［29］转引自张星烺编注：《中西交通史料汇编》，北京：中华书局，2003年，第856页。

［30］（宋）岳珂撰：《桯史》卷第十一，吴企明点校，北京：中华书局，1981年，第125页。

[31]（宋）周去非：《岭外代答校注》卷三，杨武泉校注，北京：中华书局，1999年，第126页。

[32]（宋）周去非：《岭外代答校注》卷二，杨武泉校注，北京：中华书局，1999年，第74—75页。

[33][法]谢和耐：《南宋社会生活史》，马德程译，台北：中国文化大学出版部，1982年，第61页。

[34][英]阿诺德·汤因比：《人类与大地母亲：一部叙事体世界历史》，徐波等译，马小军校，上海：上海人民出版社，2012年，第453页。

[35][美]L.S.斯塔夫里阿诺斯：《全球通史——1500年以前的世界》，吴象婴、梁赤民译，上海：上海社会科学院出版社，1988年，第438页。

[36]（宋）方勺撰：《泊宅编》，许沛藻、杨立扬点校，北京：中华书局，1983年，第81页。

[37][日]木宫泰彦：《日中文化交流史》，胡锡年译，北京：商务印书馆，1980年，第387页。

[38][日]木宫泰彦：《日中文化交流史》，胡锡年译，北京：商务印书馆，1980年，第303页。

[39][日]木宫泰彦：《日中文化交流史》，胡锡年译，北京：商务印书馆，1980年，第579页。

[40]（宋）吴自牧：《梦梁录》卷九，杭州：浙江人民出版社，1984年，第77页。

[41]（宋）李焘：《续资治通鉴长编》卷四百九十四，文渊阁四库全书本，第29页b。

[42]（清）黄以周辑注：《续资治通鉴长编拾补》卷四十三，光绪癸未浙江书局刻本，第3页a。

[43]（清）黄以周辑注：《续资治通鉴长编拾补》卷四十三，光绪癸未浙江书局刻本，第3页a。

[44][日]木宫泰彦：《日中文化交流史》，胡锡年译，北京：商务印书馆，1980年，第247页。

[45]（宋）吴自牧：《梦梁录》卷十三，杭州：浙江人民出版社，1984年，第115页。

[46]（宋）孟元老撰：《东京梦华录》卷之二，王永宽注译，郑州：

中州古籍出版社，2010年，第38页。

［47］（宋）吴自牧：《梦粱录》卷十三，杭州：浙江人民出版社，1984年，第116—117页。

［48］黄纯艳：《宋代海外贸易》，北京：社会科学文献出版社，2003年，第265页。

［49］（清）黄以周辑注：《续资治通鉴长编拾补》卷四十二，光绪癸未浙江书局刻本，第2页b。

［50］（元）脱脱等撰：《宋史》卷八十五志第三十八"地理一"，北京：中华书局，1977年，第2104页。

第三章

元代漆路：
从部族到国家

在蒙古部族走向元代民族国家的途中，古代中国漆器文化的发展经历了从共同体转型为政治体的文化裂变。漆器文化生产尽管有工奴制、技术思潮、植物图案等许多文化来源的实践议题，但海上丝绸之路为漆器文化及其民族文化多样性发展打开了中西文化对话的新空间，并在海外文化传播中释放出巨大的文化溢出能量。元代海上丝路漆器文化的外溢不仅促进了漆器自身发展走向技术至美，还重塑了元代国家文化的世界形象，并激起海外人们对中国文化的想象，见证了蒙古部族向民族国家转型发展的历史意义与逻辑内涵。

在历史渊源上，"部族"与"国家"的文化旨趣是大相径庭的：前者是一个为个体成员提供情感归属的共同体谱系分支，后者属于有民族统治色彩的政治体范畴。在蒙古部族走向国家后的诸多政治经济实践议程中，元代海上丝绸之路漆器文化的生产与溢出为蒙古民族国家的建构议程打开了新空间，它的背后隐喻了元代国家文化发展的历史意义与逻辑内涵。

一、蒙古部族性漆器文化生产

1271年以前的封建蒙古部族，实则是一个多族群的部族[1]共同体，蒙古部族内多样的文化结构、意识形态及其宗教信仰在没有形成国家之前显然是较为松散的，并没有明显促成民族文化多样性发展的态势。不过，百年的元朝历史说明，将共同体的蒙古部族文化结构与运行模式带入元代国家是渐次失效的，并且文化发展深深烙上蒙古部族性印记。蒙古部族性漆器文化生产就是一个例证。

在部族共同体下，蒙古草原文化培育出他们勇悍好杀与尚武轻文的部族习性。即便进入元代后，他们也仍然无法摒弃部族生活习性，沉湎于奢靡物欲之中。此时，奢华的漆器已然成为元代社会追捧的消费对象，特别是皇家贵族对奢华漆器消费更是视为时尚，抑或身份的象征。在蒙古贵族奢靡生活态度以及耶律楚材"制器必用良工"的思想支配下，元政府实施"抽户为工"之策，在全国大规模招募巧匠，大肆掳掠、拘役各地工匠，以供给官府或贵族作坊所用，并垄断和控制了国家漆器重要生产部门。在国家层面上，"抽户为工"与"招巧匠"在一定程度上集中发展了皇家手工业，并对古代中国漆器发展及其文化承续起到了极大的推动作用。但是，元政府大肆拘役全国工匠，高度垄断与控制国家手工业生产部门，也使民间手工业发展受到了极大破坏。

受部族文化理念的影响，元代早期漆器文化生产明显带有部族性及其审美特征，特别是"大根脚"蒙古贵族重技轻文的偏向，致使髹漆行业呈现出一股重技潮流。忽必烈之后，随着汉人在国家统治集团中所占比重减少，元代士大夫地位明显下降，以至于出现"十儒九丐"的颓废局面。在一定程度上，元代社会精神生活普遍被奢侈的物质生活冲淡。关汉卿在《不伏老》中坦言："我是个普天下郎君领袖……愿朱颜不改常依旧，花中消遣，酒内忘忧。……甚闲愁到我心头！"[2] 这或许是元代士人的基本心声或生活立场。精神生活的失落恰好被宋以来的技术生活所填补，因此，元代社会重技术、重物质的社会风气狂飙突进。就漆器而言，元代雕漆技术登峰造极，手工精细，磨工圆润，剔犀娴熟。镶嵌螺钿、素髹及戗金技术艺臻绝诣。总之，元代传统儒家文化思想开始走向没落，但重物质重技术的生活思潮有所抬头。

"大根脚"一统天下后，元代知识分子备受压制。于是，"摇船去，浊醪换取，一串柳穿鱼"的江湖隐居风尚自然流行起来。在唐宋以来隐逸文化的基础上，元代漆器装饰出现象征君子的梅兰竹菊等植物花卉图案，其中秋葵、梅花、菊花、牡丹、山茶、栀子花等是元代雕漆工匠最为青睐的题材。这些象征高洁的花卉，或是元代文人的一种审美心态，或是一种社会隐逸符号。实际上，雕漆所呈现出来的"枝繁叶茂"或"含苞欲放"之美，与元代草原部族的美学情怀是十分贴切的。从出土的元代漆器看，我们很少能看到唐宋漆器的娇花或折枝之美，更多的是满铺图案。这是元代部族社会在漆器图案上的一种艺术表现，也是元代部族社会转型至国家形态下的艺术体现。

二、元代国家漆器文化生产

元代是多部族衍生出的民族国家，这些部族主要由蒙古、色目、南人、汉人等构成。漆器消费集中在贵族与蒙古部族首领中，这些族群主要是由"大根脚"蒙古贵族、色目勋贵及汉族官员组成的。对于这些以"弓矢得天下"的蒙古部族而言，奢华的漆器正好满足与迎合了他们的物欲需求。因此，元代国家在制度、管理与行为上严格规定漆器文化生产，以期满足他们的漆器消费。

在制度层面，从部族走向国家的蒙古王朝，漆器制作及其文化发展也走向国家行为，以及中央集权之路。譬如，严格的"工奴制"使元代漆器发展走向部族集权的顶峰。元代大都留守司下的司局种类繁多，分工极细，这种集权化国家管理对于漆器的发展具有重大作用。元代大都留守司下设油漆局，将作院下设漆纱冠冕局，足见元代髹漆制作施行官方经营的工奴制。作为国家生产活动的漆器制造，主要为皇家贵族服务，于是元代国家专设油漆局掌管两都宫殿髹漆之工，以利于统一管理与监督漆器制造。据《元史》载，诸色人匠总管府隶属工部，下置油漆局等[3]。《元史》又载："油漆局，提领五员，同提领、副提领各一员，掌两都宫殿髹漆之工。"[4]油漆局隶属工部管理，并设提领、同提领、副提领，以管理宫殿髹漆之事。

在管理层面，掌管两都宫殿的漆工均为专业髹漆之工，都是从全国各地掳掠或集中迁至大都的，集中管理。据《元史》载，公元1236年掳中原民匠近72万户，1275年掠江南民为工匠凡30万户之多[5]。在国家行为下，元代国家髹漆获得空前集权化发展与繁荣。《格古要论》载："元朝初，嘉兴府西塘有彭君宝者，甚得名。戗山水人物、亭观花木鸟兽，种种臻妙。"[6]同书还载："元朝嘉兴府西塘杨汇，有张成、杨茂剔红最得名。"[7]张成、杨茂两人均擅长雕漆，尤见剔红、剔犀等髹漆技术。北京故宫博物院收藏的剔红赏花图圆盒，盖里针划"张敏德造"款铭文，张敏德即为张成之后代。彭君宝、张成、杨茂、张敏德等均是元代髹漆名匠，尤以雕漆成就最高。换言之，在统一的国家管理与行为体系下，元代国家漆器作坊能培育出髹漆名匠，并集中力量发展髹漆。

▲ 图3-1 元代"张敏德造"漆盒（北京故宫博物院藏）

实际上，当忽必烈部族走向大元国家之后，新的国家政治体显然不同于以地域为区分的部族共同体。抑或说，忽必烈从"部族"走向"国家"之后所遭遇的统治议程将发生新的变革。它至少意味着以下三个重要转向：一是在部族范围内，原蒙古各部族开始解体而日渐形成文化多样性的统一民族；二是在全国范围内，多民族的大力度的民族国家化建构将成为蒙古部族的首要政治议程；三是在世界范围内，蒙古王朝在国家体系中提升或重塑国家形象将成为重大政治议题。这些重要转向在国家海上丝绸之路（以下简称"丝路"）的漆器文化外溢中也得到了充分显示。

三、元代国家海上丝路漆器贸易与输出

元代部族共同体向国家政治统治体的过渡，必然要求元朝在开拓疆土的同时要注重商业贸易，尤其重视以海上贸易提升民族化国家建构的财力与形象。于是，海上丝路为蒙古民族国家的建构议程打开了一个新空间，也为建构国家形象提供了一种新路径。与唐宋相比，尽管元代官僚部族对海商的严格控制越来越让元政府感觉到开放港口所带来的不稳定性元素与日俱增，但是元代国家的疆域更为宽广，对外开放程度也更大。

1. 元代海上丝绸之路

为稳固沿海地区，至元十四年（1277年），元世祖下诏："行中书省承制，以闽浙温、处、台、福、泉、汀、漳、剑、建宁、邵武、兴化等郡降官，各治其郡。"[8]同时在泉州重置市舶司，任命地方闽广大都督蒲寿庚为提举，也使得泉州和平渡过朝代更迭，这为海上贸易发展提供了稳定的政治保障。史载："（至元十五年，即1278年）诏行中书省唆都、蒲寿庚等曰：'诸蕃国列居东南岛寨者，皆有慕义之心，可因蕃舶诸人宣布朕意，诚能来朝，朕将宠礼之。其往来互市，各从所欲。'诏谕军前及行省以下官吏，抚治百姓，务农乐业，军民官毋得占据民产，抑良为奴。以中书左丞董文炳签书枢密院事，参知政事唆都、蒲寿庚并为中书左丞。"[9]元世祖任命唆都、蒲寿庚为中书左丞，并实施"宠礼"和"抚治"等措施，确实起到了安抚诸夷的目的，尤其是"往来互市，各从所欲"，为海上丝路贸易提供了国家层面上的政策

依据与制度保障。

元代丝路贸易除了亚欧陆路之外，还有重要的海上丝路通道。布尔努瓦《丝绸之路》中描述得很清楚："当时中国北部出售茶叶而购入马匹，中国南方出口瓷器、漆器和丝绸，特别是向东南亚国家出口。……在元帝国统治时代，从黑海到太平洋的这条通道又先后变成了香料之路、茶叶之路和瓷器之路，而且也是外交使节们来往的必经之路，并不完全是丝绸之路了。只有从中国经西伯利亚到中亚蒙古人地区的一段路程例外，那段交通路线上仍从事珍稀织物的少量交易。这类珍稀织物也沿着十三和十四世纪的两条路少量地流入欧洲。这两条道路之一是塔里木—小亚细亚的传统道路，另一条则位于靠北很远的地方，从亚美尼亚、克里米亚和高加索的海港出发，沿着黠戛斯草原和西伯利亚南部一直到达北京或喀喇和林。"[10]根据布尔努瓦的描述，元代海上贸易路线至少有三条：一是传统的古代中国与东南亚国家贸易的南洋丝路；二是从太平洋到黑海的西洋丝路；三是从亚美尼亚、克里米亚和高加索的海港出发，沿着黠戛斯草原和西伯利亚南部一直到达大都或喀喇和林的北方丝路。

第一，与东南亚的南洋航线。元代南海丝路贸易的路线见元初周达观《真腊风土记》，该著系作者访问真腊（今柬埔寨）后写下的，特别能反映从温州港出发到东南亚国家的航海路线及经过的国家，并与其港口城市贸易的具体盛况。《真腊风土记》载："真腊国或称占腊，其国自称曰甘孛智。……自温州开洋，行丁未针。历闽、广海外诸州港口，过七洲洋，经交趾洋到占城。又自占城顺风可半月到真蒲，乃其境也。又自真蒲行坤申针，过昆仑洋，入港。……至大德丁酉（1297年）六月回舟，八月十二日抵四明泊岸。其风土国事之详，虽不能尽知，然其大略亦可见矣。"[11]根据周达观遣使招谕访问真腊的记载，元代"通商来往之国"的路线图或国家是：从温州港出发，历经闽、广诸港，后过七洲洋（今海南岛以东七洲列岛）、交趾洋（今海南岛之占城洋面）到占城国（今越南中部），又自占城到真蒲（真腊国以东边界地），历过昆仑洋（马来西亚以北洋面）入第四港（美荻港），自港口北行后抵达查南，换乘小舟经过半路村、佛村（菩提萨州），再横渡淡洋（今洞里萨湖）抵至干傍（柬埔寨地）。《真腊风土记》的描述说明，元代海上丝路贸易有温州港、泉州港、广州港等市舶司，以通东南亚占城国、真蒲、马来西亚、查南、淡洋、干傍等诸番贸易。

第二，与欧洲的西洋航线。所谓"西洋航线"，即郑和时代的"西洋航线"。汪大渊于元顺帝时期，曾两次乘船于东西洋而游，后著《岛夷志略》。该书多有描述元代中国与欧洲的海上贸易，全书共 18 处提及"西洋"。元代泉州港直接与西洋贸易，可以从史载的龙牙门、古里地闷等海上贸易推断当时中国与西洋的通商货易情况。《岛夷志略》之"龙牙门"条载："贸易之货，用赤金、青缎、花布、处瓷器、铁鼎之类。盖以山无美材，贡无异货。以通泉州之贸易，皆剽窃之物也。舶往西洋，本番置之不问。"[12] 这段文字描述了泉州商人在今新加坡海峡附近与西洋通商货易的情景。《岛夷志略》之"古里地闷"条载："居加罗之东北，山无异木，唯檀树为最盛。以银、铁、碗、西洋丝布、色绢之属为之贸易也。……昔泉之吴宅，发舶梢众百有余人，到彼贸易……。"[13] 这段材料描述泉州商人吴宅到今马来群岛南段之帝汶国贸易的情景，并有西洋丝布货易。元代中国与欧洲的贸易除了直接贸易之外，还有多条间接贸易路线。譬如甘埋里与北溜作为元代在中东的贸易中转站，与西洋的贸易极其频繁。《岛夷志略》之"甘埋里"条载有印度洋西海岸的甘埋里国（今伊朗哲朗岛）与欧洲也有贸易往来[14]，"北溜"条载有马尔代夫的马累与西洋有通商货易[15]。元代东南亚诸番作为中转站与西洋的贸易，从苏禄、旧港等国的通商货易中可以见出。《岛夷志略》之"苏禄"条载有今菲律宾之苏禄酋长国与西洋的通商货易[16]，"旧港"条载有西洋人来到今苏门答腊岛南部港口之巴邻旁（《诸蕃志》作巴林冯）"取田内之土骨，以归彼田为之脉而种谷"之情况，并与欧洲通商货易[17]。另外，作为元代中国对外贸易的中转站，从无枝拔、东淡邈、古里地闷等国贸易"西洋布"可见证这些地方与欧洲的贸易情况。《岛夷志略》之"无枝拔"条载有今马来半岛中南部之马六甲与西洋的通商货易[18]，"淡邈"条载有今印度尼西亚中部爪哇岛与西洋的通商货易[19]，"须文答剌"条载有今苏门答腊与西洋的通商货易[20]。

第三，"北方丝路"并非严格意义上的海上贸易路线，但从亚美尼亚、克里米亚和高加索的海港出发，沿着黠戛斯草原和西伯利亚南部一直到达大都的这条贸易路线，也具有港口贸易的性质与内涵。亚美尼亚亲王海敦入朝蒙古后著《东方诸国风土记》一书，书中有"契丹国记"之描述："契丹国者，地面最大国也。……然其国亦实多奇异物品，贩运四方，制工优雅，精美过人。

诸国之人，亦诚不能及之也。"[21]契丹国即中国。亚美尼亚亲王海敦叙述了元代中国"国滨大洋海"，特别是国内"奇异物品"而"贩运四方"的港口贸易之繁荣景象。

2. 元代市舶提举司的复置及法律运作

元代在浙江庆元（今宁波）、澉浦（今海盐）、杭州、温州、上海等处设市舶司，以通诸番货易。各市舶司管理海外贸易，并制定相关"互市之法"及征税方法。

市舶司是古代中国对外贸易的"海关"或官府部门，元代市舶司直接由行省管理或直隶于中书省。从《元史》记载看，从1277年至1322年，元代市舶司的设置经历多次革新或复立。市舶司或归入盐运司，或并入税务，或置制用院。大致从市舶司到市舶都转运司或都转运司，再到市舶提举司。1277年立泉州市舶司，后立庆元、上海、澉浦等三处市舶司，并任命福建安抚使杨发管理[22]。特别是在1284年至1322年之间，元代市舶司或市舶提举司制度又历经多次革新与发展[23]。不过，元初基本沿用南宋市舶司互市制度，即"凡邻海诸郡与蕃国往还互易舶货者，其货以十分取一，粗者十五分取一，以市舶官主之"[24]。后日久弊生，勾当横行。元政府为了打击贵族官僚海商舞弊，加强市舶司海外贸易管理，增加国家税收，先后制定了相关市舶法，主要有"抽分之法"（保护性关税法）、"选人入蕃"制（控制官僚贸易法）、"漏税之法"以及"市舶抽分杂禁二十二条"等。

第一，保护性关税法——从"双抽、单抽之制"到"抽分之法"。该关税体系由上海市舶司提控王楠提出，后确定为"双抽、单抽之制"，即规定对洋货双抽，对本地土货单抽也。该制度后经耿左丞完善，以钞易铜钱，令市舶司以钱易海外金珠货物，仍听舶户通贩抽分，最后定位为"抽分之法"。它有效保护了元代地方货物贸易的优先权，并确定了市舶司改纸币以铜钱为交易货币的体系，这为明代以白银为交易货币提供了交易范例。

第二，"选人入蕃"制。元代国家奢靡之风日盛，商业功利主义盛行。特别是一些贵族官僚把持对外贸易权，控制国家经济财政。为打击贵族官僚对海商贸易的控制，元政府规定"官自具船、给本，选人入蕃，贸易诸货。其所获之息，以十分为率，官取其七，所易人得其三。凡权势之家，皆不得用己钱入蕃为贾,犯者罪之,仍籍其家产之半。其诸蕃客旅就官船卖买者,依例抽之"[25]。这样对官民之贸易作分类管理,并通过税率的政府调控,严格控制官府权势者经商,以保护贸易人合法贸易,确保国家对外贸易的调控权。

第三,"验货抽分"与"漏税之法"。贵族官僚把持商业贸易,偷税漏税现象时有发生。为打击偷税漏税,元政府命市舶验货抽分,并由中书省规定抽分之数及漏税之法。对商贩在泉州、福州等地已经抽分者,则在本省市舶司地卖者,规定细色二十五分取一,粗色三十分取一,并免除输入税。对市舶司买者,则停于卖处收税,而不再抽分。对偷税漏税之物货,则依例没收。"验货抽分"与"漏税之法"很好地保护了海洋贸易的正常运营与发展,打击了不法官僚权势对贸易的控制权。

第四,"市舶抽分杂禁二十二条"。为整顿市舶勾当,元政府制定市舶抽分杂禁二十二条。抽分杂禁规定不许私贩入番,除泉州于抽分之外,三十分取一为税。行省行泉府司、市舶司官每年回访的时候,以次抽分,违期及作弊者罪之。

元代市舶司法较宋代更加趋于完善与严格,首次出现历史上具有保护性的关税法,即"双抽、单抽之制"。同时,对外海上贸易法更加制度化与规范化,特别是"选人入蕃""验货抽分""漏税之法"等市舶司法,对于官商舞弊、重复税收及偷税漏税等市舶勾当均有明确规制。另外,"市舶抽分杂禁二十二条"对市舶司的职责、权限等有法律化规定。制度化与法律化的市舶法对于元代海上漆器、瓷器等大宗货物的合法交易具有重大意义。

3. 元政府四次海禁政策下的漆器输出

元世祖忽必烈先后进行四次海禁,停罢市舶与整治海防成为元代政府之要务。究其原因,元代政府的海禁政策是迫于战争需要,特别是对日本以及东南亚一些国家的征战屡次失败,为了防止与海外这些国家联系,特别是防止物资、军备及信息的外流,海禁成为政府的必然选择。同时,元代实施"官自具船、给本,选人入蕃,贸易诸货"[26]的对外贸易政策,以维护国家对海洋贸易的绝对控制权。因此,在此情况下,私人出海经商自然被归为禁止之列。但是,即便元政府多次实行海禁,也没能抵挡海外对中国漆器、瓷器等精美工艺品的需求，更无法抵制海洋贸易所带来的经济财政收入及丰富的奢侈品的诱惑。因此，元代海禁并不是一个长效政策。

元朝是一个横跨亚欧大陆的世界性庞大帝国，对外经济贸易网络系统发达。除了沿袭传统西北古道丝路之外，元代还在宋代海上丝路的基础上开辟了通往世界的新的海上贸易通道。泉州、上海、澉浦、温州、广东、杭州、庆元等港口贸易发达，其中，在泉州港、庆元港与温州港的对外贸易中，外销漆器占有一定份额。从进口看，元代港口外来舶货种类繁多，诸如宝物、布匹、香货、药物、诸木、杂物等应有尽有。在所有进口货物的清单中，也可见进口新罗漆以及用于瓷器的青料等。当时"高丽生产的新罗漆，质地极佳，适用于饰蜡器。元代青花瓷生产中釉料有来自海外的青料（氧化钴）又称苏泥勃青"[27]。新罗漆是一种天然树脂，是制漆的重要材料。《辽史拾遗》曾记载："高丽黄漆生岛上，六月刺取，沈色若金，日暴则干，本出百济，今漆人号新罗漆。"[28] 百济地处朝鲜半岛东南段，气候温和，盛产黄漆。由于元代"重本抑末"之风盛行，自然会影响中国大漆的生产，在此情形下进口高丽漆也属正常。从出口看，元代出口商品主要有瓷器、丝绸、漆器、绢帛、铜、铁、金、银、铅、锡、茶叶、酒、糖等。与外销瓷器、丝绸相比，元代对外漆器贸易也不可小觑。特别值得注意的是，随着宋室南迁，大批北宋漆工移居江南，沿海一带的漆业因此走向繁荣。《南村辍耕录》曰："嘉兴斜塘杨汇鬃工戗。金戗银法，凡器用什物，先用黑漆为地，以针刻画，或山水树石，或花竹翎毛，或亭台屋宇，或人物故事，一一完整，然后用新罗漆。"[29] 在元代，浙江嘉兴的张成、杨茂之鬃器最负盛名。《南村辍耕录》中的漆器知识叙事反映出元代南方江浙一带漆器生产的繁荣景象，这也为漆器外销奠定了资源性保障。

就漆器输出而言，泉州港、庆元港、温州港等均是主要的漆器外销港口。泉州港即刺桐港，是当时海上丝路贸易的世界性大港口。《梦粱录》曰："若欲船泛外国买卖，则是泉州便可出洋。"[30] 1976 年，韩国新安郡海底沉船被发现，"沉船里所装载的货物中除陶瓷器、金属制品、木制品、石制品外，甚至还包括黑胡椒、桂皮和苏木、紫檀那样的香料和名香木。货物中还有日本的产品，如镰仓时代的古濑户瓶、彩绘漆器、铸有神社等图案的和式镜，直至大刀的刀鞘到穿的木屐"[31]。这里的"彩绘漆器"即可见证元代外销漆器的历史事实。对于这艘沉船的目的地，日本三上次男的观点是："只是在日本没有发现过,而主要在东南亚,特别是在菲律宾发现的青瓷和白瓷该船却装载了很多。我认为这艘船是打算在日本和高丽结束交易后取道冲绳,再前往菲律宾,最后返航庆元府(宁波)的周游船。"[32]在元代,漆器作为"华货"是被鼓励外销的,因为它的价值或税收远高于瓷器、丝绸等。这说明元代温州漆器远销真腊等东南亚国家,成为当地的时尚品。

元代国家贸易远通欧洲两河流域,与白达国(或报达国)有贸易往来。《玉堂嘉话》记《刘郁西使记》云:"丁巳岁(1257年),取报达国,……合里法以舸走,获焉。其国俗富庶为西域冠,宫殿皆以沉檀、乌木、降真为之,壁皆黑白玉为之。金珠珍贝,不可胜计。其后妃皆汉人。"[33]这里的"报达国",或作"白达国"(《诸蕃志》),相当于今天欧洲两河流域境内的伊拉克。其王"合里法",即"哈里发",而其妃皆汉人,可知元代欧洲两河流域与中国的贸易及其文化往来。1346年,摩洛哥商人和旅行家伊本·白图泰(ibn Batūtah,1304—1377年)抵达中国的刺桐港,随后游历杭州、广州、大都等城市。1355年,他用阿拉伯文写成《异域奇游胜览》,文中如是描述:"翌日早上从第五城城门进城,这是最大的城市,……当地的特产之一是用竹子制作的盘子,那是由碎块拼凑而成的,极为轻巧。上面涂以红漆,这类盘子一套十个……此种盘子运销印度、霍腊散等地。"[34]白图泰的描述充满了对中国工艺文化的惊奇与赞美之情,特别是对中国漆器及其

▲ 图3-2 韩国新安沉船出水元代漆箱残片

贸易的描述，见证了元代杭州的竹胎漆器远销印度与波斯的历史。

元代初年，阿拉伯人蒲寿庚来仕中国，并将中国漆文化带回了阿拉伯[35]。蒲寿庚是阿拉伯商人的后裔，系蒲开宗之子。他在泉州市舶司任职三十余载，是宋元回回番客之代表。《宋史》载："是欲入泉州，招抚蒲寿庚有异志。初，寿庚提举泉州舶司，擅蕃舶利者三十年。是舟至泉，寿庚来谒，请驻跸……。"[36]可见，元初泉州港与阿拉伯人的丝路贸易密切往来，并设驻华泉州舶司蒲寿庚，管理与阿拉伯的海上贸易。

简言之，蒙古部族在走向国家化的建构过程中，海上丝绸之路的漆器文化输出与传播释放出巨大的溢出效应，为元代国家建构议程提供了有力支撑，也为世界文化的繁荣作出了巨大贡献。

▲ 图3-3 北京元大都遗址出土元代螺钿漆器残片

四、元代国家海上丝路漆器文化外溢

元代漆器文化在日本、南洋、非洲等国家与地区的广泛传播，是中国文化对世界文化发展的一个独特贡献，也是中国文化深刻影响海外文化的一个重要载体[37]。在世界范围内，元代国家漆器文化外溢是全球文化的互动，它不仅是漆器间的互动，更是世界文化的相互对话与交融，具有中西文化交流的示范意义与独特内涵。

1. 元代漆器文化溢入日本、南洋与非洲

元代漆器艺术在日本备受人们青睐，特别是元朝嘉兴府张成、杨茂两位雕漆大师的剔红艺术品。据《格古要论》载，"元朝嘉兴府西塘杨汇，有张成、杨茂剔红最得名。但朱薄而不坚者多。日本国、琉球国极爱此物"[38]。在日本人眼里，"堆朱杨（杨茂）成（张成）"成为雕漆的经典名号。1977年东京国立博物馆"东洋的漆工艺"展出的元代戗金漆器便有10件之多，其中有4件为"延祐年"款[39]。剔红对日本漆器艺术的发展有着深远影响，"堆朱杨成"之誉也见证了元代雕漆在日本的地位与身份。

元代唐人在真腊颇受欢迎与敬畏。《真腊风土记》载："往年土人最朴，见唐人颇加敬畏，呼之为佛，见则伏地顶礼。近亦有脱骗欺负唐人者矣，由去人之多故也。"[40]《真腊风土记》是使臣周达观前往柬埔寨后写成，无疑说明温州漆器在真腊等南洋国家极其受到青睐。据《岛夷志略》载，有丝路漆器贸易的南洋国家还有民多朗、彭坑、戎等地。《岛夷志略》之"民多朗"条载："货用漆器、铜鼎、阇婆布、红绢、青布、斗锡、酒之属。"日本学者藤田认为，"民多朗"（柬埔寨语）是今越南之潘郎，但该书校释者苏继庼认为大概为湄公河三角洲一带。[41]《岛夷志略》之"彭坑"条载："贸易之货，用诸色绢、阇婆布、铜铁器、漆磁器、鼓、板之属。"苏继庼认为，"彭坑"（PAhang）大概为马来半岛南部东岸一带。[42]《岛夷志略》之"戎"条载："贸易之货，用铜、漆器、青白花碗、磁壶、瓶、花银、紫烧珠、巫崙布之属。"苏继庼注引藤田之说，认为"戎"大概为马来半岛克拉地峡春蓬附近。[43]《岛夷志略》所载漆器等均为元代中国与马来半岛等地的贸易之货，马来半岛也成为中国漆器远销海外的一个桥梁。中国漆器文化在这里与世界文化互相交融。

元代中国与非洲交往也甚密切。汪大渊在《岛夷志略》中记载了非洲东海岸的情况，包括"贸易之货，用牙箱、花银、五色缎之属"[44]。摩洛哥旅行家白图泰受王之托，前往中国，他对中国漆船及其装饰艺术非常羡慕与神往，尤其对中国人的聪明才智和手工艺技术表示惊叹。他曾对摩洛哥苏丹王说："中国人技艺上特别之天才。中国人较他种人，技艺天才特高，艺术精美异常，世人皆承认之，甚多书中，已言之矣。"[45]在杭州，他曾看到过市场上出卖的漆制品。漆盒"其制造物如大小平盘，系藤丝编成者，尤为精美。盘上涂红漆，灿耀闪光，细审之乃为十小盘所叠成。初视之，犹如一

盘也，人工之妙，夺天巧矣"[46]。可见，中国人之"特别之天才"，特别是漆器制作"人工之妙"以及"夺天巧"给他留下了深刻印象。换言之，白图泰游历中国所记以及回国后向摩洛哥苏丹王所言说的中国工艺文化，必将在非洲留下无限的想象空间[47]，也间接地表明中非文化在漆器互动上显示了一般文化交流的意义与内涵。

2. 马可·波罗的中国漆器艺术想象

从十三世纪意大利商人与旅行家马可·波罗的游记描述中，我们可以看出元代中国东南沿海城市手工业的繁荣，以及元代港口城市的商业繁荣状况。在中外漆文化交流中，马可·波罗所见中国漆器艺术除了生活实用漆器之外，论述或赞美最多的还有中国建筑漆艺、游艇和画舫漆艺等。

《马可·波罗游记》中曾描述蒙古大汗奢华的鎏金漆柱御苑，在"大汗在上都所建的豪华宫殿和皇殿上的礼仪"章节描述："我们一行告别了张家诺，朝东北方骑行三天，抵达上都，这是当今皇帝忽必烈大汗建立的都城。……御花园中，有一片葱绿的小树林，他在林中修建了一间御亭，亭内有许多华美的龙柱，裱上金箔。每根木柱上盘着一条龙，龙头向上承接着飞檐，龙爪向左右伸张，龙尾向下垂着，龙身上也裱上金箔。屋顶和其他部分是用竹制成，油漆得很好，可以防潮。"[48]漆是天然优良涂料，素有"涂料之王"之称号。可见，马可·波罗已认识到漆器的防腐作用。另外，这里所见的"裱金箔"是建筑漆绘的重要工艺技法。《马可·波罗游记》之"雄伟壮丽的京师（杭州）市"章节描述："这个地方经营的手工业，有十二种高于其他行业，因为它们的用途比较广泛和普遍。……杭州人民的住宅，建筑华丽，雕梁画栋。他们对于这种装饰、画图以及富有想象力的建筑物，表现了极大的爱好。"[49]马可·波罗眼中的"雕梁画栋"是中国古典建筑装饰之法则。元代王子一在《误入桃源》第二折曰："光闪闪贝阙珠宫，齐臻臻碧瓦朱甍，宽绰绰罗帏绣桄，郁巍巍画梁雕栋。"[50]足见古代建筑彩绘装饰十分华丽，重视油漆彩绘。另外，大漆不仅有防腐之作用，还有耐碱防海水之功用。因此，它被广泛应用于古代船只。《马可·波罗游记》之"雄伟壮丽的京师（杭州）市"章节这样描述："除此之外，在湖上还有许多游艇和画舫，……画舫上桌椅板凳、宴客的设备，无不布置得整齐清洁。舒适雅观。……整只画舫，油彩斑斓，五光十色。还绘上无数的图形，越加美丽。"[51]这些油彩的游艇和画舫想必给马可·波罗留下了深刻的印象。

马可·波罗对中国建筑以及游艇和画舫等漆艺的溢美之词，不仅表达了他在对中国漆器艺术的迷恋中所激起的美学旨趣，更深刻反映了中国古代漆器艺术所传达出来的审美体验是独一无二的。

在阐释中发现，元代海上丝绸之路漆器文化的发展具有元代国家发展的一般意义与内涵，至少显示以下几点文化发展逻辑要义：第一，从蒙古部族到元代国家，古代中国漆器艺术的发展经历了从"共同体"转型为"政治体"的文化裂变。抑或说，元代漆器文化深深烙上了蒙古部族文化与美学思想之印记。第二，尽管蒙古部族体系在走向政治国家的途中，漆器艺术经历了"工奴制""技术思潮""植物图案"等许多部族化偏向的实践，但民族文化多样性以及海上丝绸之路遂为这个部族国家的漆器文化打开了对话与发展的空间，并在对外传播中释放出巨大的文化溢出效能。第三，尽管元代漆器美学的发展走向部族化与贵族化的奢华装饰与奢侈消费之路，但在技术上致使古代漆器发展实现了一次大飞跃。抑或说，元代部族文化嵌入国家漆器文化的耦合发展中，使得元代漆器文化偏向被人救赎的部族美学。第四，元代海上丝路漆器文化的外溢不仅促进了漆器自身走向技术至美与文化至善，还重塑了元代国家文化的世界地位与身份，特别是元代漆器文化，激起了世界范围内人们对于中国文化的想象。

注 释

[1]摒弃"部族"范畴的某些学术争议,族体谱系分支下的"部族"显然有异于"民族"范畴——"部族"是基于地域为空间纽带的血缘共同体,而"民族"则指向以文化为区分的政治共同体。

[2]洪柏昭、谢伯阳选注:《元明清散曲选》,北京:人民文学出版社,1988年,第27页。

[3](明)宋濂:《元史》卷八十五志第三十五"百官一",北京:中华书局,1976年,第2144—2145页。

[4](明)宋濂:《元史》卷八十五志第三十五《百官一》,北京:《中华书局》,1976年,第2145页。

[5](明)宋濂:《元史》卷一百六十七列传第五十四"张惠",北京:中华书局,1976年,第3924页。

[6](明)曹昭、王佐、赵菁编:《格古要论》卷八,北京:金城出版社,2012年,第268页。

[7](明)曹昭、王佐、赵菁编:《格古要论》卷八,北京:金城出版社,2012年,第268页。

[8](明)宋濂:《元史》卷九本纪第九"世祖六",北京:中华书局,1976年,第189—190页。

[9]許慕羲:《元朝宫廷秘史》,呼和浩特:内蒙古人民出版社,2008年,第409页。

[10][法]布尔努瓦:《丝绸之路》,耿昇译,乌鲁木齐:新疆人民出版社,1982年,第240页。

[11](元)周达观:《真腊风土记校注》,夏鼐校注,北京:中华书局,2000年,第15—16页。

[12](元)汪大渊:《岛夷志略校释》,苏继庼校释,北京:中华书局,1981年,第213—214页。

[13](元)汪大渊:《岛夷志略校释》,苏继庼校释,北京:中华书局,1981年,第209页。

[14](元)汪大渊:《岛夷志略校释》,苏继庼校释,北京:中华书局,1981年,第364页。

[15]（元）汪大渊：《岛夷志略校释》，苏继庼校释，北京：中华书局，1981年，第264页。

[16]（元）汪大渊：《岛夷志略校释》，苏继庼校释，北京：中华书局，1981年，第178页。

[17]（元）汪大渊：《岛夷志略校释》，苏继庼校释，北京：中华书局，1981年，第187页。

[18]（元）汪大渊：《岛夷志略校释》，苏继庼校释，北京：中华书局，1981年，第38页。

[19]（元）汪大渊：《岛夷志略校释》，苏继庼校释，北京：中华书局，1981年，第133页。

[20]（元）汪大渊：《岛夷志略校释》，苏继庼校释，北京：中华书局，1981年，第240页。

[21]张星烺编注：《中西交通史料汇编》，北京：中华书局，2003年，第981—982页。

[22]（明）宋濂：《元史》卷九十四志第四十三"食货二"，北京：中华书局，1976年，第2401—2403页。

[23]1284年设市舶都转运司于杭州与泉州。1285年并福建市舶司入盐运司，改为都转运司，负责福建漳、泉盐货市舶事务。此时，元代已经有泉州、上海、澉浦、温州、广东、杭州、庆元等市舶司七所，后温州市舶司并入庆元，杭州市舶司并入税务。1297年罢行泉府司。1298年并澉浦、上海入庆元市舶提举司，直隶中书省。同年又置制用院，1303年以禁商下海罢之。1308年复立泉府院，整治市舶司事。1309年罢行泉府院以市舶提举司隶行省，1311年又罢之。1314年复立市舶提举司。1322年复置泉州、庆元、广东三处提举司。

[24]（明）宋濂：《元史》卷九十四志第四十三"食货二"，北京：中华书局，1976年，第2401页。

[25]（明）宋濂：《元史》卷九十四志第四十三"食货二"，北京：中华书局，1976年，第2402页。

[26]（明）宋濂：《元史》卷九十四志第四十三"食货二"，北京：中华书局，1976年，第2402页。

[27]孙玉琴、赵崔莉：《中国对外开放史·第1卷》，北京：对外

经济贸易大学出版社,2012年,第172页。

[28]（清）厉鹗：《辽史拾遗》卷二十二,北京：中华书局,1985年,第416页。

[29]（元）陶宗仪：《南村辍耕录》卷之三十,北京：中华书局,1959年,第379—380页。

[30]（宋）吴自牧：《梦梁录》卷十二,杭州：浙江人民出版社,1984年,第112页。

[31][日]三上次男：《新安海底的元代宝船及其沉没年代》,王晴堂译,《东南文化》,1986年第2期,第66页。

[32][日]三上次男：《新安海底的元代宝船及其沉没年代》,王晴堂译,《东南文化》,1986年第2期,第68页。

[33]（元）王恽：《玉堂嘉话》卷二,杨晓春点校,北京：中华书局,2006年,第60页。

[34][摩洛哥]伊本·白图泰：《伊本·白图泰游记》,马金鹏译,银川：宁夏人民出版社,2000年,第554页。

[35] 14世纪阿拉伯人对"漆树科"已有初步科学认知,从元代延祐到天历年间（1314—1330）,担任饮膳太医的忽思慧在其"饮膳正要"曾记载阿拉伯的药物马思答吉（漆树科乳香）等被宫廷饮膳采用。

[36]（元）脱脱等：《宋史》卷四十七本纪第四十七"瀛国公",北京：中华书局,1977年,第942页。

[37] Chap Kusimba, "Ancient Trade Between China and East Africa" in *Early Maritime Cultures in East Africa and the Western Indian Ocean*, ed. Akshay Sarathi (Oxford: Archaeopress, 2018), p. 83—102.

[38]（明）曹昭、王佐撰,赵菁编：《格古要论》卷八,北京：金城出版社,2012年,第268页。

[39]何堂坤：《中国古代手工业工程技术史》,太原：山西教育出版社,2012年,第806页。

[40]（元）周达观：《真腊风土记校注》,夏鼐校注,北京：中华书局,2000年,第147页。

[41]（元）汪大渊：《岛夷志略校释》,苏继庼校释,北京：中华书局,1981年,第60—61页。

[42]（元）汪大渊：《岛夷志略校释》，苏继庼校释，北京：中华书局，1981年，第96—97页。

[43]（元）汪大渊：《岛夷志略校释》，苏继庼校释，北京：中华书局，1981年，第106—107页。

[44]（元）汪大渊：《岛夷志略校释》，苏继庼校释，北京：中华书局，1981年，第358页。

[45]张星烺编注：《中西交通史料汇编》，北京：中华书局，2003年，第631页。

[46]张星烺编注：《中西交通史料汇编》，北京：中华书局，2003年，第652—653页。

[47] Chap Kusimba, "Ancient Trade Between China and East Africa" in *Early Maritime Cultures in East Africa and the Western Indian Ocean*,ed.Akshay Sarathi (Oxford:Archaeopress,2018),p.83—102.

[48][意]马可·波罗：《马可·波罗游记》，陈开俊、戴树英、刘贞琼等译，福州：福建科学技术出版社，1981年，第74—75页。

[49][意]马可·波罗：《马可·波罗游记》，陈开俊、戴树英、刘贞琼等译，福州：福建科学技术出版社，1981年，第178—179页。

[50]（明）臧晋叔编：《元曲选》，北京：中华书局，1989年，第1358页。

[51][意]马可·波罗：《马可·波罗游记》，陈开俊等译，福州：福建科学技术出版社，1981年，第180页。

第四章

明代漆路：
边界视域

尽管明朝国家实施朝贡等想象性边界开放政策，但诱人的漆器还是在郑和下西洋及走私贸易中跨越国界，走向世界。在全球范围内，中国漆器已然被世界消费，并冲破其民族文化边界，彰显出"中国制造"之漆器在世界的身份与地位。

在地理学区域边界视域下，古代海上丝路不仅是国家边界的拓展，还是中国文化走向世界的一种途径，其中丝路上的漆器贸易及其文化交流就是国家边界拓展行为的物质文化载体。在明朝，海上丝路漆器文化的历史呈现出主体、国家与艺术等多层面的边界知识逻辑。

一、主体边界与漆器文化生产

明代南方城市及其商品经济渐趋发达，市民阶层、宫廷显贵与官绅阶层逐渐扩大，他们的艺术消费观念与审美观念亦随之发生变化，尤其是对奢华漆艺品的需求激增。因此，明代漆器的消费主体边界较前代有很明显的分化与扩张，即形成了新的漆器消费主体——市民阶层。

无论是新兴的市民阶层，还是统治阶级与贵族，他们都希望消费艺术品。奢华的漆艺不但满足了新兴城市市民阶层的审美消费需求，也满足了城市官绅阶层艺术消费的需求。洪武初年，国家设油漆作，并在南京钟山下设立漆园，专为造船储备大漆原料。同时，明朝南方商品经济十分活跃，新兴地主阶层或贵族阶层扩大，他们的文化消费观念与审美观念亦随之发生变化，对奢华的漆器需求激增。为了满足朝廷贵族以及市民阶层的漆器消费需求，明代专设御用官办漆器生产机构，在宫廷内官监下设油漆作，另于内府供用库专设储生漆的丁字库。永乐十九年（1421年），朱棣迁都北京，设果园厂为御用漆作，效力果园厂的漆工多为名匠。元代髹漆大师张成之子张德刚就效力于官办果园厂。两淮盐政亦设漆作，承制宫廷各种器皿、家具和建筑装饰等。帝王及官绅的奢侈漆器美学思想作为国家意识形态，亦能促进南方商品经济的发展，特别是能促进满足朝廷及市民消费需求的漆器艺术发展。

另外，明朝士农工商的主体边界已然消失，传统士商之间的鸿沟也不复存在。因此，漆器手工业在地方得到快速发展，尤其是扬州，漆器作坊林立，品种繁多，规模庞大，成为当时全国漆器制作中心。明人谢肇淛《五杂俎》

云:"富室之称雄者,江南则推新安,江北则推山右。"[1]可见明朝徽州发达的商品经济与物质消费为漆器的消费提供了有力保障。在地方商品经济与朝廷奢侈美学消费的共同作用下,漆器消费知识开始走向公众,明朝《髹饰录》的问世就是漆器消费走向公众的标志。

二、国家边界与海上丝路漆器贸易

尽管明朝实施海禁政策,但国家海外贸易仍在曲折中发展。十五世纪末,葡萄牙人绕过好望角,横渡印度洋,来到中国广州,要求与中国通商。十六世纪西班牙人占领菲律宾,以此为基地开展与明朝政府的通商。十七世纪荷兰人崛起于海上,并控制丝路贸易。由于传统生产方式及旧海洋经济思想的影响太深,明朝国家继元代后仍实施禁海通商政策。洪武十四年(1381年),明政府以"倭寇仍不稍敛足迹"为由,禁濒海民私通诸国。洪武二十三年(1390年),国家再次发布"禁外藩交通令"。按明代律法规定,"私出外境及违禁下海……夷人贡船到岸,未曾报官盘验,先行接买番货,及为夷人收买违禁货物者。俱发边卫充军。……但纠通下海之人,接买番货与探听下海之人,番货到来,私买贩卖苏木、胡椒,至一千斤以上者俱发边卫充军"[2]。被政府完全控制与垄断的海上贸易被搁置,但在"禁海通藩"令下,走私贸易开始活跃,而原来依赖海商贸易的税务收入变成了贡赐体系继续维系。

实际上,明前期国家厉行海禁政策,沿海漆器贸易主要依赖朝贡贸易的方式。尽管明初在太仓设置市舶司以管理海上丝路贸易,各国往来朝贡贸易活跃,但这是一种繁荣假象,因为朝贡贸易完全是不等价的商品交易,恩赐物价值远大于上贡的方物价值,"贸易赤字"是明显的。

在万国来朝的朝贡体系下,明朝漆器海洋贸易以朝贡与走私为主要手段。在海外贸易中,直接提及漆器贸易或朝贡的国家主要是西域诸国及东亚日本等国。第一,与西域的朝贡关系。《明史》载:"嘉靖三年(1524年)与旁近三十二部并遣使贡马及方物。其使者各乞蟒衣、膝襕、瓷器、布帛。"[3]《明史》又载:"敏真城,永乐中来贡。其国地广,多高山。日中为市,诸货骈集,贵中国磁、漆器。"[4]第二,与日本的朝贡关系。《明史》载:"宣德间所贡硫黄、苏木、刀扇、漆器之属……"[5]明代中日漆器文化交流频繁,杨氏及其子杨埙对中日漆器文化交流作出了很大贡献。另外,新安人黄大成所著《髹饰录》始传日本，被日本视为漆经典籍。

十五至十六世纪的中国港口实行白银交易体系，为中国带来了大量的外汇收入。郑和七次下西洋不仅彰显了明朝大国的身份与形象，还维护了对诸番的朝贡贸易制度，极大地刺激了中国海外贸易的热情。漆器、瓷器等商品是郑和下西洋必携带的大宗奢侈品，这些货物也是受西方青睐的日用品。漆器是海外十分珍稀的日用品之一。《咸宾录》曰："（天竺）其产：细布……剪（极巧且利）、漆器、磁器（俱极精巧）为奇。"[6]可见天竺视漆器为珍奇之品。郑和下西洋时，宝船上满载精美的漆器、丝绸、瓷器等礼物，沿途受到诸番的热情迎接。郑和下西洋及明后期开放海禁，从某种程度上说是一种被动的海外扩张，具有国家边界开放的想象性特征。在中间商或海盗的帮助下，明朝与欧洲国家的海上贸易，除了国家行为上的郑和下西洋之外，以澳门及马尼拉为基地的海上丝路贸易或走私贸易极其兴盛。

第一，以澳门为中心的漆器贸易中转站被开辟。十六世纪欧洲部分国家进入资本主义原始积累时期，首先来到东方的是葡萄牙人。葡萄牙人在武宗正德六年（1511年）攻占满剌加（今马来西亚马六甲州），开始海上贸易。正德十二年（1517年），葡萄牙国王曼努埃尔一世（Manuel Komnenos，1118—1180年）派遣使臣托梅·皮雷斯（Tome Pires，

▲ 图4-1 明代漆盘（北京故宫博物院藏）

1465—1524/1540年)抵达广州,中外海上贸易市场迅速扩张。后因担心葡萄牙人胡作非为,明政府于世宗嘉靖二年(1523年)击退了来到中国广州口岸的大量葡萄牙商船,随即严禁与葡进行海上贸易。1553年,葡萄牙人以贿赂手段强占香山澳(澳门),澳门从此成为葡萄牙开展对华贸易的基地。不过,漆器、瓷器等奢侈品主要由澳门再转口到日本等东亚国家。约尔格(C·J·A·Jörg)在《荷兰东印度公司对华贸易》一文中如是描述:"早在十六世纪……就怀有极大兴趣,特别在逐步扩大的富裕的自治市民和艺术品收藏家阶层中更是如此,他们能够并愿意出高价购买这些身价日增的奢侈品和舶来品,诸如中国丝绸、瓷器和漆器,而在前几个世纪这些东西还属王室和高级僧侣所专有。"[7]这说明在欧洲市场上漆器等名贵奢侈品普通人还是无法享有,不过这种局面到了十八世纪就有所改观。由于法国宫廷刮起的"中国风"近乎席卷了整个欧洲,在上行下效的作用下,中国漆器、瓷器开始在欧洲普通人家庭得到普遍使用。

第二,与葡萄牙的漆器贸易。漆器作为中国人优雅与风情的体现,成为葡萄牙等西方国家民众的一种"神学"。于是,中国漆器由葡萄牙人向欧洲大量出口,进而在法国、英国等欧洲国家形成一股"中国热"[8]。由于明政府只允许用白银作为交易货币,恰好此时的"葡萄牙人由于在非洲开发的金矿和在欧洲兑换的白银而致富,于是便在亚洲积极从事会使他们获得巨额利润的香料交易。但到了16世纪中叶,香料贸易倍增,它就不会长时期地受葡萄牙人的控制,而是先转移到荷兰人手中,后又落到英国人手中。葡萄牙除了从中国向欧洲出口香料之外,而且还有越来越多的制造成品、丝匹、漆器和瓷器"[9],因为葡萄牙人与中国的海上丝路贸易不是单向的,只要有利润空间或销售地点,他们就会以此为贸易对象。

第三,与日本的漆器贸易。十六世纪的中外海上丝路贸易主要由葡萄牙垄断与控制,葡萄牙人以澳门等为贸易中转站,将大量中国漆器、瓷器运往日本、东南亚以及欧洲国家。自嘉靖年间,倭寇不断袭扰中国东南沿海城市,明政府便采取海禁政策,拒绝与日本进行官方海上贸易。在明朝时期,葡萄牙人把澳门变为国际通商口岸,转手倒卖日本漆器,"由于日本市场缺生丝,葡商人又将中国生产的大批生丝运到日本市场出售,换回金银及日本所产的漆器、刀剑再转手倒卖,从中大获其利"[10]。明朝与日本的直接贸易主要是通过朝贡方式。《明史》载:"倭人贪利,贡物外所携私物增十倍,例当给直。礼官言：'宣德间所贡硫黄、苏木、刀扇、漆器之属，估时直给钱钞，或折支布帛，为数无多，然已大获利……'。"[11]这说明漆器乃是日本朝贡中国明朝的一种。

第四，与西班牙殖民者的漆器贸易。在十六世纪中后期，西班牙商船频繁往返于马尼拉与墨西哥阿卡普尔科港，大量贩运中国的漆器、瓷器、丝绸、香料等大宗货物。明隆庆五年（1571年），吕宋（今菲律宾吕宋岛）国的马尼拉港开放，成为西班牙进行远东贸易的基地。很多西班牙船队将美洲的鼻烟、鼻烟盒等运到吕宋来。当时在吕宋居住十八年的一位神甫这样描述："海上的交通，重要的仍是在华人之手。……普通瓷器也有运售，但非常精美的，则因被禁止而不能出口。他们也运来珠、金、铁、麝香、雨伞、假宝石（极其精美，不易辨别真伪）、硝石、面粉、各色纸张以及其他雕刻油漆极为精美的木器。"[12]可见，尽管雕漆是被明政府列为禁止通商的货物，但当时来自漳州与厦门的中国商船仍能将"雕刻油漆极为精美的木器"运往吕宋。

第五，与荷兰的漆器贸易。十七世纪的荷兰掌握了海上贸易量的八成以上，远超过西班牙与葡萄牙。明万历三十二年（1604年），荷兰首次派军舰抵达广东沿海，开展海上丝路贸易。1641年，西班牙人被荷兰人赶出台湾北部，台湾成为他们对华丝路贸易的基地。约尔格在《荷兰东印度公司对华贸易》中提及："1604年被俘获的'卡塔林纳'号和另一条葡萄牙商船上的货物在阿姆斯特丹进行拍卖成交，其情景更是令人叹为观止。这些船只当时正行驶在从澳门往马六甲的途中，满载着瓷器、生丝、丝织品、黄金、漆器、家具、糖、药材以及其他中国商品。买主们四方云集，结果获利几达六百万盾！"[13]可见漆器已成为荷兰人输入欧洲的重要商品。

第六，与拉丁美洲的漆器贸易。早在元代，中国东南沿海就开始出现与拉美的漆器贸易。至明代，拉丁美洲的查墨国成为中国漆器贸易的重要市场之一。清代张荫桓《三洲日记》曰："查墨国记载，明万历三年，即西历一千五百七十五年，曾通中国，岁有飘船数艘，贩运中国丝绸、瓷漆等物，至太平洋之亚冀巴路商埠（即阿卡普尔科港）分运西班牙各岛（指加勒比海西属殖民地各岛），其时墨隶西班牙，中国概名之为大西洋。"[14]查墨国，即今墨西哥，1685年查墨国的阿卡普尔科港已建立唐人街。1575年，中国商船抵达查墨国，并大量销售中国的漆器、瓷器、丝绸等贵重货物，连阿卡普尔科港也成为中国漆器转运加勒比海西属殖民地各岛的中转站。

▲ 图4-2 明代螺钿漆盘（日本东京东方漆器研究所藏）

三、艺术边界与海上丝路漆器文化溢出

  运往欧洲的瓷器、漆器等货物被欧洲民众奉为"异域之花"，使用漆器与瓷器成为欧洲上层社会生活的一种时尚风潮。同时，明代漆器文化的溢出引起了海外人的"中国想象"，这些都显示出中华传统漆艺冲破了自身边界而被世界所消费。

  利玛窦来到中国之后，被中国工艺风情及其背后的文化哲学所折服。利玛窦首先对中国神秘的大漆做了直观的认知。他在"中华帝国的富饶及物产"中指出："中国人用这种东西制成一种山达脂（Sandarac）或颜料，他们称之为漆（Cie），葡萄牙人则叫做 ciaco。它通常用于建造房屋和船只以及制作家具时涂染木头。"[15]可见利玛窦认识到了一种叫山达脂的树脂之用途。有关大漆之用途，利玛窦的描述是详细的。《西国记法》曰："夫安象于处所，犹书字于漆板，其字有时洗去，而漆板用之无穷。故处所非象可比，最宜坚固稳妥，然后利终身之用。"[16]可见，利玛窦看到了漆板书写之终身之用。他在《关于中国的某些习俗》中记载："关于中国的丧礼……,

他们用一种亮漆封涂棺木隙缝，可以把棺木完全密封起来，我们知道有时候中国人把父母的遗体放在家中三四年之久。"[17]很明显，利玛窦注意到漆的黏性，发现漆有胶合之用。在《关于服装和其他习惯以及奇风异俗》中他这样描述："在中国，可以看到有些城市是建筑在河流湖泊之中的，就像威尼斯建在海上那样，有宫殿般的船舶在其间往返。……这类游艇内部通常涂各种非常光洁的沥青颜料，即葡萄牙人称之为漆的东西，全部装饰非常悦目，正如其中的各种香料也非常好闻。"[18]利玛窦将"漆香"味唤作"香料"之味，抑或说，他已然在游船漆艺中享受到了中国大漆之美。利玛窦所论中国漆器之美是独到的，他不但有触觉（"漆涂得光亮"）的直接感知，还有视觉（"亮漆"）与嗅觉（"漆香"）的审美体验。

明朝漆器文化对欧洲的影响是广泛而深入的，主要体现在对欧洲家具、宫廷建筑陈设以及生活方式等领域[19]。在十七至十八世纪间，通过海上贸易或传教士等途径，中国漆器与瓷器同时涌入了欧洲[20]。"在18世纪，当欧洲国家的宫廷中流行中国艺术品时，瑞典国王弗雷德里克（Frederick）为王后修建了一座法国'洛可可'艺术风格的宫殿。……宫殿内的装饰是采用中国瓷器、刺绣、漆器的图案，同时陈列着王后购买的中国德化白瓷、粉彩瓷器花瓶以及大量的漆器家具、国画、糊墙纸等。"[21]从繁缛、奢华、精巧的洛可可艺术（Rococo）中，可以看出中国十七世纪明代的漆器装饰风格。正如托马斯·芒罗（Thomas Munro，1761—1827年）所说，"洛可可艺术"乃是"中国风格的法国艺术品"[22]。路易十五的情人蓬巴杜夫人（Madame de Pompadow，1721—1764年）对中国漆器家具与日用品情有独钟，当时罗伯特·马丁（Robert Martin）为她设计的家具多援引中国漆艺装饰风格[23]。法国宫廷对漆艺美学的追求，使得十七世纪法国的漆业一直处于欧洲首位，中国漆艺文化很快在欧洲传播开来。

在法国宫廷，中国漆器被视为一种特殊而罕有的珍贵物品，它的过度装饰"曾引起了老弥拉波侯爵（Marquis de Mirabeau）从经济方面出发的愤怒指责"[24]。当时商业或财产目录上，有许多关于东亚进口货品的记载，其中即有中国漆器，甚而更早已有"法国仿造而带有中国商标的漆器，亦随处可见。又商人杜伟斯（Lazare Duveaux）的日记簿是这类研究的一项极宝贵的资料，其中几乎每页都有'古董的漆器'的名目"[25]。老弥拉波侯爵的愤怒指责背后，至少暗示了"中国漆器"作为一个品牌，在欧洲已然被

▲ 图4-3 明弘治剔黑广寒宫图圆盘（美国华盛顿弗利尔美术馆藏）

▲ 图 4-4 明代彩绘漆盘（美国纽约大都会博物馆藏）

视为矜贵之物或价值连城的古董，它是需要法国白银来交换的，这必然造成法国白银外流。另外，老弥拉波侯爵的担心也能看出明代漆器文化对法国文化的嵌入及其影响。

明朝漆器等艺术格调对拉美民众的消费与审美也产生了不小的影响。"中国传统的清新高雅的东方格调，也强烈地影响着当地社会上层对家具陈设和室内装饰的爱好与追求。如墨西哥的塞万提斯家族和科尔蒂纳公爵等，为了夸耀其门第的显赫和高贵，都曾派专人赴华订制成套的'纹章'瓷。他们在居室厅堂精心布置摆设中国屏风、精雕漆柜、镂花硬木家具以及丝绸绣花台布和窗帘，墙上贴着中国的壁纸并悬挂着中国的山水字画，造型优雅、高达一米多的大号中国瓷瓶，则摆在富丽堂皇的大客厅里，并备有各式中国瓷制餐具，非常引人注目地显示他们的财富和地位。"[26] 换言之，明朝漆器已成为拉美人炫耀财富与地位的对象。

总之，我们发现明朝海上丝路漆器文化传播的以下边界性发展逻辑：第一，漆器文化的兴盛与发展离不开国家主体边界的扩张，特别是"士农工商"主体消费边界的消失，是使得明代漆器走向繁荣的一个重要因素；第二，明朝国家层面上的海禁、朝贡与郑和下西洋或走私，体现出一种国家边界的封锁、想象与逾越的历史发展逻辑；第三，利玛窦的中国想象、蓬巴杜夫人的中国风格、老弥拉波侯爵的愤责、塞万提斯（Cervantes）家族的东方格调不仅冲破了漆艺文化消费的国别性边界，还实现了中华文化溢出以及同海外文化耦合的历史效应。

注 释

[1]（明）谢肇淛：《五杂俎》卷四"地部二"，呼和浩特，远方出版社，2005年，第96页。

[2]（明）李东阳等：《大明会典》卷一百六十七律列八《兵律二》，（明）申时行等重修，扬州：广陵书社，2007年，影印本，第2327页上栏至下栏。

[3]（清）张廷玉等：《明史》卷三百三十二列传第二百二十"西域四"，北京：中华书局，1974年，第8615页。

[4]（清）张廷玉等：《明史》卷三百三十二列传第二百二十"西域四"，北京，中华书局，1974年，第8618页。

[5]（清）张廷玉等：《明史》卷三百二十二列传第二百十"外国三"，北京：中华书局，1974年，第8347页。

[6]（明）罗曰褧：《咸宾录》之"西夷志卷之三"，北京：中华书局，1983年，第78页。

[7]［荷］C·J·A·约尔格：《荷兰东印度公司对华贸易》，载中外关系史学会编：《中外关系史译丛（第3辑）》，上海：上海译文出版社，1986年，第304—305页。

[8] William Worthen Appleton, *A Cycle of Cathay: the Chinese Vogue in England During the 17th and 18th Centuries* (New York: Columbia University Press, 1951), p. Ⅲ.

[9]［法］布罗斯：《发现中国》，耿昇译，济南：山东画报出版社，2002年，第43页。

[10]朱亚非：《明代中外关系史研究》，济南：济南出版社，1993年，第289页。

[11]（清）张廷玉等：《明史》卷三百二十二列传第二百十"外国三"，北京：中华书局，1974年，第8347页。

[12]林仁川：《明末清初私人海上贸易》，上海：华东师范大学出版社，1987年，第208页。

[13] C·J·A·约尔格：《荷兰东印度公司对华贸易》，载中外关系史学会编：《中外关系史译丛（第3辑）》，上海：上海译文出版社，1986年，

第 307 页。

［14］转引自林仁川：《明末清初私人海上贸易》，上海：华东师范大学出版社，1987 年，第 208 页。

［15］［意］利玛窦、［比］金尼阁：《利玛窦中国札记》，何高济、王遵仲、李申译，北京：中国旅游出版社，2017 年，第 55 页。

［16］［意］利玛窦：《利玛窦中文著译集》，上海：复旦大学出版社，2001 年，第 148—149 页。

［17］［意］利玛窦、［比］金尼阁：《利玛窦中国札记》，何高济等译，北京：中国旅游出版社，2017 年，第 110—111 页。

［18］［意］利玛窦、［比］金尼阁：《利玛窦中国札记》，何高济等译，北京：中国旅游出版社，2017 年，第 117 页。

［19］Carl L. Crossman, *The China Trade: Export Paintings, Furniture, Silver and Other Objects* (Princeton: Pyne Press, 1973).

［20］Madeleine Jarry, *Chinoiserie: Chinese influence on European decorative art 17th and 18th centuries* (Fribourg: Office Du Livre, 1981).

［21］陈伟、周文姬：《西方人眼中的东方陶瓷艺术》，上海：上海教育出版社，2004 年，第 42 页。

［22］［美］托马斯·芒罗：《东方美学》，欧建平译，北京：中国人民大学出版社，1990 年，第 6 页。

［23］Carl L. Crossman, *The China Trade: Export Paintings, Furniture, Silver and Other Objects* (Princeton: Pyne Press, 1973).

［24］John Whitehead, *The French Interior of the 18th Century* (London: Laurence King Publishing, 1992).

［25］［德］利奇温：《十八世纪中国与欧洲文化的接触》，朱杰勤译，北京：商务印书馆，1962 年，第 28 页。

［26］沙丁、杨典求、焦震衡等：《中国和拉丁美洲关系简史》，郑州：河南人民出版社，1986 年，第 111 页。

第五章

清代漆路：想象与环流

依托海上丝绸之路的贸易输出与文化传播，清代漆器文化被广泛地传入欧美世界，并在各国发生阅读、体验与审美想象，具体而微地呈现出欧美人眼中的他者漆艺想象。但伴随着十八世纪后期海外漆器文化被中国引进，中外漆器艺术已然开始出现一种不倦的文化环流现象。在此消彼长的中外文化体认、溢出与耦合中，中国漆器文化显示出了全球视野下的他者想象与环流现象，正是通过具有并世功能的海上丝路漆器文化得以实现的。认识并把握丝路文化的他者想象与环流特征，对于当代"一带一路"背景下的文化战略发展具有重大现实意义。

清代时漆器文化发展步入历史巅峰。就社会语境而言，其发展离不开当时的社会制度、经济发展及文化消费等背景要素。

在制度层面，清顺治时期国家开始废除世袭匠籍制度，实施"按工给值"的雇工制度。这不仅减轻了工匠的负担，还解放了户籍对手工业者的束缚，从而释放了手工业者的创造力。因此，清代漆器工匠的创新能力得到了充分发挥，各门类漆器的发展均走向真正的自主创新之路。

在经济层面，清初国家重视民生与经济，在全国推行务农养民善政。特别是在康熙、雍正与乾隆年间，漆器、瓷器等手工业发展进入黄金时期，南方一批中小型城镇在明代商品经济萌芽的基础上，也真正走向手工业城镇的发展道路。

在消费层面，清代帝王及士大夫对漆器格外推崇，极大地刺激了漆器的飞速发展。如乾隆皇帝对雕漆十分痴迷，曾亲拟了许多设计方案。晚清张荫桓在日记中描述："前日慈宁宫筵宴蒙太后恩赏福字、白玉如意、铜手炉、磁花瓶、江绸袍褂、帽纬、荷包、漆盘共八色，向系宴毕分给桌上，所谓'盘子赏'也。"[1]可见，慈禧太后曾将漆器作为给予臣子的"盘子赏"，这反映了朝廷对漆器的看重以及漆器在当时的社会地位。帝王的审美情趣对漆器发展起到了极大的推动作用。另外，十八世纪法国宫廷"中国风"席卷欧洲世界，西方国家对中国漆器、瓷器的消费需求也大大促进了中国各地包括漆器在内的手工艺发展。

一、清代海上丝路漆器的贸易输出

贸易是清代漆器文化外溢的主要手段。清代港口漆器贸易除传统东亚航线、南洋航线及南亚、西亚等海上航线之外，还开通了欧美海上航线。东南沿海各大港口均有漆器、漆家具及漆装饰物的对外销售与出口，江苏、福建、浙江等沿海地区中外海上漆器贸易极其频繁。

传统海上航线除开通"福建—台湾—吕宋""广州—万山群岛—吕宋"和"广州—万山群岛—地盘山（纳图纳岛）—雅加达"的海上贸易航线[2]外，还有"广州—曼谷""广州—真腊"的海上贸易航线。据档案载，"1813年，去中国贸易的暹罗船只共26只：7只到广州，4只到上海，7只到宁波，5只到潮州，3只到天津"[3]。《瀛环志略》也谈及清廷与真腊的海上贸易："闽、广商船每岁往来贸易。"[4]这些商船运去的金、银、丝绸、锡、漆器、瓷器等物大都为日常生活用品。清廷商船在真腊受到优待，与这些闽广商船运去的珍宝有很大关系，其中不乏漆器。

清代欧美航线主要以南京、厦门、广州、泉州等港口为依托，与海外进行漆器出口贸易，广州港是当时最为繁忙的国家性大港。美国人赖德烈（Kenneth Scott Latourette，1884—1968年）在《早期中美关系史（1784—1844）》一书中如是描述："1784年2月22日'中国皇后'号带着国会颁发的一张船证作保护而出发了。该船在威德角群岛停下来，储备了淡水和作了修缮，绕过好望角，然后直向巽他海峡驶去。在巽他海峡，它碰到一只法国船并和这只船一同去中国，于8月28日碇泊于广州的港口黄埔。"[5]可见，早期第一次来华的美国商船"中国皇后号"的航海路线是：纽约—威德角群岛—好望角—广州黄埔。明以来的海禁海关政策使得东南沿海对外贸易受到一定限制与影响，但广州港一直是欧美人与中国海上贸易的重要贸易中心。瑞典人龙思泰（Anders Ljungstedt，1759—1835年）在期刊 The Chinese Repository 1833年第2卷第7期发表文章称："中国各地物产都运来此地（广州），各省的商贾货栈在此经营着很赚钱的买卖。东京、交趾支那、柬埔寨、缅甸、马六甲或马来西亚、东印度群岛、印度各口岸、欧洲各国、南北美各国和太平洋诸岛的商货，也都荟集到此城。"[6]可见，广州港是通往欧美的主要贸易基地，清代漆器、瓷器等货物就是从这里源源不断输出的。

1. 从"迁海令"到开放广州港

十八世纪中后期，东南沿海抗清势力蠢蠢欲动。顺治十八年（1661）清廷颁布迁海令，强令广东、福建、浙江等沿海居民内迁，以本土绝海上贸易来瓦解抗清势力，断绝他们的财源。迁海令对于沿海商业、手工业的打击是沉重的，特别是对于海上丝路贸易体系的摧毁，引起了国内外的反对与斗争。

法国人布罗斯在《发现中国》中坦述："当时正处在世界范围的经济扩张之高潮中的英国人，试图打破这一枷锁。他们与中国的贸易逐渐变得对他们成为一种生死攸关之必要了。他们不再仅仅是为了寻求丝绸、瓷器和漆器了，尽管随着18世纪之豪华风气的发展，使这些商品的需求也大幅度地增加了。……在同一阶段，于广州靠岸的欧洲船舶总数，每年从10多艘增长到40多艘，其中有三分之二是英国船。被由中国对其交易制造的障碍激怒的商客们，把经商变成了一种国家事务。"[7] 布罗斯的描述隐含着十八至十九世纪英国及英国人对中国海上贸易的立场：首先，十八世纪在法国宫廷刮起的"中国风情"使得欧洲宫廷的奢华风气迅速蔓延，中国漆器、瓷器等奢华商品的需求量激增。十八世纪时广州"十三行"所经营的广州彩瓷、温州漆器之所以成为欧洲人的消费对象，不仅因为瓷器、漆器能显示英法贵族的身份与财富，更多的是这些器物的奢华美学迎合了他们的审美趣味。其次，十八世纪英国东印度公司独家经营海上贸易的权利是巨大的，"三分之二是英国船"暗示英国人对与黄金等值的瓷器、漆器之贸易权处于绝对垄断地位。当时江南漆器和景德镇瓷器几乎成为欧洲人的精神符号。再次，对于英法等国来说，迁海令已然上升到国家事务的层面，因为他们不仅迫切需要中国提供漆器、瓷器等这些让人为之迷恋的商品，更迫切需要进入中国内地窃取制瓷与制漆的秘方。最后，随着十八至十九世纪英国产业革命的成功，迁海令对于正处在世界范围经济扩张高潮中的英国人来说，显然是一种障碍。于是，"他们不再仅仅是为了寻求丝绸、瓷器和漆器了"，这暗示到了十八世纪后期，中国瓷器与漆器不再是英国出口的主要贸易对象了，因为这个时期英国人已经开始仿制中国漆器与瓷器。1791年，英国人对进口的中国瓷器、漆器施行严格的高额关税，很明显就是为了遏制中国商品对英国本土企业的冲击。在此情况下，"英国政府于是便向中国皇帝派出了第一个使节"[8]，说明此时清廷的迁海令已然不仅仅是海上商业贸易层面的事了，而是上升到国家政治层面。

据统计,自1655年起,清廷前后曾5次颁布海禁政策,3次下诏迁海令,严重影响了商民海上贸易。但实际上,在清廷的迁海令下,国家并没有取得"坚壁清野"的预期效果,反而使得海外势力更加嚣张,国内社会经济也遭遇到极大破坏。

2. 十七世纪东印度公司贸易下的中国漆器

处于扩张和资本积累时期的英国为了在东印度地区掠取大量资源与原料,在1600年成立东印度公司,并于1613年在印度苏拉特设立贸易站。1602年,荷兰人征服印尼,驱逐当地葡萄牙人,也成立东印度公司。英国、荷兰等国通过东印度公司的贸易活动,逐步渗透当地,进而实行殖民统治,并将触角延伸到清廷的经济、军事、政治等诸多领域。

十七世纪东印度公司的组建与发展暗示着荷兰、英国等航海资本主义大国的崛起。十七世纪时荷兰东印度公司几乎垄断与控制了海上贸易,但到1780年英荷战争之后,英国转而成为海上霸权国家。耿昇在《贡斯当与〈中国18世纪广州对外贸易回忆录〉》一文转述贡斯当(Charles de Constant,1762—1835年)相关回忆时写道:"法国驻穗的官方代表必须与东印度各部分的公司保持通讯联系,……广州的买家必须了解整个中国:中国的国内贸易、奢侈消费品、生活必需品、丰年与歉年、出口商品与食品、发生了饥荒的省份、灾荒具有普遍性还是仅袭击了该帝国的部分地区。"[9]贡斯当的回忆录不仅再现了英国人在广州对外贸易中的地位,还反映出当时法国人投资东印度的一些细节,以及广州买家必须了解清朝国内贸易以及漆器等奢侈消费品的情形。

与荷兰、英国相比,法国在华的贸易相对滞后。1664年,法国为监管非洲、印度以及印度洋其他岛国的贸易,设立法属东印度公司。1685年路易十四与清廷开始交往;1698年法国东印度公司商船"昂菲德里特号"在拉罗舍尔港起碇驶向中国,进行海上漆器、瓷器等贸易活动;1701年"昂菲德里特号"再次来华贸易;1703年,该船满载中国漆器、瓷器等大宗货物返航法国,以至于后来法语把精美的中国漆器直接称为"安菲特里式"。在乾隆八年至二十一年(1743—1756年)间,法国商船来华贸易极其自由与频繁,中国大量奢华漆器、瓷器被运往法国宫廷以及普通人的生活空间。

精美的漆器引起了西方人的仿制与想象，法国奥古斯都曾让炼金家约翰·弗里德里希·伯特格尔（Johann Friedrich Böttger, 1682—1719年）和学者瓦尔特·冯·奇思豪思（Ehrenfried Walther vou Tschirnhaus, 1651—1708年）仿制中国瓷器。但西方人的仿制道路并非一帆风顺，他们前后共摸索了300多年，到十八世纪才学会烧造陶瓷。西方人不仅想仿制中国漆器、瓷器，还对中国漆树的移植感兴趣。十八世纪之前，英国人曾希望在殖民地孟加拉种植漆树。普理查德（Earl Hampton. Pritchard, 1907—1995年）在《英东印公司与来华大使马卡特尼通讯录》中提到："吾所获数种在发育中之植物，倘能小心培养，将必大茂，吾拭目以观，不禁大乐，故吾既得此数种植物之后，立交使团中一科学家丁维提博士（Dr. James Dinwiddie）看管，此人余特为此项目的而选其随使者也，同时使即送至孟加拉总督索尔爵士（Sir John Shore）处。吾又趁此机会将脂树及漆树等数种植物，方在发育状态者，一并送往，每种植在孟加拉必有利焉。"[10]可见，东南亚国家的大漆资源丰富或许与英属东印度公司相关。

除了东印度公司的漆器海上贸易外，清廷还通过"赏赉"或"恩赐"的方式赠予漆器给海外使臣。《清朝柔远记》载："（清雍正五年［1727年］夏四月，葡国）遣使臣麦德乐表贡方物抵粤。巡抚杨文乾遣员伴送至京。召见赐宴，于常赉外特赐人参、缎匹、瓷漆器、纸墨、字画、绢、镫、扇、香囊诸珍，加赏使臣。旋命御史常保住伴送至澳，遣归国。"[11]张荫桓在日记中曾写道："（光绪二十四年［1898年］）二十七日己卯（7月15日）晴。晨起，为日本使矢野送行，承以紫漆砚、银为别，意良殷也。"[12]张荫桓在日记中还写道："（光绪十五年［1889年］）十一日丁亥（3月12日）晴。……晡后答拜波斯使……承赠漆盒、棉纱袜，皆其土产，又映相一帧，纳交之诚甚切。"[13]这说明，欧洲、东亚及中东人对这些"异域之花"的瓷器、漆器迷恋之极。

3. 十八世纪"昂菲德里特"商船与中法漆器贸易

路易十四时代以来，中国漆器被源源不断地输入法国宫廷。中国漆器之美成为法国宫廷、富人以及官僚们炫耀的对象，弥漫法国宫廷的中国情调很快被他们接受与迷恋，中国式的高贵与典雅也很快影响到了法国贵族们的生活理想与审美情趣。

随着十八世纪法国启蒙主义时代的到来以及工业革命的兴起，法国社会城市与农村发展进入快车道，资本主义工商业势力迅速抬头，终于在十七世纪殖民扩张的基础上迎来了路易十五时代———法国经济社会的发展高潮[14]。十八世纪三十年代，罗伯特·马丁曾受路易十五的情妇蓬巴杜夫人的邀请，专门为她的城堡制作漆器，漆器也成为蓬巴杜夫人显示财富与地位的物品。

令法国宫廷神魂颠倒的中国漆器、瓷器等物品，使得中法海上贸易异常活跃。法国在1660年成立中法贸易的"中国公司"，到1700年又组建第二个"中国公司"，后改组为"皇家中国贸易公司"。1712年又新成立"皇家中国贸易公司"，该公司曾先后派出3艘商船来华进行海上贸易[15]。大量的中国漆器、瓷器被运往法国，在法国家庭中，设立装饰有中国异域情调的"中国室"成为当时的生活时尚。为满足法国宫廷贵族的消费需求，法国也开始规模化仿制漆器。"法国的漆业，居于欧洲的首位，马丁（Martin）一家不久就成为漆业的中心。马丁一家共有兄弟四人，其中最重要的为罗伯特·马丁（Robert Martin），他在制漆技艺方面有卓越的成就，得到滂巴沱夫人（La Pompadour）的青眼。"[16]法国人对中国漆器从迷恋到仿制，昭示出中国漆器艺术对法国人的影响是深刻的。

4. 十八至十九世纪"中国皇后号"商船与中美漆器贸易

大约在十七世纪初，中国漆文化被英国人带到美洲，美国工艺家在继承英国漆艺文化的基础上，开始本土漆艺制造[17]。1784年，美国第一任总统乔治·华盛顿派出"中国皇后号"商船首航中国，开启了中美最早的海上商业贸易。从此，中国漆器及其文化被大量输入美国。

1784年底返回美国的"中国皇后号"带回的布匹、丝绸、茶叶、漆器、瓷器等物品令美国人争相购买。美国人克罗斯曼（Carl L. Crossman，1940—2019）在《中国贸易：出口绘画、家具、银器及其他产品》一书中写道："虽然Jr. 杜德利·皮克曼（Jr. Dudly Pickman）极大部分投资于丝绸，但是他似乎更关心他的小订单，在他的信里，首先最重要的是两套漆器托盘或碟子，这些漆碟尺寸固定，每套六个。一套给他自己，另一套给他朋友。"[18]可见美国人对中国漆器的爱好与需求。"中国皇后号"商船不仅为美国民众带去了中国艺术品，更带去了中国式的生活方式与审美情趣。他们对中国漆艺的需求从一开始的漆器，到后来的漆家具、漆扇子、漆橱柜、漆桌椅等逐渐发展到各种中国漆艺产品。譬如，"1800年，在Minerva船上，Nathaniel West 就往家里发送了5箱漆器"，"1815年曾到广州的'新冒险号'……包括两对椭圆形果篮和与之相配的6打果盘，5个10—28英寸长的茶盘"，"1816年'波斯顿鞑靼'号的一份发货单上……有60个茶盒,51美元(美国当时的货币单位，与现在并非一致……10个极好的茶盒，25美元；35套 decanter stands 每套两个，10美元；一个女士高级梳妆镜等"[19]。这些中国漆器无疑给美国人的消费及生活方式带来了多方面的影响，它们已然不是纯粹的漆器，而是烙上了中国的文化与美学思想。

▲ 图 5-1　清代外销漆柄扇

二、清代海上丝路漆器文化外溢的他者想象

康乾盛世时期，漆器艺术被广泛输入欧美，并被各国阅读、欣赏与审美，来自异国的他者想象是一种吻合东方中国文化的想象。欧美的中国想象在漆器中呈现出来的古典中国情调具体而微地再现了中国大漆之美。

1. 诗人普赖尔的中国漆艺想象

十七世纪末至十八世纪初，英法等国的商舶从印度孟加拉湾的科罗曼德海岸将中国漆器运至欧洲各国，因而在欧洲中国漆器又被称为"科罗曼德漆器"。中国漆器文化嵌入欧洲社会的发展，不仅起到了传播与弘扬中国优良文化之目的，还为世界漆器的发展提供了契机与范例。十八世纪英国漆艺产业发展进入鼎盛时期，英国人托马斯·阿尔古德（Thomas Allgood, C. 1640—1716）和其子爱德华（Edward Allgood. I, 1681—1763），约翰·巴斯泰克维勒（John Baskerville, 1706—1775）和丹尼尔·米尔斯（Daniel Mills）等均是英国著名的制漆高手。1680 年，英国的家具商开始仿照中国的漆艺，大量生产漆艺家具[20]。

1700 年，诗人普赖尔（Proor）对中国漆橱柜之美十分神往，并写下诗句："英国只有一些少量的艺术品，上面画着鸟禽和走兽。// 而现在，从东方来了珍宝：一个漆器的橱柜，一些中国的瓷器。// 假如您拥有这些中国的手工艺品，// 您就仿佛花了极少的价钱，去北京参观展览会，作了一次廉价旅行。"[21] 普赖尔对中国"漆器的橱柜"的赞美道出了一些事实：第一，在十八世纪英国人仿制中国漆艺家具之前，"英国只有一些少量的艺术品，上面画着鸟禽和走兽"，但到了 1680 年之后，英国家具商开始仿造中国的漆艺家具，采用中国生漆涂髹家具，并精于雕刻各种图案，包括中国式的龙凤、宝塔、花卉等[22]。一股中国风情在英国人的生活中成为时尚，中国的审美情趣在英国生根发芽。第二，十八世纪的中国漆艺精于装饰，并具有绘画性，特别具有"故事性"情节[23]。以至于你欣赏"一个漆器的橱柜，一些中国的瓷器"之后，"您就仿佛花了极少的价钱，去北京参观展览会，作了一次廉价旅行"，这充分说明这个时期的漆器图案能反映中国社会的风情和社会状况。换言之，十八世纪的中国漆艺具有绘画叙事功能。第三，"东方来了

珍宝"与"您拥有这些中国的手工艺品"等描述，体现出诗人普赖尔对中国漆器艺术的惊叹与欣赏，从中尤其能感受到普赖尔对中国漆艺的钦佩与陶醉之情。实际上，通过文学诗歌的方式描述对中国漆艺的感受，不仅体现出西方人已不自觉地接受并认同了中国艺术及其美学思想，更反映出中国艺术在世界上的地位。

诗人普赖尔对中国漆器艺术的审美体验不是孤立的。中国漆器与瓷器一样，具有中华民族特有的文化品性与艺术风范。英国人奥利雷（Michael Kampen O'Riley）在《非西方艺术》中这样评价中国的工艺品："与书画艺术一样，中国瓷器的美与中国人高雅的品位有关，并且他们还经常在瓷器上创作精美的绘画，这无疑又提升了瓷器的价值。"[24]这就是中国工艺文化的魅力，也是欧洲人为之迷恋的关键所在。

2. 伏尔泰、歌德与雨果对中国漆艺的想象

伏尔泰是十八世纪法国资产阶级启蒙运动的旗手，被誉为"法兰西思想之王"与"法兰西最优秀的诗人"。伏尔泰对中国漆器艺术十分神往，对包括中国漆器在内的工艺品给予了很高的评价。

一向赞扬东方文化和文明的伏尔泰，在《尔汝集》（Les Tu et Les Vous）中，对法国工业的新成就表示出他的喜悦之情："马丁的漆橱，胜于中华器。"[25]同样，"18世纪中叶以后，爱好漆器的风尚也传入德国。德国艺术家施托帕瓦塞尔（Jahann Heirich Stobwasser）开始出售漆器，上面绘制中国的人物和风景。他在不伦瑞克成立了一家漆器厂，生产上漆的鼻烟壶"[26]。十八世纪后期到十九世纪前叶，中德文化交流处于高峰期。"他（歌德）生活的时代，欧洲仍然处于中国强大的文化影响之下。在法兰克福的诗人故居二楼被命名为'北京厅'的主厅里，至今仍能看见古色古香的中国式描金红漆家具和瓷器，墙上挂的是印有中国图案的蜡染壁画。"[27]可见歌德对中国漆器艺术的欣赏与爱好。

"1791年，歌德撰《Gross-Kophta》一剧，因欲收光怪陆离之效，布景时用中国物品。"1790年左右，歌德作有一首威尼斯短诗，诗中把浪漫情味和中国人扯在一起："纵使中国人，以其工致笔，//绘维特及绿蒂于玻璃镜上，//于我有何益？"1796年，他又作短诗《罗马城的中国人》曰："我

昔在罗马,见一中国人。一切建筑物,无论古与今,在彼心目中,粗俗且沉沉。喟然长叹息,'汝等可怜人,奈何不三思。文木可作柱,屋顶赖支持。纸皮兼木板,亦可漆银朱。触发文明威,令人喜可知。'惟我觉其人,审美徒支离,遐想入非非,谓可侔造化。康强以为病,自衰自认强!"[28]从这里也可见出歌德对中国漆艺的印象,他对东方人的浪漫与优雅持有一种肯定态度。

1681年11月25日,雨果在致巴特勒上尉的信中这样评价:"圆明园属于幻想艺术,一个近乎超人的民族所能幻想的一切都汇集于圆明园。……艺术大师、诗人、哲学家,他们都知道圆明园。伏尔泰也曾谈到它。"[29]圆明园是中国集建筑、园林、漆艺、绘画等于一体的皇家园林,雨果和伏尔泰对圆明园的想象或许能反映出他们对中国艺术的美学想象与赞美。

漆艺最能表达中华民族的艺术创造魅力与文化想象力,它引起的西方哲学家与美学家的赞誉与欣赏,体现了中华艺术的世界性传播力及文化力。西方人接受中国漆器艺术"洗礼"的意义是深远的,他们对中国漆器艺术的审美体验也是独特的。

3. 杜赫德对中国漆艺的想象

十八世纪三十年代,法国神甫杜赫德对中国漆艺之美多有溢美之词。他在《中华帝国通史·第二卷》中指出:"从这个国家进口的漆器、漂亮的瓷器以及各种工艺优良的丝织品足以证明中国手工艺人的聪明才智","如果我们相信了自己亲眼看到的漆器和瓷器上的画,就会对中国人的容貌和气度作出错误的判断。……不过有一点倒没错,美在于情趣,美更多在于想象而非现实"。[30]杜赫德道出了中国漆艺之美的艺术特征——美在于情趣。

杜赫德的审美体验与美学判断至少体现出以下几点中国漆艺之美的要义:第一,美在于情趣——生活的情趣。中国漆艺是生活的漆艺,与生活息息相关。漆器上的绘画通过中国画的方式展现人们的现实生活及社会场景,它所追求的是一种艺术的"神似",这与西方绘画的"现实之情趣"是有很大区别的。中国漆器的图案取材于自然、山水以及动植物,旨在提升生活的审美情趣,漆器也因此成为中国人优雅气质的载体,并浓缩于生活之中。第二,美在于情趣——工艺的情趣。中国漆艺之精雕细刻,足以"证明中国手工艺人的聪明才智",漆器将工艺与绘画、雕刻、镶嵌、书法、诗歌等诸多艺术融于一体，在不同背景中，漆器图案有人物活动、神话故事、亭台楼阁、山水流云等，其层次分明、结构完美、凹凸有意，无不体现出工艺人的审美情趣与高超水平。第三，美在于情趣——手与心的情趣。对于漆艺而言，手是不可或缺的，没有手就没有漆艺。漆艺的情趣就在于手与心的完美结合。中国漆艺人通过他的双手与朴素的中国思想建立联系，漆艺之手开采着中华思想的矿石，并赋予这些矿石以独特的形式或风格。第四，美在于情趣——想象的情趣。杜赫德所言"美在于情趣，更多在于想象而非现实"，指出了中国漆艺想象创作的基本规则。艺术想象对漆艺的意象表现具有决定作用，很明显，联想、形象以及情感都是艺术想象所必须的，它能将叙事性画面藏于漆器画面之中，将山水、楼阁、故事等在一个很小的空间中表现出来。第五，美在于情趣——休闲的情趣。"美在于情趣"不仅指向内在的审美体验，而且更多地指向漆艺手工创作的特有情趣——休闲。杜赫德指出："一件上好的漆器应该在悠闲中完成，整个夏天都不足以使它尽善尽美。"中国漆器多为贵族漆器，皇家是不计成本的，更不计时间。漆器在漆工的"休闲"中实现了它的尽善尽美。

从杜赫德"美在于情趣"的审美，可以窥见他对中国艺术的理解与钦佩之意，他对中国漆器艺术的陶醉与迷恋，更反映出中国漆器艺术的美学特征。

4. 清代漆艺在拉美家庭中的想象

中国"丝船"，在拉丁美洲被称为"中国之船"，它们经菲律宾马尼拉至墨西哥，将中国漆器等工艺品行销至拉丁美洲各地，并深刻影响了拉美人的工艺发展及家庭生活。

沙丁等在《中国和拉丁美洲关系简史》中援引清代张荫桓杂在《三洲日记》中的描述："查墨国记载，明万历三年，即西历一千五百七十五年，（墨）曾通中国。岁有飘船数艘。贩运中国丝绸、瓷漆等物。"[31] 十九世纪初，中国漆器文化的影响由美国远及墨西哥，特别是墨西哥虽然受当时"表现社会理想的艺术"的影响，但"民众仍然非常喜欢组画、漆器、宗教仪式用的面具和龙舌兰酒店的壁画等这些乡土作品"。[32] 墨西哥著名画家戴维·阿尔法罗·西凯罗斯（David Alfaro Siqueiros，1896—1974 年）颇受中国漆画艺术影响,"在运用源于哥伦布到达以前时期雕刻的人体形态方面,西凯罗斯显示出娴熟的技巧。他喜欢使用新型材料作画,如加漆的颜料。洛杉矶艺术中心广场的几幅优秀壁画就出自西凯罗斯之手"[33]。十九世纪时受西班牙殖民统治的北安第斯国家厄瓜多尔的基多人特别喜欢仿制中国漆艺雕像,"中国在雕刻方面的影响,不仅表现在宗教雕像使用玫瑰红的颜色上,而且也表现在使用描金技术上……基多人特别想模仿东方的上漆方法并按照中国风格的配色使用红色、蓝色和绿色"[34]。厄瓜多尔基多人的工艺在刻刀、用色及其髹法上明显受到了中国漆器技法的影响。

三、清代海上丝路漆器文化的世界环流

清代漆器以特有的中国风格在欧美引起了前所未有的追慕与迷恋,被传播到欧美的漆器符号所体现出来的他者想象也是前所未有的。同时,海外漆文化也流向中国,特别是以"倭漆"与《髤饰致美》为代表的海外漆文化被输入中国,一股不倦的漆器文化环流现象产生了。

1. 清代漆器文化流向欧美世界

在英国,为得到异域的漆器与瓷器,商船远涉重洋来到中国,专门贩卖异国趣味。佩雷菲特(Alain Peyrefitte, 1925—1999年)在《停滞的帝国——两个世界的撞击》中"结束语"之"异国趣味的贩卖者"条这样描述:"马戛尔尼的行为就像是一个专贩异国趣味的商人,他除了供给英国人茶叶、丝绸、漆器、瓷器外,还满足他们到远处冒险的梦想,从中得到某种乐趣。"[35] 除此以外,十七至十八世纪的海上丝路漆器贸易作为中外文化碰撞、交流与对话的中心,对英国宫廷装饰及文化产生了很大影响,中国漆艺及其表现出的中国风情成为他们模仿的对象,特别是对家具陈设、建筑等层面的影响十分明显。哈克尼(Louise Wallace Hackney)在《西洋美术所受中国之影响》中指出:"英国威廉(William)及马利(Mary)朝家具,已早受其影响,甚至今日吾人所用家具,犹未能脱尽华风,契彭得尔(Chippendale)及虾披威(Heppelwhite)家具之直接受中国之影响,又何待言。"[36] 可见,中国漆饰家具作为英国皇家的开奖之物,尤能显示华风家具在异域的礼

遇与珍视。另外，在英国，契彭得尔根据中国的样品制作家具，也极大地推动了一种中国式家具在英国的流行。十八世纪英国建筑风格受清代建筑风格的影响是多方面的，在屋宇、宫殿、亭台、花园等设计领域均能见出中国建筑的影子。

在法国，十七至十八世纪中国漆器被大量输入法国，当时漆器仅次于瓷器，被法国宫廷所喜用，特别是被宫廷贵族所迷恋，漆器成为他们炫耀财富的象征[37]。为了大规模地使用中国式漆器，仿制漆器的工业很快在法国社会兴起。"到1730年，漆柜、漆盒和其他油漆家具先后问世，甚至可与中国生产的漆器相媲美。如同欧洲的瓷器一样，这种漆器几乎也是模仿中国的图案。"[38]为装饰有人物与花卉图案而着迷的法国贵族视中国漆器为"特殊而罕有的物品"。十八世纪流行于法国宫廷的洛可可艺术与中国的漆器风格十分类似：中国漆器重视自然景物的图案装饰[39]，洛可可艺术也常常将螺钿、山石、金银作为装饰题材，而且吸收了明清时代漆器图案重视卷草舒花的装饰偏向，以至于西方人认为："提起罗柯柯（洛可可），在我们心目中，构成为一个幽美动人的可爱的世界；恍如听见诗歌剧中的旋律……华贵客厅中的壁镜及漆橱，互相辉映，令人目眩。"[40]可见令法国宫廷贵族神往的漆器艺术风格与他们的洛可可风格近乎一致，或者说，洛可可风格即一种中国式的漆器风格。应该说，明清时期漆器的纤巧与奢华风格在一定程度上契合了法国路易十四时期以来的审美趣味，当法国人厌倦了严肃、古板的巴洛克艺术时，中国艺术那种既亲近自然，又不失奢华的美学趣味走进了法国宫廷。

与欧洲相比，美国与中国的海上丝路贸易要迟得多。十八世纪后，美国与中国建立了正常的海上丝路贸易关系，并大规模从中国的广州港以及南京等地区进口中国漆器。美国的普通家庭也因此拥有了来自中国的漆屏风、漆家具、漆器皿，以及瓷器、丝绸等，一些中美贸易商的家里更是藏有大量中国漆器。美国人乔纳森·戈尔茨坦（Jonathan Goldstein）指出："假如说旁观者已被早年美国家庭里中国海景的现实所迷惑，那么，拉蒂默书房里展示的东西更会使他大吃一惊：中国的瓷茶杯、茶杯碟、奶壶、茶壶、糖盘、茶几，以及茶叶罐，每件东西都绘有彩色的'广州'或'南京'边纹。……洗脸架上还放着一些耀眼的紫色和金黄色的中国漆制盥洗用具。"[41]美国人所拥有的漆器不仅意味着一种财富，更意味着一种自豪感。与其说他们在消费中国漆器，不如说他们在体验中国美学。在美国的许多博物馆、收藏家

▲ 图 5-2 漆屏风（美国纽约大都会博物馆藏）

▲ 图 5-3 清代螺钿漆盒局部（北京故宫博物院藏）

第五章 清代漆路：想象与环流

· 165 ·

那里，至今还能看到各式各样的漆器家具，包括清式座椅、橱柜、梳妆台、屏风等。在十八至十九世纪，拥有"中国式房间"成为美国人的一种情趣与时尚。《中国贸易》记载："威廉莫斯堡的那些沙发明显就是中国的木材和中国的制作工艺。它的设计优美……另外还有两个类似的沙发，一个在温特苏尔（Witerthur），另一个在新英格兰古迹保护协会总部，它们在结构和设计上纯然一致，但它们分别用黑漆，应用像漆器家具的金色葡萄叶装饰。"[42]即便到了十九世纪后期，居住在中国的西方人的房间仍充塞着中国风格的家具[43]，他们以此作为财富与荣耀的象征。明清时期，中国皇帝对屏风的酷爱以及大量生产，引起了美国人的关注与喜爱，尤其是具有中国绘画叙事特征的漆屏风，激发了美国人的想象与美学情趣。

在德国，柏林的蒙彼朱宫街存有一本旧指南书，记载了当时所藏的中国文物和饰物珍品，其目录中提到下列藏品："一间中国式黑漆房子……瓷器陈列室，精雕紫漆木器。"[44]这说明中国风味的漆器艺术已占据了德国人的建筑空间。赫德逊在《罗柯柯作风——西洋美术华化考》中指出："漆器初亦受华漆之影响，其家具多用漆器，亦采中国之作风及模仿。十八世纪欧人之漆器，实难辨何者为袭自中国者也。"[45]德国人对中国漆器艺术十分欣赏，在一定程度上，中国风情改变了他们的生活习惯、审美趣味以及美学理想。

在罗马尼亚，人们对中国的髹漆游船与建筑大加赞赏。1677年前后，罗马尼亚学者米列斯库（Nicolac Spataru Milescu）来到中国，他在《中国漫记》中这样描述："由国库开支建造了许多海船、内河航船和官吏乘坐的楼船，其精巧与豪华，若非亲眼见到……门窗精雕细刻，漆得金碧辉煌。"[46]米列斯库对中国漆船的审美体验是独特的，特别是"漆得金碧辉煌"的描述，反映出中国漆器艺术装饰性、情趣性与绘画性的美学特征。米列斯库来到中国的"红城"（紫禁城），他这样描述道："宫中所有的建筑均用黄色——皇帝的标志——琉璃瓦盖成。木制品都是镏金的，或髹以别的色彩，表面再涂一层中国漆。"[47]中国"红城"对于罗马尼亚人来说，近乎是一座漆彩的宫殿。

2. 清代海外漆艺文化环流中国

中国的漆器输出一直是一种常态，但十七至十九世纪，"洋漆"开始输入中国，并被中国皇帝所喜爱。从漆器文化的输出国向输入国的转变，不仅反映了中国漆器文化被海外国家所接受，更反映出海外漆器技术已然超越中国漆器技术。张岱在《陶庵梦忆》记载："朱氏家藏……余如秦铜汉玉、周鼎商彝、哥窑倭漆、厂盒宣炉、法书名画、晋帖唐琴，所畜之多，与分宜垺富，时人讥之。"[48]可见，一开始人们对拥有"倭漆"的人讥讽嘲笑，但是随着日本漆器的大量输入，中国人对倭漆的态度也发生了新的变化。清代皇家御用品均由宫廷造办处督造，雍正初期，雍正皇帝主要委托怡亲王办理漆器制作的有关事项，如给造办处一件洋漆双梅花香几，怡亲王又交给造办处一件洋漆小圆盘，造办处于四月二十九日做得洋漆小圆盘八件等[49]。所谓"洋漆"，是明代时由东洋日本传入，即用金粉和大漆调合后涂绘于漆器上的一种装饰技艺，故得名"洋漆"。清雍正、乾隆年间是洋漆生产的鼎盛期，清宫廷内造办处就设有"洋漆作"，专门生产洋漆器。从对"哥窑倭漆"的讥讽，到清廷造办处的"洋漆作"，可以看出中外漆器文化的交流是互动的。

在国家层面上，晚清社会引进美国髹漆文本《垸髹致美》，它的背后隐喻着全域式的知识社会学背景。它既是晚清洋务思潮、发展工商业与奢华消费的征候，又是社会发展实业、学习新知识与注重科学的产物。从社会背景上看，中日甲午战争之后，清廷反思精神、提倡西学蔚成风气。在洋务大臣的眼里，"美以富为强"；富有省思精神的张之洞、李鸿章等洋务派均认为："（美国技术）最新，距华最远，尚无利我土地之意。"[50]清光绪二十五年（1899）小仓山房石印本《富强斋丛书正全集》汇辑有关西学之译著八十种成此编，以备求强救国者采撷。该丛书涉及漆学的有1884年刊行的美国髹漆文本《垸髹致美》[51]，其内容涵盖东洋漆的种类、配方及上漆工艺。可见，《垸髹致美》是西"漆"东进的时代产物，其知识语境与中国"洋务"思潮有密切关系。从技术语境上分析，引进《垸髹致美》实则反映出晚清社会对西方新技术知识的需求。在晚清，"江南制造局翻译馆选译书的原则有三条，它们是：第一，选最近出版的新书和名著，即'更大更新者始可翻译'；第二，西人与华人合选当前急用之书，没有按大英百科全书分门别类进行译书，故所译之书不配套；第三，主要选择科技方面的书籍，但由于清政府军事上的需要，选择了许多'水陆兵勇武备'之书。根据以上原则,徐建寅他们选择的大多是英美最新出版的书,有些是著名科学家的名著"[52]。据此,《垸髹致美》应当符合当时"更大更新者""当前急用之书"与"科技方面的书籍"这三条选译标准。《垸髹致美》中"所述各种工艺,有的在西方尚属先进,有的虽已过时,但在当时中国,仍不失为有用的技艺"[53]。可见,晚清引进技术文本《垸髹致美》是当时社会之需。从晚清发展实业看,学习西方技术与技术引进成为当务之急,引进《垸髹致美》反映了晚清社会注重科学与发展实业"自强救国"的立场。洋务重臣盛宣怀、张之洞等人无不强调"制器"之重要性,并主张"工商立国"论。在洋务运动期间,轮船、铁路、造炮、开矿、冶炼等部门都要大量使用油漆及其技法,而中国的《髹饰录》侧重的是髹漆技法,其技术"配方"只在家族内传承,很难适应晚清实业的发展需要。侧重髹漆技术"配方"的《垸髹致美》无疑有补于《髹饰录》之广漆配方的缺陷。

▲ 图5-4 《垸漆致美》

《髹髤致美》既表征了晚清社会洋务思潮、发展工商业的状况，也见证了家族传承式的《髹饰录》知识在遭遇晚清实业时的尴尬与不足，更昭示了晚清社会发展实业、学习新知识与注重科学的社会征候。

　　一言以蔽之，清代海上丝路漆器文化的外溢，具有文化交流的特别意义与丰富内涵，它至少能显示以下几点全球化文化共享的发展要义：第一，在国际贸易下，借助海上丝路及贸易，清代漆器文化被广泛地传入欧美世界，并在各国发生广泛阅读与深刻的审美体验，具体而微地呈现出欧美人眼中的他者艺术想象；第二，在文化互动中，被传播至欧美世界的清代漆器所体现出来的他者想象恰恰吻合了东方文化之美，尤其以审美体验的方式再现或体认了清代中国漆器特有的美学形象；第三，在此消彼长的中外漆文化的体认、溢出与耦合中，伴随十八世纪后期"倭漆"与美国《髹髤致美》文本引入中国，中外漆艺文化已然出现一种不倦的环流现象，清代海上丝路漆器也显示出全球视野下的他者地位与身份。同时，漆器文化不倦的环流现象，不仅表明近代以前处于东方中心主义下的中国文化所秉承的"文化输出主义"理念开始裂变，还标志着中国清代后期漆器在世界范围内开始呈现出文化的"贸易逆差"。

　　在"一带一路"的当代发展战略下，自觉对待与理解清代海上丝路漆器文化的海外输出、他者想象与世界环流，对于提升社会主义文化发展水平具有重大的现实意义。

注 释

［1］（清）张荫桓：《张荫桓日记》，任青、马忠文整理，上海：上海书店出版社，2004年，第457页。

［2］冯云：《〈海录〉的版本及史料价值初探》，载中山大学东南亚历史研究所编：《东南亚历史学刊:3》，广州：中山大学东南亚历史研究所，1986年，第73页。

［3］中共广州市委宣传部、广州市文化局编：《海上丝绸之路：广州文化遗产》，北京：文物出版社，2008年，第178页。

［4］转引自（清）魏源：《海国图志》卷五，陈华、常绍温、黄庆云等点校注释，长沙：岳书麓社，1998年，第354页。

［5］［美］赖德烈：《早期中美关系史（1784—1844）》，陈郁译，北京：商务印书馆，1963年，第10页。

［6］转引自姚贤镐编：《中国近代对外贸易史资料：1840—1895》（第1册），北京：中华书局，1962年，第305页。

［7］［法］布罗斯：《发现中国》，耿昇译，济南：山东画报出版社，2002年，第92—93页。

［8］耿昇：《贡斯当与〈中国18世纪广州对外贸易回忆录〉》，载纪宗安、汤开建主编：《暨南史学（第二辑）》，广州：暨南大学出版社，2003年，第372页。

［9］［美］H.普理查德：《英东印度公司与来华大使马卡特尼通讯录》，载《中外关系史译丛》，朱杰勤译，北京：海洋出版社，1984年，第216—217页。

［10］（清）王之春：《清朝柔远记》，赵春晨点校，北京：中华书局，1989年，第64页。

［11］（清）张荫桓：《张荫桓日记》，任青、马忠文整理，上海：上海书店出版社，2004年，第544页。

［12］（清）张荫桓：《张荫桓日记》，任青、马忠文整理，上海：上海书店出版社，2004年，第570页。

［13］Madeleine Jarry, *Chinoiserie: Chinese influence on European decorative art 17th and 18th centuries* (Fribourg: Office Du Livre, 1981).

［14］刘迎胜：《丝路文化·海上卷》，杭州：浙江人民出版社，1995年，第298页。

［15］李康华、夏秀瑞、顾若增编著：《中国对外贸易史简论》，北京：对外贸易出版社，1981年，第187页。

［16］陈永正等编著：《海上丝绸之路研究专辑》，广州：广东旅游出版社，2001年，第171页。

［17］David Beevers, *Chinese Whispers: Chinoiserie in Britain, 1650—1930*（Brighton: Royal Pavilion Libraries & Museums, 2008）.

［18］Carl L. Crossman, *The China Trade: Export Paintings, Furniture, Silver and Other Objects*（Princeton: Pyne Press, 1973）.

［19］陈伟：《中国漆器艺术对西方的影响》，北京：人民出版社，2012年，第195—196页。

［20］David Beevers, *Chinese Whispers: Chinoiserie in Britain, 1650—1930*（Brighton: Royal Pavilion Libraries & Museums, 2008）.

［21］陈伟、周文姬：《西方人眼中的东方陶瓷艺术》，上海：上海教育出版社，2004年，第40页。

［22］Carl L. Crossman, *The China Trade: Export Paintings, Furniture, Silver and Other Objects*（Princeton: Pyne Press, 1973）.

［23］Carl L. Crossman, *The decorative arts of the China trade: Paintings, furnishings and exotic curiosities*（Woodbridge: Antique Collectors Club, 1991）.

［24］［英］奥利雷：《非西方艺术》，彭海姣、宋婷婷译，桂林：广西师范大学出版社，2004年，第113页。

［25］转引自［德］利奇温：《十八世纪中国与欧洲文化的接触》，朱杰勤译，北京：商务印书馆，1962年，第28页。

［26］刘迎胜：《丝路文化:海上卷》，杭州：浙江人民出版社，1995年，第299页。

［27］马祖毅、任荣珍：《汉籍外译史》，武汉：湖北教育出版社，2003年，第290页。

［28］［德］利奇温：《十八世纪中国与欧洲文化的接触》，朱杰勤译，北京：商务印书馆，1962年，第119页。

[29] 何兆武、柳卸林主编:《中国印象——外国名人论中国文化》上册,桂林:广西师范大学出版社,2001年,第64页。

[30] [法]杜赫德:《中华帝国通史》,石云龙译,载周宁:《世纪中国潮》,北京:学苑出版社,2004年,第302、313页。

[31] 沙丁、杨典求、焦震衡等:《中国和拉丁美洲关系简史》,郑州:河南人民出版社,1986年,第56页。

[32] [秘鲁]欧亨尼奥·陈-罗德里格斯(陈汉基):《拉丁美洲的文明与文化》,白凤森、杨衍永、刘德等译,北京:商务印书馆,1990年,第296页。

[33] [秘鲁]欧亨尼奥·陈-罗德里格斯(陈汉基):《拉丁美洲的文明与文化》,白凤森、杨衍永、刘德等译,北京:商务印书馆,1990年,第299页。

[34] [秘鲁]欧亨尼奥·陈-罗德里格斯(陈汉基):《拉丁美洲的文明与文化》,白凤森、杨衍永、刘德等译,北京:商务印书馆,1990年,第293页。

[35] [法]阿兰·佩雷菲特:《停滞的帝国——两个世界的撞击》,王国卿等译,北京:三联书店,1993年,第623页。

[36] [美]L. W. 哈克尼:《西洋美术所受中国之影响》,载《中外关系史译丛》,朱杰勤译,北京:海洋出版社,1984年,第136页。

[37] John Whitehead, *The French Interior of the 18th Century*(London: Laurence King Publishing, 1992).

[38] [美]德克·卜德:《中国物品传入西方考证》,载中外关系史学会编:《中外关系史译丛(第1辑)》,上海:上海译文出版社,1984年,第229—230页。

[39] Madeleine Jarry, *Chinoiserie: Chinese influence on European decorative art 17th and 18th centuries*(Fribourg: Office Du Livre, 1981).

[40] [德]利奇温:《十八世纪中国与欧洲文化的接触》,朱杰勤译,北京:商务印书馆,1962年,第66页。

[41] [美]乔纳森·戈尔茨坦:《费城与中国贸易,1682—1846年——商业、文化及态度的作用》,载中外关系史学会、复旦大学历史系编:《中外关系史译丛(第4辑)》,上海:上海译文出版社,1988年,第250—251页。

［42］陈伟:《中国漆器艺术对西方的影响》,北京:人民出版社,2012年,第188—189页。

［43］陈伟:《中国漆器艺术对西方的影响》,北京:人民出版社,2012年,第188页。

［44］周宁:《异想天开:西洋镜里看中国》,南京:南京大学出版社,2007年,第86页。

［45］［英］G.F.赫得森:《罗柯柯作风——西洋美术华化考》,载《中外关系史译丛》,朱杰勤译,北京:海洋出版社,1984年,154页。

［46］［罗］米列斯库:《中国漫记》,柳凤运、蒋本良译,北京:中国工人出版社,2000年,第63页。

［47］［罗］米列斯库:《中国漫记》,柳凤运、蒋本良译,北京:中国工人出版社,2000年,第88页。

［48］(清)张岱:《陶庵梦忆》卷六,罗伟注译,哈尔滨:北方文艺出版社,2019年,第123页。

［49］张荣:《漆器型制与装饰鉴赏》,北京:中国致公出版社,1994年,第204页。

［50］夏东元:《晚清洋务运动研究》,成都:四川人民出版社,1985年,第225页。

［51］王扬宗:《江南制造局翻译书目新考》,《中国科技史料》,1995年第2期,第11页。

［52］凌瑞良主编:《物理学史话与知识专题选讲》,南京:南京师范大学出版社,2010年,第22页。

［53］熊月之:《西学东渐与晚清社会》,北京:中国人民大学出版社,2011年,第406页。

第六章

十八世纪海上丝路漆器的展开

十八世纪中国漆器文化被广泛传播至欧洲，引领法国等欧洲国家的时尚潮流，并经历了从溢进到耦合，从体认到想象的历史展开进程。显赫的海洋议程与延伸至全球的海上丝路开通为促成这种进程提供契机，法国东印度公司的商船贸易也为推动中国漆器文化在法国的展开发挥了重要作用。在耦合视野下，溢出的中国漆器文化参与了法国文化的时空变化，尤其是在法国宫廷刮起的中国风，使欧洲宫廷的奢华风气迅速蔓延；同时，被溢出的漆器文化也沾溉了法国诸多文化领域，展现出一种全新的世界文化融通景观，并引发了法国人的深度阅读、体认与想象。

西方人习惯把中国称为"塞里斯"（Seres），即丝国，或称为China，即"瓷国"，而误以为日本是"漆国"，即Japan。可见，西方人对中国文化的阅读与体认是从物品表征开始的。或者说，中国文化在西方的时空展开是由器物引起的。实际上，这种器物文化透入西方社会只是一种表象，其实质则是器物背后蕴含的深厚文化及其美学思想。器物不过是中西文化对话的载体而已。就途径与契机而言，丝路及其贸易俨然促成了中国器物的西传及文化的广泛展开。在十八世纪海上丝路贸易的进程中，溢出的中国漆器文化与法国文化相互交织与耦合，并引发了法国人对中国文化的深度阅读与体认。这一历史进程蕴含着中西文化交流的深远意义与丰富内涵，并深藏着十八世纪中国漆器文化参与法国乃至欧洲文化发展的历史逻辑，充分彰显出中国文化在全球融通过程中的世界身份与地位。

一、十八世纪的海洋议程及海上丝路

在全世界范围内，十八世纪的古老中华帝国已然步入历史的全盛时期。强盛的中国文化满溢而流出海外，恰逢此时的欧洲社会正处于极具变革性的发展阶段。西欧兴起启蒙运动后，西方社会开启了在文化、哲学、技术、艺术等诸多领域的现代发展征程，更是为新航路贸易、工业革命、殖民经济的全球化发展提供了重要的时代契机。尤其是经过十五至十七世纪欧洲向世界的扩张性地理大探索之后，到了十八世纪，全球国家间的海洋自由贸易与文化交流变得日益频繁，海洋权的占有与获得成为这个时代欧洲许多国家重要的政治议程。英法为海洋生存权不惜爆发战争，而俄国也经考察探寻到白令海峡。就中国而言，尽管大清帝国因恐于政治不固而实施禁海政策，但连通的海洋贸易却在全欧范围内快速发展，它必然为中西文化的交流与发展提供绝佳时机，使得中国的丝绸、漆器、瓷器等大宗货物远销至葡萄牙、西班牙、英国、法国等欧洲国家，并在法国、英国、比利时等国家的宫廷形成一股奢华的中国风[1]。就法国而言，毋庸置疑的是，海上丝路的开通及外销的中华漆器对法国人的生活及其审美观念都产生了广泛影响。

丝路的开通是中国漆器走向法国、英国等欧洲国家的重要契机，特别是海上丝路，它将中西文化的交流带入全新的航海时代。从唐中后期伊始，中国西北古道丝路逐渐关闭，东南沿海丝路开始兴起与繁荣，进步的海洋气候学与先进的造船技术均为漆器输出提供了绝佳条件。另外，唐以后的海外国家对中国漆器、瓷器等工艺之美的神往与需求，也加大了中国外销漆器的输出力度，特别是沿海城市港口的开辟与繁荣，为中国漆器文化走向世界提供了天然保障。古代泉州（"四湾十六港"）、广州（番禺）、宁波（明州）、福州（太平港）、扬州（运河体系）、漳州（月港）、蓬莱（登州）、连云港（海州）、北海（合浦）等沿海地区及港口成为中国漆器外销的主要集散地，也是中国漆器文化外溢的发端地。简言之，古代海上丝路不仅是一条漆器贸易之路，还是一条漆器文化展开之路。

二、十八世纪"昂菲德里特"商船与中法漆器贸易

随着唐以后中国东南沿海贸易港的建立以及海商政策的逐渐完善，中国古代海上丝路贸易进入空前的快速发展阶段。于是，海洋贸易成为中国漆器及其文化输出最主要的途径。就航线而言，它主要通过东海航线与南海航线两条重要的海上贸易航道，将中国的漆器、瓷器等大宗物品输入海外。在东海丝路航线上，中国内陆与东南沿海省份的漆器被大量输入日本、高丽等东亚国家；在南海丝路航线上，中国漆器贸易由南方港口出发，经印度或阿拉伯人中转，将大量漆器、瓷器等货物运至欧洲。汉代合浦港是南海丝路上最为重要的港口，中国漆器经东南亚及阿拉伯中转，被运往欧洲各国。唐宋时期，泉州港是漆器输出的重要港口，南海的宋代沉船出土漆器见证了古代南海丝路漆器贸易的繁荣。明清时期的广州港、漳州月港等也是南海丝路上的国际性港口。据《东西洋考》所载，当时与月港进行贸易的，多达40个国家与

地区，从广州起航运往欧洲的漆器等大宗货物，深受欧洲国家民众之青睐。

为了经济的繁荣与财富的积累，更为获取东方的资源与财富，欧洲殖民者在东方的贸易与殖民活动日益频繁，中国漆器等工艺品也由此传至欧洲。多泰曼（Carl Christian Dauterman，1908—1989年）在《中国图像梦：老银器上的中国风》中如是指出："在欧洲，收藏东方文物成为一种有身份的时尚（a cachet of fashion）。在十七世纪的法国，红衣主教黎塞留和马萨林（Cardinals Richelieu and Mazarin）中以拥有富含珍珠母的中国木制花格房顶镶板、漆柜、漆屏风、绣金床帷成为吹嘘的对象。"[2]

三、被溢出的十八世纪中国漆器文化在法国宫廷展开

路易十四之后，各种形式的漆器广为流行，因为到处都滥用这种精细的器物，中国漆器文化在法国的展开构成了法国社会新的文化景观。

被溢出的十八世纪中国漆器文化同法国文化的耦合是有基础的，抑或说，中国漆器文化在法国的展开与融通有其独特的时空背景。首先，在法国的中国风格正好迎合了他们所崇尚的洛可可风格与趣味。正如梅（M. G. May）引用作家契彭得尔的话所说，"法国的洛可可风格的最疯狂的时刻是来自中国的影响"[3]。因为，"中国装饰的轻盈与优雅，它的弯曲、飘扬、不对称线，闪闪发光的丝绸和闪亮的漆，其精致的刺绣和几乎透明的瓷器，它们有一种洛可可式的真正亲和力"[4]。因此，十八世纪流行于法国宫廷的洛可可艺术风格近乎中国漆器之风格。应该说，法国宫廷洛可可式的文化旨趣与美学趣味，为中国漆器、瓷器等器物美学在法国的展开提供了绝佳的历史机遇，而中国器物的优雅与情调被带入法国宫廷之后，这种中国风格又使得洛可可艺术迅速在欧洲展开。德国人利奇温说得好："在老子的人格中，可以窥见罗柯柯（洛可可）的精神与东方的精神的会通。产生瓷器及福建花纸的艺术，可以溯源到老子的精神。漆橱、瓷器及色丝，以及欧洲人称羡的中国物品，无不隐寓老子的精神。"[5] 抑或说，中国漆器对自然图案的钟情及其表现出来的自然精神恰好迎合了法国人的美学情趣。可见，中国漆器优势文化的溢出恰好填补了被厌倦的巴洛克艺术之缺陷，中法文明因此而发生了广泛的时空交融与文化发展。

十八世纪在法国宫廷刮起的中国风，或洛可可艺术风，使得欧洲宫廷的

▲ 图 6-1　18世纪托马斯·齐本德尔设计的中国风沙发

▲ 图 6-2 18世纪伯纳德二世·范·里桑堡设计漆面家具

奢华风气迅速蔓延开来。在新的器物与美学趣味的融通过程中，中国的漆器、瓷器等奢华商品需求量激增，它们被源源不断地输入欧洲，尤其是日常生活用漆艺器皿以及家私等。十八世纪广州"十三行"所经营的广州彩瓷、温州漆器之所以成为欧洲人的消费对象，就在于它们的美学旨趣与艺术风格被欧洲人广泛接纳。利奇温这样描述："关于物料，继瓷器之后者也许就是漆器品。罗柯柯时代，从在艺术及技巧方面远为进步的东方，获得这种新的技术、制漆的方法，并非偶然之事。为证明这两种质料之间的关系，我们可以指出：表面像漆器，并抹黑色和金色（漆器所常用的两种颜色）的瓷器，在当时是非常风行的。十七世纪中国的漆橱已大量输入欧洲，尤以法国宫廷应用为广。"[6] 实际上，华漆对法国宫廷的家具装饰、建筑设计、绘画以及日常工艺品均有不同程度的影响与渗透。清人《航海述奇》记载："所有桌椅皆轮足，运转如意。楼窗皆嵌玻璃，窗外临街，内有各色帐幔几层。四壁糊饰花纸，门皆白漆金花，光怪陆离，五色夺目。"[7] 这说明法国建筑馆舍装饰明显受到中国漆器艺术的影响，承袭中国髹漆建筑的文化传统。另外，赫德逊在《罗柯柯作风——西洋美术华化考》一文中也提及："罗柯柯室内装潢，如瓷器漆器及丝皆由远东输入，陈设既雅，款客亦宜，为此种作风发展之大原因也。其时富人家中，必有'中国室'，其中各物尽中国物也，苟无其物，亦不惜仿造。故契彭得尔设计一中国式卧榻于房内，有中国壁纸镜及椅焉。"[8]

赫德逊的描述道出了法国人对"中国室"的迷恋及其原因：陈设既雅，款客亦宜。

十八世纪中国漆器艺术在法国的充分展开，甚至沾溉到西方戏剧舞台装饰等领域，并一度引发法国人对中国漆器文化的机械抄袭。布罗斯在《发现中国》中指出："如果说'中国热'风潮最早遇到了一定程度的怀疑，那是由于在脱离了路易十四艺术风格的宏伟壮观特点的摄政时期，使之逐渐赢得了整个装饰阵地。从此之后，法国则更钟情于精巧和色情的曲线、变幻莫测的和异国情调的装饰了。细木护墙板和家具受到了新形式的启发，瓷器和织物一直发展到照搬照抄来自中国瓷器上的图案。……这种时尚在18世纪的大部分时间内，都得到了发展。于1745年和1755年间，在喜欢于自己身边囤积中国古玩的蓬巴杜（Pompadour）侯爵夫人的推动下，达到了登峰造极的程度。东印度公司在这个时代赢得了巨额利润。有一家如同'热而散'（Gersaint）那样的著名艺术商店，也自称是'摆头瓷偶'。这种时髦甚至扩大到了戏剧中，在1755年演出伏尔泰《中国孤儿》之前，曾组织过'中国式的'联欢会。在英国，奇彭代尔（Chippendale）根据中国的样品而大力推动一种家具新风格。在法国，高级木器工人马丹（Martin）模仿中国漆而发明了著名的清漆。由于一种奇怪的事物轮回现象，这种中国古玩又一直传回中国。乾隆皇帝收到了根据布歇（Boucher）的'中国'图案底图而制造的博韦壁毯。"[9]这说明，中国漆器文化在法国的展开领域是宽广的，同时法国图案装饰艺术又反过来对中国艺术产生了不同程度的耦合效应。

四、十八世纪中国漆器文化在法国的嵌入

十八世纪独步法国的中国漆器不仅参与了法国社会时空的历史变化，还激起了西方人规模化仿制中国漆器的冲动。西方人为了仿制中国漆器，对中国漆树的移植十分感兴趣。佩雷菲特在《停滞的帝国——两个世界的撞击》中"逆来顺受（1793年11月18—20日）"一章收录有1794年2月28日马戛尔尼（George Macartney，1737—1806）从澳门写给康华里勋爵（Charles Cornwallis，1738—1805年）的信："如有可能，我想弄几株优质茶树的树苗。"而他的成果则是"在经过一片精心种植着漆树、乌桕和茶树的平原时，马戛尔尼的确顺利地叫人挖掘了这些树苗：中国的陪同

人员这一次未加干涉。把优质树苗引入印度，光这一项也就不枉此行了，而且在下个世纪将要百倍地偿还这次出使的费用。基德上校在加尔各答建立了一所植物园，他想在里面增加新的品种……当丁维提带着这批货抵达加尔各答时，不幸的基德已不能为此而感到欣喜：他刚刚去世。但他的夙愿得偿：茶树、乌桕和漆树在那里落了户。"[10]

试图在印度大规模栽种茶树、漆树等说明，西方人对漆树资源以及漆器的制作试图走向独立仿制阶段，但欧洲没有漆树是首要问题。不过，为了满足法国宫廷贵族的漆器消费，法国开始规模化仿制中国漆器。当时的英国、法国、荷兰、意大利等欧洲国家均秘密派遣传教士或商人潜入中国腹地，收集中国瓷器、漆器的生产秘方与技术。譬如在1712年，法国传教士殷弘绪以传教为名秘密进入景德镇，盗取制器秘方。仿制漆器的工业很快在法国兴起，到1730年，漆柜、漆盒和其他油漆家具先后问世[11]。"夫人酷爱马丁仿造中国及日本模样的姿态优美的花鸟漆器，1752年曾向他大量购货，用以装饰她所居的蓓勒扶（Bellevue）宫。在杜伟斯这一个时期的日记簿中，我们可以看到在各色各样漆器目录以前，记着她的名字。"[12]十八世纪，法国对中国漆器从迷恋于仿制到开始走本土化创作阶段，暗示着这一时期中国漆器外溢终于在法国发生了文化的聚合。

五、十八世纪中国漆器文化在法国的阅读

中法文化的历史相遇引起了法国人对中国文化的深度阅读与思考。布罗斯在《发现中国》之"从瓷器到神学"一章里这样中肯地描述："当葡萄牙人到达中国时，他们便在那里出售香料以换取瓷器和漆器。"[13]可见，中国的瓷器和漆器成为西方人青睐的艺术品。因此，漆器、瓷器等商品也是郑和下西洋必携带的大宗奢侈品。多泰曼指出："从航海时代的（进口）清单透露，伊莎贝拉女王、查尔斯皇帝和国王菲利普二世率先成为瓷器的收藏家。事实上，菲利普拥有瓷器超过三千件。在枫丹白露（Fontainebleau，法国北部城镇），我在弗朗索瓦的私人住处收集中国和印度的服装上的花瓶、银和饰件，而女王伊丽莎白拥有的瓷器和漆器均来自东方。"[14]可见，漆器是大航海时代海外十分珍视的艺术品之一。

依托海上丝绸之路的贸易输出与文化传播，中国漆器文化广泛进入法国

社会，并被广泛地阅读与体认，具体而微地呈现出法国人眼中的他者漆艺想象。法国路易十四时期（1643—1715年），贵族官吏出行时已有以漆油绘的中国式乘轿，法国名媛蓬巴杜尔夫人也是著名的中国漆器爱好者，腓特烈大王竟携罗拔·马丁的儿子入宫担任漆师而作家维克多·雨果则称赞中国集漆艺、建筑与绘画于一体的圆明园为"规模巨大的幻想的原型"[15]。

这里需要补充指出的是，十八世纪的法国是中国漆器消费的大国，这自然引起了法国有识之士的高度关注。利奇温在《十八世纪中国与欧洲文化的接触》中记载："漆器在路易十四时代，仍视为一种特殊而罕有的物品。但不久，各种形式的漆器就广为流行，因为到处都滥用这种精细的器物，曾引起了老弥拉波侯爵（Marquis de Mirabeau）从经济方面出发的愤怒指责。"[16]老弥拉波侯爵的愤怒指责主要是关乎法国白银的大量消耗，尤其是流入东方的中国，这也说明，中华文化在法国的展开并非一帆风顺的。

在时空视点上，十八世纪的中国漆器参与了法国社会文化的变化，中法海上丝路漆器文化交流经历了从溢进到耦合，从体认到想象的历史进程，并呈现出以下几点逻辑要义：第一，海上丝路的开通为促成中国漆器文化的展开进程提供了契机，法国东印度公司商船贸易为推动中国漆器文化溢进法国社会发挥了重要作用。被展开的中华漆器文化与法国文化的耦合及其提升效应是明显的，尤其在法国宫廷刮起的中国风使得欧洲宫廷的奢华风气迅速蔓延。第二，十八世纪中国漆器文化的展开，对法国绘画、建筑、家具等领域的影响深远，甚至沾溉到西方戏剧舞台装饰等领域。显然，十八世纪中国漆器文化被广泛地传入法国社会后，引发了法国人深度地阅读与体认，具体而微地呈现出法国人眼中的中国想象。第三，中国漆艺承载着中华民族丰富的文化及美学思想。十八世纪海上丝路漆器文化的展开见证了中华文化对外传播的历史，确证了世界文化交融的历史趋势。第四，十八世纪中国海上丝路漆器文化的输出与传播为法国乃至欧洲文明的发展提供了极好的式样，特别是中国漆器文化所承载的中国文化及美学思想在世界的展开深刻影响了欧洲人的生活方式、审美情趣与文化创造，更激起了他们对中国文化的迷恋、想象与学习的动力。

注　释

［1］David Beevers, *Chinese Whispers: Chinoiserie in Britain, 1650—1930*（Brighton: Royal Pavilion Libraries & Museums, 2008）.

［2］Carl Christian Dauterman, "Dream-Pictures of Cathay: Chinoiserie on Restoration Silver", *The Metropolitan Museum of Art Bulletin* 24, no. 1（1964）: 15.

［3］M.G.May, "Chinoiserie", *Journal of the English Association* 2, no. 8（1938）: 99.

［4］M.G.May, "Chinoiserie", *Journal of the English Association* 2, no. 8（1938）: 99.

［5］［德］利奇温：《十八世纪中国与欧洲文化的接触》，朱杰勤译，北京：商务印书馆，1962年，第67页。

［6］［德］利奇温：《十八世纪中国与欧洲文化的接触》，朱杰勤译，北京：商务印书馆，1962年，第27—28页。

［7］（清）张德彝：《航海述奇》，钟叔河校点，长沙：湖南人民出版社，1981年，第44页。

［8］［英］G.F.赫得森：《罗柯柯作风——西洋美术华化考》，载《中外关系史译丛》，朱杰勤译，北京：海洋出版社，1984年，第153—154页。

［9］［法］布罗斯：《发现中国》，耿昇译，济南：山东画报出版社，2002年，第48页。

［10］［法］阿兰·佩雷菲特：《停滞的帝国——两个世界的撞击》，王国卿等译，北京：三联书店，1993年，第448页。

［11］Carl L. Crossman, *The China Trade: Export Paintings, Furniture, Silver and Other Objects*（Princeton: Pyne Press, 1973）.

［12］陈永正等编著：《海上丝绸之路研究专辑》，广州：广东旅游出版社，2001年，第171页。

［13］［法］布罗斯：《发现中国》，耿昇译，济南：山东画报出版社，2002年，第38页。

［14］Carl Christian Dauterman, "Dream-Pictures of Cathay: Chinoiserie on Restoration Silver." *The Metropolitan Museum of Art Bulletin* 24, no. 1

(1964): 13.

[15] 何兆武、柳御林主编《中国印象——外国名人论中国文化》,桂林:广西师范大学出版社,2001年,第64页。

[16] [德]利奇温:《十八世纪中国与欧洲文化的接触》,朱杰勤译,北京:商务印书馆,1962年,第28页。

第七章

漆器：中美文化互溢的视点

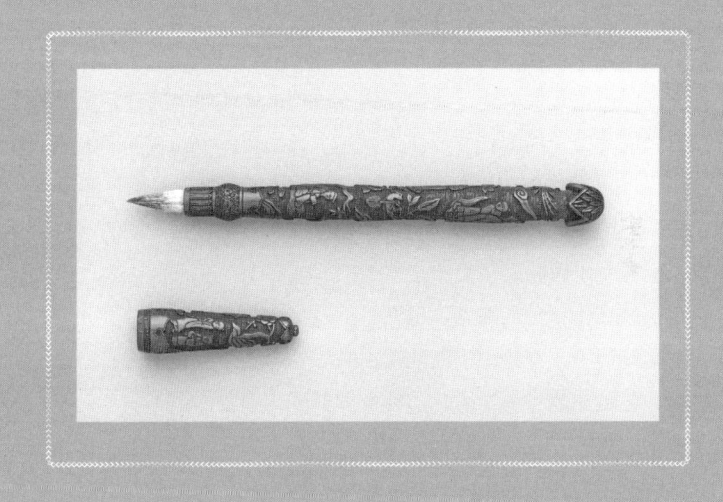

在跨文化视野下，十八世纪中国漆器伴随海上丝绸之路贸易被大量输入美国，这无疑是中华文化与美学的一次远行，也确证了近代以前中国是世界漆文化的主要输出国。至十九世纪末期，中国一贯向世界输出漆文化的局面被打破。1884年，被中国引进的美国髹漆文本《髹饰致美》刊行面世，它率先证实了美国漆文化开始反向透入中国。至二十世纪早期，中国漆文化再次流溢至美国普通民众的生活空间。中美漆文化的早期互动态势已然引领我们朝向文化全球化的社会学解读，昭示出中国漆文化在美国的展开历史与逻辑，也凸显出在全球化进程里中国工匠文化的社会担当及其影响。

二十世纪八十年代以来，在尼克松访华之后，中美关系史迅速成为学界研究的重要题域，并普遍形成大致三端的认知：一是中美文化交流是单向的，美国文化很少受到中国文化影响；二是在中美文化交流史上，传教士、留学生、贸易以及美国的知识领袖性人物对中国的影响是深远的，并成为中美关系史上的重要研究节点；三是中美文化交流是不平衡的，中国思想、中国艺术和中国美学对美国的影响是微乎其微的。实际上，执此三端的认知是不合理的，或者说是严重低估了中国文化在美国的早期传播及其影响。

美国人斯蒂文·郝瑞（Stevan Harrell，1947— ）在考察中国西南彝族漆器后撰文指出："漆器是诺苏传统文化的一个部分，正好成为这项民族复兴运动的一项内容……在今天这个商品世界中民族性能够成为消费的对象明显地是很重要的。"[1] 显然，在斯蒂文·郝瑞看来，漆器是民族性特色很明显的手艺之物、文化之物，它可以成为全世界人们的一种文化消费对象，而且对于民族文化复兴是重要的。实际上，在近代以前，中国就是凭借具有民族文化特色的漆器、瓷器等工匠文化将"中国化"这一词语写入了世界文化词典里，并源源不断地输出海外。中国工匠文化凭借自己独特的民族特色、艺术典范和美学思想，在世界范围内引发广泛影响。代表中国传统文化象征的漆器、瓷器、丝绸等成为全世界人们广受欢迎的文化消费对象，并深刻影响了海外人的生活方式与审美时尚。在十八至十九世纪，中国大量的丝绸、漆器、瓷器、家具等被传播至美国，并在美国民众生活及其空间中扮演了重要的角色。中国器物俨然成为美国普通家庭消费的时尚，中国风格也因此成为美国人的审美情趣与理想。[2]

在接下来的讨论中，拟以十八至十九世纪海上丝绸之路上的中美漆器贸易为切入口,较为详细地阐释中国漆器文化在早期美国的传播、展开与影响,并在中美漆文化的互动中阐释中美文化交流的历史与逻辑,以期引领我们的解读或认知朝向中美跨文化的社会学迈进,昭示出中国文化在美国早期的传播与影响,凸显中国工匠文化在全球化文化进程里的社会担当及其影响。

一、"中国皇后号"开启中美海上漆器贸易

与欧洲相比,中美海上丝路贸易要迟得多。在十八世纪之前,似乎找不到有关文献证明中美有直接的海上贸易史。在当时,美国"最好的一些漆器是由波士顿的托马斯·约翰逊(Thomas Johnson)制作……在罗德岛与纽约,漆器的中心是哈特福特(Hartford)、康涅狄格(Connecticut)、纽波特(Newport)等地"[3]。与此同时,中国漆器很快在美国其他大城市被广泛接纳与使用,进而在一定范围内改变了美国人的生活方式以及他们对中国艺术形象的感知。当时美国国内生产的漆器数量有限,因此上层社会以及富人家庭都以拥有中国奢华的漆器为荣耀。

这些中华工匠文化成为美国人对中国的审美认知与想象对象,也是美国人最早认知中国的重要艺术对象。美国人赖德烈在《早期中美关系史(1784—1844)》一书中如是描述:"1784年2月22日'中国皇后'号带着国会颁发的一张船证作保护而出发了……于8月28日碇泊于广州的港口黄埔。"[4]这次来华的美国商船"中国皇后"号,是由纽约港口出发的,经威德角群岛航行至好望角,再转至广州黄埔港。清代的南京、广州、厦门、泉州等港口为美洲航线的主要碇泊港,特别是广州港,是当时最为繁忙的国家性大港口,海外输出贸易吞吐量很大,尽管漆器订单不大,而且主要是用于赠送朋友的小件礼物。

1838年,美国商人内森·邓恩(Nathan Dunn,1782—1844年)在费城举行了规模宏大的中国艺术展[5],展出中国的瓷器、漆家具、漆器皿等1200多件。这些艺术品中的图像是丰富的,包含了中国社会、生活的诸多方面。当时美国的评论家西德尼·费希尔(Sydney Fisher)评论邓恩的中国艺术展展出了"中国人生活的完美图像"[6]。可见当时的美国人认识中国是从中国工匠文化开始的,并从中形成了对中国国家形象的诗意图像。

"中国皇后号"开通了中美早期文化的交流。中国文化凭借精美的艺术

走向美国民众,走向他们的生活之中。至今,美国的很多博物馆里还珍藏中国的漆器。根据中国台湾故宫博物院编委会编撰的《海外遗珍》"漆器卷"记载,美国人通过各种途径获取了中国大量的漆器珍宝,并收藏于美国各大博物馆,譬如旧金山亚洲艺术馆博物、夏威夷檀香山艺术学院、克利夫兰艺术博物馆、纳尔逊艺术博物馆、底特律美术馆、洛杉矶郡艺术博物馆等都藏有大量宋元明清时期的中国漆器[7]。2011年9月7日至2012年6月10日,美国纽约大都会博物馆展出了十三至十六世纪的中国漆器,有明代龙纹盘、龙纹经盒、婴戏漆盘等,这些流入美国的漆器见证了中国工匠文化在美国的传播与影响。

二、中国漆文化在美国的早期传播

在中美漆器贸易中,"中国皇后号"伴随着"西渐东风",猛烈地朝向美国普通家庭刮去,进而革新与改变了美国人的生活与思想。

第一,各色漆器成为美国人的生活时尚与奢谈对象。生活与器物是离不开的,美国人自从生活中有了中国漆器之后,他们的审美、时尚和格调就开始改变。"在灯光昏暗的走廊尽头,可以看到……沃尔纳特大街与其说是富裕,毋宁说是自豪,而且是东方格调的自豪。"[8]显然,来自东方中国的漆器成为当时美国人的一种生活时尚和美学格调。抑或说,如此说来,他们在消费中国精美漆器的同时,也在体验来自东方的中国美学。奢华的漆器就是精致的中国美学的载体,无论是中国漆器变幻莫测的髹涂纹样,还是极富东方格调的漆画艺术,无不显示出中国漆器高贵的美学格调与艺术境界。更令美国人惊讶的是,这些精美的漆器在当时也不算太贵,普通家庭是能接受的。根据乔纳森·戈尔茨坦记载,"十九世纪初叶,波斯顿和赛伦住宅中的所有陈设,大约有十分之一至五分之一是从中国来的。一些居民认为,这种估算是相差不大的。此外,中国对费城地区的影响并不限于城内头等人家。早期运到宾州来的大多数中国物品,较为贫穷的人家,也都是有的"[9]。想必当时的美国家庭和美国市场一定充塞着大量的中国器物。普通人家庭均拥有来自东方的中国器物,说明漆器使用的普及化程度相当高,也能推断出中美漆器贸易规模在慢慢扩大。

第二,中国髹漆家具成为美国人的挚爱,抑或是一种高雅的消费对象。

▲ 图 7-1 明代螺钿漆案（美国纽约大都会博物馆藏）

这种家具在 1880—1815 年几乎是无人知晓的。因此，"它们无疑是中国生产的"[10]。即便是在十九世纪后期，居住在中国的西方人的房间也充塞着中国风格的家具[11]，他们享受着中国美学，并以此为身份、财富与荣耀的象征。以至于一位美国记者这样写道："中国的斑点点缀于我们的日常生活中，这一点可谓老少皆知。一个多世纪以前，由新英格兰航海家引进的中国式的房屋装饰风格作为一种时尚，至今还伴随着我们。"[12]今天在美国的许多博物馆、收藏家那里，还能看到各式各样的漆器家具，有竹家具，也有木家具，包括清式漆座椅、漆橱柜、漆梳妆台、漆果篮，等等。可见中国髹漆文化在早期广受美国人的喜爱，并用于日常生活中。

第三，中国漆屏风在美国广受青睐。明清时期，中国皇帝对屏风的酷爱以及大量生产引起了美国人的关注与喜爱，尤其是中国绘画叙事特征的漆屏风激发了美国人的艺术想象与美学情趣。《中国贸易》记载："在整个美中贸易时期，绘有中国风景和河景的四折、六折黑漆屏风被大量生产出来，这些屏风具有精致的羽毛镶边。"[13]漆屏风是用来隔断空间的一种室内陈设。这种会移动的漆屏风对美国人的生活习惯和审美情趣产生了重要影响，尤其对他们对空间的理解及其空间美的认识产生了潜移默化的影响。房龙的叙述确证了中国漆屏风在美国室内空间中的使用起到了一种"和谐空间"、美化空间的作用。抑或说，中国传统漆器是欧美日常生活空间里适用性、审美性很强的物件，它能"使人感到舒服"，能融入空间之中。

简言之，中国漆文化通过海上丝路输入美国，并进入美国普通人的家庭

▲ 图7-2　明代漆盒（美国华盛顿弗利尔美术馆藏）

及生活空间，同时，来自东方中国的漆器格调和美学也改变了美国人的时尚、情趣和习惯。更进一步地说，海上丝路漆器所承载的中华文化成功地跨出国门，走向美国，并成为世界文化传播的典范，显示出中国文化在世界的地位及其身份。

三、1884年引进美国髹漆文本《髤饰致美》

中美文化的交流始终是互动的，并非单向的。通过十八至十九世纪中国漆文化对美国民众的生活影响可以看到，中国文化对美国文化的发展及其影响是深刻的，已然渗入到普通美国人的日常生活、审美情趣和艺术思想中。

晚清时期，美国髹漆文本《髤饰致美》被引进中国，标志着中国漆文化在世界范围内出现"文化逆差"。实际上，这个时候的中国漆器市场充塞着"洋漆"，来自日本的漆器也被大量"透入"中国。这些都说明，中国一贯输出漆文化的局面已经被打破。那么，晚清政府为何要引进美国版本的《髤饰致美》？首先，引进《髤饰致美》是中国洋务思潮的结果。经过甲午战争之后，清政府开始意识到国家在"制器"上的严重不足，几千年来的造物技术同西方科学似乎无法比拟。因此，洋务派的大臣们主张讲求时务、提倡西学。在此背景下，译介西学成为学习西方科技的重要路径，诸种西学由当时江南制造局翻译馆负责翻译、出版与译介。譬如在工艺科技方面，翻译馆先后出版了《器象显真》《艺器记珠》《造铁全法》等书籍。在洋务大臣的眼里，"美以富为强"。张之洞、李鸿章等洋务派认为："（美国技术）最新，距华最远，尚无利我土地之心。"[14] 其次，引进《髤髹致美》是晚清社会发展实业对西方新技术的需求，符合翻译馆译书之标准。晚清社会发展实业"自强救国"乃当务之急，因此，学习西方新技术成为必须。于是，晚清政府希望通过翻译西方科技图书为手段，加紧学习西方新技术。对此，熊月之在《西学东渐与晚清社会》指出："所述各种工艺，有的在西方尚属先进，有的虽已过时，但在当时中国，仍不失为有用的技艺。"[15]

简言之，被引进的《髤髹致美》是洋务运动的直接产物，是晚清发展实业的需要。它的背后隐喻着全域式的政治、经济、技术、文化等诸方面的社会学变革。最值得一提的是，《髤髹致美》的引入暗示美国漆文化已然开始倒流至中国，进而打破了中国漆文化一直输入海外的局面，同时，《髤髹致美》的技术配方也给中国髹漆技术带来了新革命。

四、二十世纪早期福建"沈家店铺"漆器在美国

毋庸置疑，中美文化的交流与互动是动态的、双向的。从早期的中国漆文化在美国的传播与影响，到1884年美国版的《髹饰录》——《髤髹致美》的引进，都突显出中国和美国漆文化呈现了新的交流与互动态势。

二十世纪初，中国漆文化再一次在美国风行，特别是福建的脱胎漆器在美国广受欢迎，在美国的多次博览会上获得殊荣[16]。如1910年福建"沈家店铺"（沈正恂）的脱胎漆器"古铜色荷叶瓶（一对）"获美国圣路易斯博览会"头等金奖（两个）"，1913年沈氏漆器在美国巴拿马赛会中获得漆器"特等奖"，1926年"沈家店铺"（沈幼兰）的漆器"套桌、茶具"获美国费拉德菲亚博览会"头等金奖（两个）"，1934年沈德奎的漆器获美国芝加哥万国博览会"特等金牌"，等等。据不完全统计，在1898—1937年间，福建沈氏漆器在欧美举行的漆器比赛中获得的国际大奖多达14项（见表1），其中在美国就有9次。另外，非沈氏漆器获得的国际奖项也达26项之多（见表2）。这些都是福建漆艺在欧美被认可的标志性奖项，也是中国漆文化走向世界的标志。

表1　1898—1937年间福建"沈氏"漆器在欧美获得国际奖项一览表[17]

年份	参赛地点、名称	作品名称	作者	奖级
1898	法国巴黎博览会	漆器莲花盘、茶叶箱	沈正镐	头等金牌
1904	美国圣路易斯赛会	各种漆器	沈正镐	头等金牌
1908	美洲赛会	各种漆器	沈氏	商勋五品顶戴
1910	美国圣路易斯博览会	脱胎古铜色荷叶瓶	沈正恂	头等金牌（两个）
1911	意大利多兰多国际博览会	脱胎观音佛、大花瓶	沈正恂	头等奖状
1911	德国柏林万国卫生博览会	脱胎漆器	沈正恂	特加优奖
1911	德国柏林万国卫生博览会	脱胎漆器	沈正恂	优等奖状、奖牌
1913	美国巴拿马赛会	各种漆器	沈氏	特等奖
1914	德国柏林博览会	脱胎漆器葵花果盘	沈正愉	一等奖章
1915	美国巴拿马赛会	松鹤漆器盒15件	沈正镐	银牌奖
1926	美国费拉得菲亚博览会	套桌、茶具漆器	沈幼兰、陈兴春	头等奖牌、奖状
1933	美国万国博览会	脱胎漆器	沈氏	应届奖牌
1934	美国芝加哥万国博览会	脱胎漆器	沈德魁	特等金牌、奖状
1937	美国旧金山博览会	瓶、炉等脱胎漆器	沈幼兰	一等金牌奖状

表2　1899—1956年间福建非"沈氏"漆器在欧美等获得国际奖项一览表[18]

年份	参赛地点、名称	作品名称	作者	奖级
1899	法国巴黎博览会	南胡乐器	王石丝	金奖
1911	德国柏林万国卫生博览会	南胡乐器	王石丝	特等奖
1915	美国巴拿马赛会	漆制器	老天华	金牌奖
1915	美国巴拿马赛会	各种古铜制器	福州劝工厂	银牌奖
1915	美国巴拿马赛会	各种漆器	林康记	银牌奖

续表

年份	参赛地点、名称	作品名称	作者	奖级
1915	美国巴拿马赛会	各种漆器	福州工艺传习所	银牌奖
1915	美国巴拿马赛会	角梳	陈生青	银牌奖
1915	美国巴拿马赛会	角梳	邹振记	银牌奖
1915	美国巴拿马赛会	各种漆器	福庆安	银牌奖
1915	美国巴拿马赛会	各种漆器	双兴	银牌奖
1915	美国巴拿马赛会	漆画	福州出品协会	铜牌奖
1915	美国巴拿马赛会	各种漆瓶	福州劝工厂	铜牌奖
1915	美国巴拿马赛会	各种漆器	福庆安	铜牌奖
1915	美国巴拿马赛会	脱胎麻姑进酒	王巧真	铜牌奖
1915	美国巴拿马赛会	漆几漆盘	双兴	铜牌奖
1915	美国巴拿马赛会	角梳	邹振记	铜牌奖
1915	美国巴拿马赛会	脱胎梅花大瓶等5件	林钦安	铜牌奖
1915	美国巴拿马万国博览会	刺绣马	曾明	金牌奖
1915	美国巴拿马万国博览会	南胡乐器	天华斋	金牌奖
1915	美国巴拿马万国博览会	雨伞	杨常利	金牌奖
1924	英国伦敦博览会	脱胎漆器锦地海棠果盒	吴乃成	头等奖状
1926	菲律宾嘉平华会博览会	弥勒烟盒、花瓶脱胎漆器	王鸿斋	一等执照
1933	美国巴拿马纪念博览会	博古挂联漆器	陈门惠	特等金牌
1933	美国万国博览会	角梳	邹振记	应届奖牌
1933	美国万国博览会	雨伞	杨常利	应届奖牌
1956	德国莱比锡博览会	脱胎漆器印锦产品	陈兴娘	奖状

  中国漆文化是二十世纪上半叶美国家庭追捧的对象。1930年，美国家具设计家阿巴尼的埃利萨·安舍理仿制中国漆饰八仙桌。中国漆器也是中美文化交流的使者，成为中美两国高层领导人交往时的重要物件。里根总统夫妇就曾接收中国国礼——题名为"玉堂春秋"的雕漆嵌玉云扇屏风2幅。

进入二十一世纪以来，中美漆文化交流更是频繁。2005年9月至2006年4月，先后在美国华美协进社、檀香山艺术学院和圣巴巴拉美术馆举办"Mike Healy藏中国漆器精品"巡展。2010年，美国国会图书馆收藏中国（唐明修）的漆艺作品。2010年12月，美国纽约大都会艺术博物馆举行"奢华展示：十八世纪和十九世纪中国艺术"展，其中不乏清代漆器。2011年9月7日至2012年6月10日，美国纽约大都会博物馆展出中国十三至十六世纪的漆器。中美两国漆艺文化的互通与再生，显示出中国漆器在世界上的地位以及在全球文化贸易中的标志性意义。

　　二十世纪早期，福建"沈家店铺"的脱胎漆器走向国际市场及普通家庭生活中，应当是中国漆器文化的最后一次辉煌。由于受到西方列强入侵，近代中国国内市场漆器一度十分萧条，尤其是日本等国入侵中国，致使中国漆器生产一度停顿，并蒙受灭顶之灾。一直到中华人民共和国成立之后，国内的漆器生产才开始得以慢慢恢复。在国内困难时期，扬州、上海、北京、福州等民间手工漆器被销往美国、苏联及一些欧洲国家等国家，并换取了大量的外汇，在一定程度上帮助了中国经济的稳定发展。抑或说，漆器在新中国国民经济发展中扮演了重要的角色。

▲ 图7-3　明代漆盘（美国华盛顿弗利尔美术馆藏）

在阐释中发现,依托海上丝绸之路的贸易输出与文化传播,中国漆文化被广泛地传入美国,并在美国发生阅读、体验与审美想象,具体而微地呈现出美国人眼中的他者漆器想象。据此,至少能得出以下几点启示性结论:

第一,中美文化的交流是双向的,并非单向的。从十八世纪开始,中国的漆器、瓷器等工匠文化开始输入美国,开始成为美国多元文化的一支。中国传统工匠文化在美国被广泛接纳、体验与欣赏,俨然成为当时美国人的生活时尚和审美格调,甚至成为美国启蒙运动的思想和艺术的文化先导。或者说,中国文化在美国的传播给现代美国社会发展作出了重要贡献。

第二,十八至十九世纪的中美文化交流是从中国商品开始的,漆器、瓷器、丝绸等工匠文化是承担中美文化交流的使者。在早期,尽管中美两国人民很少直接交流,但这些中国工匠生产的器物及其美学想象向美国人民传递了一个非常积极的中国形象和中国情趣。漆器、瓷器等工匠产品超越了自身的一般物质性,成为中国文化、中国美学和中国思想的代名词。

第三,在世界范围内,器物成为全球化及其文化传播的介质。在中美文化交流中,漆器、瓷器等中国商品首先成为全球化文化共享的对象,也成为中外文化互相理解、认可与崇拜的对象。在海上丝路的漆器贸易中,中国漆器不仅成为美国人了解中国文化的窗口,还促进了美国人对中国人及其文化的理解与尊重。实际上,美国文化从来就是多元文化互动、交融的产物,中国工匠文化给美国乃至世界国家的发展带来了重要贡献。当然,海外文化给中国文化的发展也带来了深远的影响。在当代,世界各国文化的开放与交流是大势所趋,任何单边主义文化发展都是不可取的。

另外,中美文化的早期互动与相互影响也给新时期中国的"中国制造"以及"中国文化走出去战略"带来了深刻启示。在古代海上丝绸之路上,中国产品凭借独特的品类、品质与品牌鏖战于世界贸易之林,并成为世界各国争相购买的商品,中国的优秀文化也因此被世界共享,中国形象也由此走向全球。因此,在全球化进程中的当下中国,如何提升"中国制造"和塑造"中国品牌"也自然成为中国文化走向世界的重要战略。如此,在全国范围内,大力弘扬中华工匠精神,传承中华工匠文化,就显出具有重要时代性和紧迫性的长远文化建设意义。

注 释

[1] [美]斯蒂文·郝瑞：《一个美国人类学家眼中的彝族漆器》，巴莫阿依、曲木铁西译，《中国民族》，2001年第6期，第47—48页。

[2] Oliver Impey, *Chinoiserie*：*The Impact of Oriental Styles on Western Art Decoration*, (London: George Railbird Ltd, 1997), pp. 117—118.

[3] Oliver Impey, *Chinoiserie: The Impact of Oriental Styles on Western Art Decoration*, (London: George Railbird Ltd, 1997), pp. 117—118.

[4] [美]赖德烈：《早期中美关系史（1784—1844）》，陈郁译，北京：商务印书馆，1963年，第10页。

[5] Warren I. Cohen, *East Asian Art and American Culture: A Study in International Relations* (New York: Columbia University Press, 1992).

[6] Jean Gordon, Philadelphians and tne China trade,1784—1844 (Philadelphia: Philadelphia Museum of Art, 1984), pp.16.

[7] 台北故宫博物院编委会编：《海外遗珍·漆器》，台北：台北故宫博物院，1998年。

[8] [美]乔纳森·戈尔茨坦：《费城与中国贸易，1682—1846年——商业、文化及态度的作用》，载中外关系史学会、复旦大学历史系编：《中外关系史译丛（第4辑）》，上海：上海译文出版社，1988年，第250—251页。

[9] [美]乔纳森·戈尔茨坦：《费城与中国贸易，1682—1846年——商业、文化及态度的作用》，载中外关系史学会、复旦大学历史系编：《中外关系史译丛（第4辑）》，上海：上海译文出版社，1988年，第251页。

[10] Carl L. Crossman,*The China Trade: Export Paintings, Furniture, Silver and Other Objects* (Princeton: Pyne Press, 1973).

[11] Carl L. Crossman,*The China Trade: Export Paintings, Furniture, Silver and Other Objects* (Princeton: Pyne Press, 1973).

[12] Harold R. Isaacs, *Scratches on our minds: American images of China and India* (Oxfordshire: Routledeg, 1980, p. 31.

[13] Carl L. Crossman, *The China Trade: Export Paintings, Furniture, Silver and Other Objects* (Princeton: Pyne Press, 1973).

[14] 转引自夏东元：《晚清洋务运动研究》，成都：四川人民出版社，

1985年，第225页。

［15］熊月之：《西学东渐与晚清社会》，北京：中国人民大学出版社，2011年，第406页。

［16］黄宝庆、王琥、汪天亮:《福建工艺美术》，福州：福建美术出版社，2004年，第87页。

［17］张天禄总编，福州市地方志编纂委员会编：《福州市志》，北京：方志出版社，1999年，第1027—1028页；黄宝庆、王琥、汪天亮：《福建工艺美术史》，福州：福建美术出版社，2004年，第87页。

［18］张天禄总编，福州市地方志编纂委员会：《福州市志》，北京：方志出版社，1999年，第1027—1028页。

第八章

漆器:走向全球
的中国美学

在美学视野下，丝绸之路是中国向世界传播美学思想的重要桥梁。丝路上的中国美学思想传播不同于现代西方美学对亚洲文本式的传播，中国美学思想被西方引进与接受是通过器物美学实现的。漆艺就是中国美学思想传播的重要载体，丝路漆艺的输出史实则是中国美学思想的传播史，它见证了古代中国美学的国家身份与世界地位；同时，漆艺引领我们向美学的社会学迈进，它被发现的或未被阐释的审美意识已成为中国文化的"社会转述者"。

美国学者保罗·肯尼迪（Paul Kennedy，1945年—　）在《大国的兴衰》中指出："在中古时期的所有文明中，没有一个国家的文明比中国的更先进和更优越。……中国有了文化和技术的进步，于是将其注意力转向海外探险和海外贸易，这是并不令人感到意外的。"[1]近代以前，"中国化"是世界文化中的核心词汇，其中丝绸之路就是古代中国文化向世界传播的重要桥梁。为此，本章节拟释丝绸之路（以下简称"丝路"）上被遮蔽的漆艺之路，发现中国文化之美，重拾古代中国文化的生命与美学精神。

一、漆艺：中国美学思想的《圣经》

漆艺，即漆工艺，或者说是漆的艺术[2]。中国是世界上最早享有漆艺文化的国度。西方人对漆的认知较早见于《旧约全书·创世记》中有关"拿石漆当灰泥"建造"巴别塔"的故事[3]。石漆是一种类似于彩砂的建筑材料，还不是中国用的自然漆。十三世纪时，马可·波罗在他的游记中曾描述蒙古大汗奢华的鎏金漆柱御苑[4]，这或许是西方人首次遇见文学想象中的中国致美漆艺。十四世纪的阿拉伯人对"漆胡树科"已有初步科学认知。据史载，从元代延祐到天历年间（1314—1330年），担任饮膳太医的忽思慧在其《饮膳正要》中曾记载阿拉伯的药物马思答吉（漆树科乳香）等被宫廷饮膳采用[5]。十六世纪，意大利传教士利玛窦在《利玛窦中国札记》中描述过中国神奇的大漆："中国人用这种东西制成一种山达脂（Sandarac）或颜料，他们称之为漆（Cie）。"[6]十七世纪，中国的漆器、漆家具等商品大量输出法国、英国、德国等欧洲国家。

在美学学科意义上的文化交流史中，明治十六至十七年（1883—1884年）间，日本哲学家中江兆民出版《维氏美学》一书，即译介法国美学家维隆（Eugène Véron，1825—1889年）的译著。这部著作的问世将十八世纪德国启蒙思想家鲍姆嘉通（Alexander Gottlieb Baumgarten，1714—1762年）开创的"感性学科"（德文Aesthetik）定名为"美学"（英文Aesthetics），并在亚洲落地生根。之后，这一概念迅速被中国接受与认可，欧美各种美学思想也因此被引进中国，特别是二十世纪五十年代以来的欧洲美学思想被大量译介，输入中国。然而在近代以前，中国一直是向西方输出美学思想的大国。不过，古代中国美学思想输出不同于西方美学对亚洲的文本输出，其被西方认识与引进是通过器物美学来实现的。美学家叶朗先生认为："一个民族的审美意识的历史，表现为两个系列：一是形象的系列，如陶器、青铜器、《诗经》、《楚辞》等等；一个是范畴的系列，如'道''气'……等等。"[7]由于中西方文化与意识形态之差异，西方最先接受中国美学思想的载体当是中国器物。

在中西贸易史上，丝路漆器确乎是泽被东西的中国美学思想之见证。因此，丝路漆器的输出就是中国美学思想的传播。这关涉到中国漆器美学的内涵与中国美学走出国门及其文化命运的学术要义。

从本质上分析，中国漆器所承载的中国艺术美学、实用美学与宗教美学等思想的跨国传播，显示出中国美学思想的独特魅力。然而，在对丝路的学术惯性思考中，丝路上的漆器常常被学者忽略或遗忘。法国学者布尔努瓦在其《丝绸之路》中指出："……如果仔细考究一下许多人的游记故事，那就会看出，'丝绸之路'从此之后似乎不再名副其实了。'丝绸之路'完全是一个近代提法，在上古时代和中世纪中的游记故事中根本没有这样的称呼。……在元帝国统治时代，从黑海到太平洋的这条通道又先后变成了香料之路、茶叶之路和瓷器之路，而且也是外交使节们来往的必经之路，并不完全是丝绸之路了。"[8]实际上，"丝绸之路"亦可称为"瓷器之路"或"漆艺之路"。

漆艺作为丝路上中西文化交流的大使，不仅输出了中国美学思想，还沾溉西方美学思想。从普赖尔、杜赫德、柯勒律治等人的文学叙事看，漆艺成为欧美文学的一个重要叙事对象。这从另一个侧面也体现出，古代中国漆艺美学思想在国外生根发芽，中华漆艺被发现的或未被阐释的审美文化已然成为中国美学思想的一个"转述者"。

二、丝绸古道与漆艺：汉代美学思想的输出

　　从贸易的发生看，互通有无是贸易与文化交流的有效方式。而现有文献未见古代西方有漆艺的记载，所以漆艺及其输出就成为中西文化交流的对象与契机。古代中国漆艺的海外输出至少可以追溯至汉代，西域陆路及南海海上的交通与贸易是汉代漆器流通到海外的主要通道。

　　在西线，漆器流通主要通过丝绸古道将内地的漆器以及漆器技术传入西域。《史记》记载："自大宛以西至安息，国虽颇异言，然大同俗，相知言。……其地皆无丝漆，不知铸钱器。"[9]这说明西域一开始并无漆器生产。但考古发现了内地很少出土的类似花瓣组成的四方连续、对称的菱格花纹漆器，说明汉代西域有漆器生产的可能。1933 年，人们在朝鲜发现王光墓和彩箧冢，后者因出土有以孝子为题材的人物彩绘漆箧而闻名。这些墓中所出土的带有铭文的漆器多达 57 件。漆器的铭文不仅标明其产地为蜀郡与广汉郡，还注明了漆器生产者的姓名，如蜀西工长广成丞、何放护，工卒史胜，守史母北裔夫索喜，佐胜髹工当，画工文造等，这些漆器绝大多数是汉代官员赴任时从内地带到乐浪的[10]。在南线，汉代中国与南海及东南亚诸国的贸易往来频繁，漆器主要与百越、安南、身毒、暹罗等国流通。汉以来的滇国是通往缅、印的南丝绸之路之要冲，出现了较为丰富的技法，如透雕、镶

▲ 图 8-1　江陵高台 6 号墓出土汉代漆樽

嵌等。汉代漆器的流通与输出表明其生产与销售具有开放性。汉代漆器作为生活用具，其髹漆工艺中浸透着中国汉代的设计美学思想及生活美学，漆器无疑是汉代物质文化的实用哲学、生活美学与宗教美学的化身。

三、"唐风"与漆艺：泽被东西的大唐美学思想

唐帝国是当时世界的文化中心，"唐风"被欧洲文化纷纷效仿与吸收。在陆路通道，裴矩《西域图记》"序"曰："发自敦煌，至于西海，凡为三道，各有襟带。北道从伊吾（今哈密），经蒲类海（今巴里坤）铁勒部，突厥可汗庭（今巴勒喀什湖之南），度北流河水（今锡尔湖），至拂菻国，达于西海（地中海）。其中道从高昌，焉耆，龟兹（今库车），疏勒，度葱岭，又经䥽汗，苏对沙那国，康国，曹国，何国，大、小安国，穆国，至波斯（今伊朗），达于西海（波斯湾）。其南道从鄯善，于阗（今和阗），朱俱波（帕米尔境内）、喝槃陀（帕米尔境内），度葱岭，又经护密，吐火罗，挹怛，忛延，漕国，至北婆罗门（今北印度），达于西海。……故知伊吾、高昌、鄯善，并西域之门户也。总凑敦煌，是其咽喉之地。"[11]由此可见，唐代丝路的主要走向为长安至凉州道。1981年，宁夏固原城郊雷祖庙的北魏墓出土描金彩绘漆棺，棺面的波斯画风表现出中亚、草原与中原审美文化的融合。另外，从西域传入中土的乐器漆箜篌也是"漆艺之路"的见证。箜篌是一种古代弹奏拨弦乐器。"竖箜篌"即西域传入中国的胡箜篌。《后汉书》载："灵帝好胡服、胡帐、胡床、胡坐、胡饭、胡箜篌、胡笛、胡舞，京都贵戚皆竞为之。"[12]这里的"贵戚皆竞为之"就说明，汉灵帝时期胡箜篌为上层贵族使用的时尚乐器。新疆的扎洪鲁克古墓曾出土3件竖箜篌[13]，鄯善县洋海古墓曾出土3件木竖箜篌[14]，和田山普拉古墓曾出土1件木竖箜篌[15]。大量出土西域箜篌乐器"这一结果本身已经清楚地证明了箜篌东传的主要分布地域与古代'丝绸之路'的密切关系"[16]。酒泉西沟墓的隋末唐初画像砖上有七弦竖箜篌，安阳泉灵寺西塔北壁右侧有一弹奏竖箜篌的隋唐时期的浮雕。在唐代莫高窟壁画中，220窟和321窟是初唐的角形竖箜篌，而盛唐的45窟中则出现了弓形的竖箜篌，在172、112、85窟中又出现了大形竖箜篌，在五代时期的98窟和宋代的55窟中同样出现了大形竖箜篌。可见西域漆乐器箜篌被引进中原的史实是可信的。

在海路通道，第一条道即"广州通海夷道"。《新唐书·地理志》曰："广州东南海行，二百里至屯门山，乃帆风西行，二日至九州石。又南二日至象石。……又一日行，至门毒国。又一日行，至古笪国。……南岸则佛逝国。……又北四日行，至师子国……又十日行，经天竺西境小国五，至提颭国，其国有弥兰大河，一日新头河……至乌剌国……至茂门王所都缚达城。……又一日行，至乌剌国，与东岸路合。"[17]第二条是登州海行入高丽渤海道。《新唐书》曰："登州东北海行，过大谢岛、龟歆岛、末岛、乌湖岛三百里。……乃南傍海壖，过乌牧岛、贝江口、椒岛，得新罗西北之长口镇。……七百里至新罗王城。"[18]这段文字清晰地记载了从登州海行入高丽渤海道的海上贸易路线。

韩国漆艺大约在中国的唐宋时期达到辉煌，现藏韩国湖岩博物馆的"螺钿团花禽兽文镜"就是统一新罗时期的代表漆器，也是典型的唐代螺钿镶嵌漆器风格在朝鲜半岛的"翻译"作品。到朝鲜半岛的高丽王朝时期，佛教成为国教。为满足贵族阶层的漆艺需要，高丽王朝于1310年设立官营供造署，大量生产螺钿漆器等佛教及生活漆艺品，如现藏韩国中央博物馆的佛家漆艺品螺钿玳瑁菊唐草文拂子等。日本首先从朝鲜学习汉文化，后派遣唐使来中国学习漆器汉文化。另外，日本漆艺家所说的"沉金"，即出自中国的"戗金"。

唐代漆器所承载的中国美学思想成功地跨出国门，成为世界文化传播的典范。唐代漆器作为美学的化身与文化的使者，用器物交流的方式向世界传播中国文化以及中国美学思想。

四、奢华的丝路漆艺：十七至十八世纪的中国风格与洛可可

明清时期，中国漆艺美学思想的欧洲输出达到极盛，"中国化"在世界文化话语场域中愈加突出，强劲的中国风狂飙欧洲[19]。从跨文化视角分析，晚明繁缛雅丽的漆艺装饰所表现出来的中国风格[20]对洛可可风格产生了不可估量的影响。

根据《不列颠简明百科全书》之"Chinoiserie"词条，所谓"中式风格"，即"在室内设计、家具、陶器、织品和园艺等方面，欧洲人对中国式风格的艺术处理方式。17—18世纪与远东贸易的增长形成了一种热烈追求中国式样的时尚。……此种风格以大面积贴金和髹漆为特点"[21]。"洛可可"的

▲ 图8-2 明代漆盒（美国华盛顿弗利尔美术馆藏）

原意是"贝壳装饰"，与中国螺钿漆器装饰的意思相当。在十七至十八世纪间，通过海上贸易或传教士等途径，"中国的漆器也与瓷器同时涌入了欧洲。在路易十四时代，漆器仍被作为一种奢侈品"[22]。中国的漆器装饰图案对西方的建筑、家具、绘画，甚至对西方的消费模式与审美标准都产生过重大影响。"在18世纪，当欧洲国家的宫廷中流行中国艺术品时，瑞典国王弗雷德里克（Frederick）为王后修建了一座法国'洛可可'艺术风格的宫殿。……宫殿内的装饰是采用中国瓷器、刺绣、漆器的图案，同时陈列着王后购买的中国德化白瓷、粉彩瓷器花瓶以及大量的漆器家具、国画、糊墙纸等。当欣赏者在那里看到这些独特的中国艺术风格的手工艺品时，好像在瑞典王国中又找到了中国的天地。"[23]英国人赫德逊十分形象地写道："中国艺术在欧洲的影响成为一股潮流，骤然涌来，又骤然退去，洪流所至足以使罗珂珂风格这艘狂幻的巨船直入欧洲情趣内港。"[24]从繁缛、奢华、精巧的洛可可艺术中，也见出中国十七世纪明代的漆器装饰风格，正如美国托马斯·芒罗所说，"洛可可艺术"乃是"中国风格的法国艺术品"[25]。德国人利奇温说："开始由于中国的陶瓷、丝织品、漆器及其他许多贵重物的输入，引起了欧洲广大群众的注意、好奇心与赞赏，又经文字的鼓吹，进一步刺激了这种感情，商业和文学就这样的结合起来（不管它们的结合看起来多么离奇），终于造成一种心理状态，到十八世纪前半叶中，使中国在欧洲风尚中占有极其显著的地位，实由于二者合作之力。"[26]中国漆器在法国宫廷最受欢迎，特别是在路易十四时代，中国漆器被视为一种特殊而罕见的珍贵物品。由于法国宫廷对漆艺美学的追求，十七世纪时法国漆业一直处于欧洲领先地位，中国漆艺文化很快在欧洲传播开来，德国、英国、美国等欧美国家的中国风亦狂飙突进[27]。譬如歌德在斯特拉斯堡求学时曾读过中国儒家经典的拉丁文译本与杜赫德的《中华帝国全志》等有关中国的著作[28]，在莱茵河畔这位法兰克福诗人故居里设有中国描金红漆家具装饰的"北京厅"，厅内陈设有中国式红漆家具等物品。

▲ 图8-3　18世纪伯纳德二世·范·里桑堡设计家具

中国漆艺美学思想的海外传播也遭遇到被"标签"与"抄袭"的命运。漆器是文化的载体，但不是历史的全部。再如英国学者克雷格·克鲁纳斯（Craig Clunas，1954—　）说："一本1940年的美国期刊首次公开使用了西方术语'实用主义'：'与此同时中国的工匠在创造华丽的洛可可式家具……'……它们以华丽的漆器工艺作为表面装饰，而匿名的作者很正确地将它们定为18世纪的作品。从这个角度来看，著名的'实用主义'与朴素的硬木家具之间没有任何联系，与将年代判定为明朝也没有关联。"[29]这些都说明了中国美学思想的海外传播遭遇"复制"或"移植"的命运。但十六世纪以来的欧洲装饰史至少能暗示：中国美学思想的传播深刻影响了西方的审美思想与艺术风格。

　　丝绸之路上的中国漆艺向世界传播至少体现出以下几点美学思想要义：从传播方式看，古代中国美学思想传播是通过器物美学思想实现的，它不同于二十世纪以来西方美学向中国输出的文本方式；从传播契机看，古代漆艺成为中国美学思想向世界传播的重要物质载体与契机，它特有的艺术秉性散发出中国古典美学的奢华思想；从传播表征看，漆艺引领我们向美学的社会学迈进，它被发现的或未被阐释的审美知识已成为中国美学思想的"社会转述者"，它所传递的美学能表现出一种被信赖的中国美学与世界美学交融的历史与走势；从传播价值看，丝路漆艺输出见证中国古典美学思想的国家身份与世界地位；从传播战略看，丝绸之路是古代中国向世界传播文化的重要桥梁。

注　释

[1][美]保罗·肯尼迪:《大国的兴衰》,蒋葆英译,北京:中国经济出版社,1989年,第4、7页。

[2]李砚祖:《漆艺即漆工艺》,《美术观察》,1996年第11期,第14页。

[3][日]前岛信次:《丝绸之路的99个谜:埋没在流沙中的人类遗产》,胡德芬译,天津:天津人民出版社,1981年,第29页。

[4][意]马可·波罗口述:《马可·波罗游记(中英对照)》,[意]谦诺笔录,余前帆译注,北京:中国书籍出版社,2009年,第142页。

[5]宋岘:《中国阿拉伯文化交流史话》,北京:中国大百科全书出版社,2000年,第129页。

[6][意]利玛窦、[比]金尼阁:《利玛窦中国札记》,何高济等译,北京:中国旅游出版社,2017年,第55页。

[7]叶朗:《中国美学史大纲》,上海:上海人民出版社,1985年,第5页。

[8][法]布尔努瓦:《丝绸之路》,耿昇译,乌鲁木齐:新疆人民出版社,1982年,第240页。

[9](汉)司马迁:《史记》卷一百二十三"大宛列传第六十三",裴骃集解,司马贞索隐,石长守节正义,北京:中华书局,1959年,第3174页。

[10]王琥:《美术技法大全——漆艺概要》,南京:江苏美术出版社,1999年,第34页。

[11](唐)魏征、令狐德棻:《隋书》卷六十七列传第三十二"裴矩",北京:中华书局,1973年,第1579—1580页。

[12](宋)范晔:《后汉书》志第十三《五行一》,(唐)李贤等注,北京:中华书局,1965年,第3272页。

[13]新疆博物馆考古部等:《且末扎滚鲁克二号墓地发掘简报》,《新疆文物》,2002年第1期,第12页。

[14]新疆文物考古研究所等:《吐鲁番考古新收获——鄯善县洋海墓地发掘简报》,《吐鲁番学研究》,2004年第1期。

[15]王博:《新疆新发现的箜篌》,载吐鲁番学研究院:《考古与文物》,乌鲁木齐:新疆人民出版社,2006年。

[16]王子初:《中国音乐考古学》,福州:福建教育出版社,2003年,

第 613 页。

[17]（宋）欧阳修、宋祁：《新唐书》卷四十三下志第三十三下"地理七下"，北京：中华书局，1975 年，第 1153—1154 页。

[18]（宋）欧阳修、宋祁：《新唐书》卷四十三下志第三十三下"地理七下"，北京：中华书局，1975 年，第 1147 页。

[19] John Ayers, Oliver Impey and John V. G. Mallet, *Porcelain for palaces: the fashion for Japan in Europe 1650—1750*（London: Oriental Ceramic Society, 1990）.

[20] Oliver Impey, *Chinoiserie: The impact of Oriental styles on Western art and decoration*（New York: Scribner, 1977）.

[21] 中国大百科全书出版社编译：《不列颠简明百科全书》，中国大百科全书出版社，2005 年，第 2001 页。

[22][法] 安田朴：《中国文化西传欧洲史》，耿昇译，北京：商务印书馆，2000 年，第 524 页。

[23] 陈伟、周文姬：《西方人眼中的东方陶瓷艺术》，上海：上海教育出版社，2004 年，第 42 页。

[24][英] G. F. 赫德逊：《欧洲与中国》，王遵仲、李申、张毅译，何兆武校，北京：中华书局，1995 年，第 249 页。

[25][美] 托马斯·芒罗：《东方美学》，欧建平译，北京：中国人民大学出版社，1990 年，第 6 页。

[26][德] 利奇温：《十八世纪中国与欧洲文化的接触》，朱杰勤译，北京：商务印书馆，1962 年，第 13 页。

[27] David Beevers, *Chinese Whispers: Chinoiserie in Britain, 1650—1930*（Brighton:Royal Pavilion Libraries & Museums, 2008）.

[28] 李云泉：《中西文化关系史》，济南：泰山出版社，1997 年，第 241 页。

[29][英] 克雷格·克鲁纳斯：《英国维多利亚阿伯特博物馆藏中国家具》，丁逸筠译，上海：上海辞书出版社，2009 年，第 96 页。

参考文献

一、中文文献

［1］（汉）司马迁：《史记》，北京：中华书局，裴骃集解，司马贞索隐，张守节正义，1982年。

［2］（汉）班固：《汉书》，北京：中华书局，(唐)颜师古注，1964年。

［3］（汉）王充：《论衡》，上海：上海人民出版社，1974年。

［4］（晋）陈寿：《三国志》，北京：中华书局，1959年。

［5］（东晋）郭璞注：《尔雅》，北京：中华书局，1985年。

［6］（唐）义净：《大唐西域求法高僧传校注》，王邦维校注，北京：中华书局，1988年。

［7］（唐）魏征、令狐德棻：《隋书》，北京：中华书局，1973年。

［8］（唐）张鷟：《朝野佥载》，北京：中华书局，1979年。

［9］（宋）范晔：《后汉书》，北京：中华书局，1975年。

［10］（宋）王存：《元丰九域志》，北京：中华书局，1984年。

［11］（宋）赵汝适：《诸蕃志校释》，北京：中华书局，1996年。

［12］（宋）欧阳修、宋祁：《新唐书》，北京：中华书局，1975年。

［13］（宋）孟元老：《东京梦华录》，北京：中华书局，1985年。

［14］（元）脱脱等：《宋史》，北京：中华书局，2011年。

［15］（元）周达观：《真腊风土记校注》，北京：中华书局，2000年。

［16］（明）张燮：《东西洋考》，北京：中华书局，1981年。

［17］（明）黄省曾：《西洋朝贡典录》，北京：中华书局，1982年。

［18］（明）宋濂等：《元史》，北京：中华书局，2000年。

［19］（明）陶宗仪：《南村辍耕录》，北京：中华书局，1959年。

［20］（明）罗曰褧：《咸宾录》，北京：中华书局，1983年。

［21］（明）巩珍：《西洋番国志》，向达校注，北京：中华书局，1961年。

［22］（明）巩珍：《两种海道针经》，北京：中华书局，2000年。

［23］（清）张廷玉等：《明史》，北京：中华书局，2000年。

［24］（明）宋应星：《天工开物》，北京：商务印书馆，1933年。

［25］（清）严可均辑：《全宋文》，苑育新审订，北京：商务印书馆，

1999年。

［26］（清）严可均辑：《全后汉文》，北京：商务印书馆，1999年。

［27］（清）董诰等编：《全唐文》，北京：中华书局，1983年。

［28］（清）谢清高口述：《海录校释》，（清）杨炳南笔录，安京校释，北京：商务印书馆，2002年。

［29］（清）钱泳：《履园丛话》，北京：中华书局，1979年。

［30］（清）张廷玉等撰：《明史》，北京：中华书局，2000年。

［31］（清）王谟辑：《汉唐地理书钞》，北京：中华书局，1961年。

［32］（清）谷应泰：《博物要览》，商务印书馆，1939年。

［33］（清）梁廷枏：《海国四说》，骆驿、刘骁校点，北京：中华书局，1993年。

［34］陈炎：《海上丝绸之路与中外文化交流》，北京：北京大学出版社，1996年。

［35］陈伟、周文姬：《西方人眼中的东方陶瓷艺术》，上海：上海教育出版社，2004年。

［36］陈伟：《中国漆器艺术对西方的影响》，北京：人民出版社，2012年。

［37］长北：《髹饰录与东亚漆艺》，北京：人民美术出版社，2014年。

［38］冯承钧：《中国南洋交通史》，北京：商务印书馆，2011年。

［39］台北故宫博物院编委会编：《海外遗珍·漆器》，台北：台北故宫博物院，1998年。

［40］黄启臣主编：《广东海上丝绸之路史》，广州：广东经济出版社，2003年。

［41］黄纯艳：《宋代海外贸易》，北京：社会科学文献出版社，2003年。

［42］黄宝庆、王琥、汪天亮：《福建工艺美术》，福州：福建美术出版社，2004年。

［43］龙思泰：《早期澳门史》，吴义雄等译，上海：上海东方出版社，1998年。

［44］梁太济、包伟民：《宋史食货志补正》，杭州：杭州大学出版社，1994年。

［45］林仁川：《明末清初私人海上贸易》，上海：华东师范大学出版社，1987年。

［46］刘迎胜：《丝路文化》（海上卷），杭州：浙江人民出版社，1995年。

［47］彭修银：《东方美学》，北京：人民出版社，2008年。

［48］荣新江、李孝聪主编：《中外关系史：新史料与新问题》，北京：科学出版社，2004年。

［49］宋岘：《中国阿拉伯文化交流史话》，北京：中国大百科全书出版社，2000年。

［50］宋大川：《瀛寰志略校注》，北京：文物出版社，2007年。

［51］沙丁、杨典求、焦震衡等：《中国和拉丁美洲关系简史》，郑州：河南人民出版社，1986年。

［52］田自秉：《中国工艺美术史》，上海：东方出版中心，1985年。

［53］王世襄：《髹饰录解说：中国传统漆工艺研究》，北京：文物出版社，1983年。

［54］徐复观：《两汉思想史》，上海：华东师范大学出版社，2001年。

［55］熊月之：《西学东渐与晚清社会》，北京：中国人民大学出版社，2011年。

［56］向达整理：《郑和航海图》，北京：中华书局，1961年。

［57］杨永生：《哲匠录》，北京：中国建筑工业出版社，2005年。

［58］袁宣萍：《十七至十八世纪欧洲的中国风格设计》，北京：文物出版社，2006年。

［59］杨建新、卢苇：《丝绸之路》，兰州：甘肃人民出版社，1988年。

［60］姚贤镐编：《中国近代对外贸易史资料》，北京：中华书局，1962年。

［61］中国第一历史档案馆：《英使马戛尔尼访华档案史料汇编》，北京：国际文化出版公司，1996年。

［62］朱亚非：《明代中外关系史研究》，济南：济南出版社，1993年。

［63］张星烺：《中西交通史料汇编》，朱杰勤校订，北京：中华书局，2003年。

［64］周宁：《世纪中国潮》，北京：学苑出版社，2004年。

［65］周菁葆：《丝绸之路佛教文化研究》，乌鲁木齐：新疆人民出版社，2009年。

［66］中国国家博物馆编：《文物秦汉史》，北京：中华书局，2009年。

[67]中国第二历史档案馆等:《奉使办理藏事报告书》,北京:中国藏学出版社,1993年。

[68]《大清律例》,张荣铮等点校,天津:天津古籍出版社,1993年。

二、外译文献

[1][秘鲁]欧亨尼奥·陈-罗德里格斯(陈汉基):《拉丁美洲的文明与文化》,白凤森、杨衍永、刘德等译,北京:商务印书馆,1990年。

[2][波斯]火者·盖耶速丁:《沙哈鲁遣使中国记》,何高济译,北京:中华书局,2002年。

[3][德]利奇温:《十八世纪中国与欧洲文化的接触》,朱杰勤译,北京:商务印书馆,1962年。

[4][德]黑格尔:《美学》,朱光潜译,北京:商务印书馆,1979年。

[5][德]贡德·弗兰克:《白银资本:重视经济全球化中的东方》,北京:中央编译出版社,2008年。

[6][德]孟汉:《知识社会学》,李安宅译,北京:中华书局,1932年。

[7][菲]欧·马·阿利普:《华人在马尼拉》,参见中外关系史学会编:《中外关系史译丛》,上海:上海译文出版社,1984年。

[8][法]费琅编:《阿拉伯波斯突厥人东方文献辑注》,耿昇、穆根来译,北京:中华书局,1982年。

[9][法]戈岱司:《希腊拉丁作家远东古文献辑录》,耿昇译,北京:中华书局,1987年。

[10][法]费赖之:《在华耶稣会士列传及书目》,冯承钧译,北京:中华书局,1995年。

[11][法]阿里·玛扎海里:《丝绸之路:中国—波斯文化交流史》,耿昇译,乌鲁木齐:新疆人民出版社,2006年。

[12][法]伯希和等:《西域南海史地考证译丛(一九编)》,冯承钧译,北京:中华书局,1958年。

[13][法]色伽兰:《中国西部考古记》,冯承钧译,北京:中华书局,1955年。

[14][法]布罗斯:《发现中国》,耿昇译,山东画报出版社,2002年。

[15][法]布尔努瓦:《丝绸之路》,耿昇译,乌鲁木齐:新疆人

民出版社，1982年。

[16][法]佩雷菲特：《停滞的帝国——两个世界的撞击》，王国卿译，北京：生活·读书·新知三联书店，1993年。

[17][法]J.-P.德勒热原：《丝绸之路：东方和西方的交流传奇》，吴岳添译，上海：上海书店出版社，1998年。

[18][法]谢和耐：《南宋社会生活史》，马德程译，台北：中国文化大学出版部，1982年。

[19][荷]威·伊·邦特库：《东印度航海记》，姚楠译，北京：中华书局，1982年。

[20][美]谢弗：《唐代的外来文明》，吴玉贵译，北京：中国社会科学出版社，1995年。

[21][美]赖德烈：《早期中美关系史（1784—1844）》，陈郁译，北京：商务印书馆，1963年。

[22][美]派克斯：《墨西哥史》，瞿菊农译，北京：生活·读书·新知三联书店，1957年。

[23][美]保罗·肯尼迪：《大国的兴衰》，蒋葆英等译，北京：中国经济出版社，1989年。

[24][美]阿勃朗：《世界漆艺术历史和图鉴》，纽约：比利时兄弟公司，1984年。

[25][美]斯塔夫里阿诺斯：《全球通史》，吴象婴等译，上海：上海社会科学院出版社，1992年。

[26][摩洛哥]伊本·白图泰：《伊本·白图泰游记》，马会鹏译，银川：宁夏人民出版社，2000年。

[27][日]柳宗悦：《工艺文化》，徐艺乙译，桂林：广西师范大学出版社，2011年。

[28][日]木宫泰彦：《日中文化交流史》，胡锡年译，北京：商务印书馆，1980年。

[29][西]门多萨：《中华大帝国史》，何高济译，北京：中华书局，1998年。

[30][新罗]崔致远：《桂苑笔耕集校注》，北京：中华书局，2007年。

[31][意]柏朗嘉宾：《柏朗嘉宾蒙古行记》，耿昇、何高济译，北京：

中华书局，1985年。

［32］［意］利玛窦、［比］金尼阁：《利玛窦中国札记》，何高济、王遵仲、李申译，北京：中国旅游出版社，2017年。

［33］［意］马可·波罗：《马可·波罗游记》，陈开俊、戴树英、刘贞琼等译，福州：福建科学技术出版社，1981年。

［34］［意］利玛窦：《利玛窦中文著译集》，上海：复旦大学出版社，2001年。

［35］［英］李约瑟：《李约瑟中国科学技术史》，邹海波译，北京：科学出版社，2003年。

［36］［英］阿·克·穆尔：《一五五〇年前的中国基督教史》，郝镇华译，北京：中华书局，1984年。

［37］［英］D.G.E.霍尔：《东南亚史》，中山大学东南亚历史研究所译，北京：商务印书馆，1982年。

［38］［英］斯坦因：《斯坦因西域考古记》，向达译，北京：中华书局，1936年。

［39］［英］劳伦斯·比尼恩：《亚洲艺术中人的精神》，孙乃修译，沈阳：辽宁人民出版社，1988年。

［40］［英］毛姆：《在中国屏风上》，陈寿庚译，长沙：湖南人民出版社，1987年。

［41］［英］赫德逊：《欧洲与中国》，王遵仲、李申、张毅译，北京：中华书局，1995年。

［42］［英］詹姆斯·希尔顿：《消失的地平线》，大陆桥翻译社译，上海：上海社会科学院出版社，2003年。

［43］［英］吴芳思：《丝绸之路2000年》，赵学工译，杨玉好审校，济南：山东画报出版社，2008年。

［44］［英］巴兹尔·戴维逊：《古老非洲的再发现》，屠佶译，北京：生活·读书·新知三联书店，1973年。

［45］［英］斯当东：《英使谒见乾隆纪实》，叶笃义译，北京：商务印书馆，1963年。

［46］［越］黎崱：《安南志略》，武尚清点校，北京：中华书局，1995年。

三、外文文献

［1］Anna Jackson,Amin Jaffer（eds.）Encounters: the meeting of Asia and Europe, 1500—1800（London: Victoria & Albert Museum, 2004）.

［2］Carl Christian Dauterman, "Dream-Pictures of Cathay: Chinoiserie on Restoration Silver." The Metropolitan Museum of Art Bulletin 24, no 1（1964）: 15.

［3］Carl L. Crossman, The decorative arts of the China trade: Paintings, furnishings and exotic curiosities（Woodbridge: Antique Collectors Club, 1991）.

［4］Carl L. Crossman, The China Trade: Export Paintings, Furniture, Silver and Other Objects（Princeton: Pyne Press, 1973）.

［5］Craig Clunas, Chinese export art and design（London: Victoria & Albert Museum, 1987）.

［6］David Beevers, Chinese Whispers: Chinoiserie in Britain, 1650—1930（Brighton: Royal Pavilion Libraries & Museums, 2008）.

［7］David Crowley, "Art Deco in Central Europe," in Art Deco. ed. Charlotte Benton et al.（London: Bulfinch Press,2003）, pp.190—201.

［8］Finlay, Ian. Chinese Lacquer in the Royal Scottish Museum, 1951.

［9］George Kuwayama, Far Eastern Lacquer（Los Angeles: Los Angeles County Museum, 1982）.

［10］Harry M.Garner et al. "The Export of Chinese Lacquer to Japan in the Yuan and Early Ming Dynasties." ARCH. ASIAN ART 25（1971）: 24.

［11］Herbert Cescinsky and George Leland Hunter, English and American Furniture（Boston: Skinner Press, 2015）.

［12］Herbert Cescinsky, "Lacquer Work in England-.Oriental Lacquer." The Burlington Magazine for Connoisseurs 19, no. 101（1911）.

［13］Herbert Cescinsky, Odilon Roche, Chinese Furniture: A Series of Examples from Collections in France（London: Benn Brother, 1922）.

［14］Hongqi Li,Thomas H.C.Lee, China and Europe: Images and influences in sixteenth to eighteenth centuries（Hong Kong: Chinese University Press, 1991）.

［15］Huth, Hans. "Art and Technique: European lacquer work and its influence on the decorative arts." Plaisir de.

[16] John Ayevs, Oliver Impey and John V. G. Mallet, Porcelain for palaces: the fashion for Japan in Europe 1650—1750. (London: Oriental Ceramic Society, 1990).

[17] John Whitehead, The French Interior of the 18th Century (London: Laurence King Publishing, 1992).

[18] Kung-shin C. French Jesuits and Chinese lacquer in the late 17th century. Oriental art, 1999, 45 (4).

[19] Madeleine Jarry, Chinoiserie: Chinese influence on European decorative art 17th and 18th centuries (Fribourg: Office Du Livre, 1981).

[20] Margaret Jourdain, R. Soame Jenyns, Chinese export art in the eighteenth century (London: Spring Books, 1957).

[21] Oliver Impey, Chinoiserie: The impact of Oriental styles on Western art and decoration (New York: Scribner, 1977).

[22] Oliver Impey, C. J. A.J?ng, Japanese Export Lacquer 1580—1850 (Leiden: Brill, 2005).

[23] Patrick Conner, Oriental Architecture in the West (London: Thames & Hudson Ltd, 1979).

[24] Robert Lockhart Hobson, Chinese Art: One Hundred Plates in Colour Reproducing Pottery & Porcelain of All Periods, Jades, Paintings, Lacquer, Bronzes and Furniture (London: Ernest Benn,1927).

[25] Roger Eliot Fry, et al. Chinese art: An introductory handbook to painting, sculpture, ceramics, textiles, bronzes & minor arts (London: B. T. Batsford, 1935).

[26] William Worthen Appleton, A Cycle of Cathay: the Chinese Vogue in England During the 17th and 18th Centuries (New York: Columbia University Press, 1951), p. Ⅲ.

跋

在全球史视野下，古代中国丝路漆器文化的输出与传播过程，实际上是一个文化的互动过程。它具有以下明显的特征与内涵，并具备明显的可视化传播偏向：

一是古代中国漆器通过丝路传播国家之多、路线之远，几乎涵盖亚洲、欧洲、非洲、美洲、大洋洲等世界各地。换言之，中国漆器被全世界的人消费、迷恋与疯狂，它为人们的生活方式及审美情趣增添了"中国式的优雅"或"中国情调"。这不仅是中国漆器固有的美学特征及其深厚的文化底蕴带给世界的惊喜，还是勤劳、手巧的中国工匠之集体智慧奉献给世界的文化瑰宝。

二是古代中国漆器通过丝路走向世界不是单向的输出，而是互动的、对话的与交融的。当然，作为强势文化，西方国家在十八世纪之前对中国漆器的消费及文化体验只能是处于主动获取下的"被动接受"，因为西方人还无法理解中国式的漆器生活及其美学，更无法制造与设计漆器。但是对中国漆器疯狂的西方人在通过丝路大量引进中国漆器的同时，也在不断地学习、仿制与制造。在这个方面，特别是日本在汉唐时期就开始研学中国髹漆技术，并在明代开始就有大量漆器输入中国，成为世界上仅次于中国的漆器生产大国，以至于西方人称之为"漆国"（Japan）。1791年，英国人仿制中国漆器成功后，停止进入中国漆器，对中国漆器进口实施高关税[1]。在洋务运动期间，美国的《垸髹致美》作为髹漆科学也被输入中国。换言之，中外漆器文化的交流、发展与繁荣是双向的。

三是古代丝路漆器已然不单是一种器物的传播历程，更是一种器物文化叙事及审美接受的过程。中国漆器的身上"披着"中国绘画、园林、宗教、文化、戏曲、音乐、建筑等包罗万象的中国文化及其形象的外衣，以至于西方人说，看到中国的漆器、瓷器就等于作了一次廉价的中国旅游。在海外，拥有一件中国漆器或装饰有中国漆器的"中国室"是一种时尚，或是一种财富的象征，或是一种地位与情调[2]。

四是古代中国漆器文化借助丝路走向世界，它必然加速中国古代文化的"全球化"进程。至少在《海国图志》之时以及之前，中国一直是处于世界的中心地位，除了我中华内陆之外，其他均为海国。古代中国就是这样一个泱泱大国，它一直秉承文化输出主义，主张与世界文化对话与交流。但明清时期的海禁政策使得中国失去了与世界共同发展的机遇，并逐渐走向衰落。包括漆器文化在内的中国古代文化"全球化"，为世界文化的发展作出了贡献。

五是古代中国漆器通过丝路走向世界的历程是曲折的，抑或处于一种"被迫的"输出状态。从一开始的汉武帝开通丝路时，漆器仅作为赠予的赐物或作为匈奴友好的使者传播到他国。换句话说，漆器不是主动的输出，而是作为国家层面的有目的的恩赐什物走向海外。到唐代，在近乎关闭关塞漆器贸易之后，东南沿海漆器贸易开始走向海上。至宋代，在辽国、金国等的压制下，宋代国家的漆器输出也是"被迫"向南方及海上发展。元代的漆器输出尽管得到了大幅度的发展，尤其是丝路漆器贸易极度扩张，但在"互市之法"的严格控制下，漆器的输出量仍是有限的。明清漆器输出更是在海禁与"四口通商"或"一口通商"的曲曲折折中走向世界，尤其是明清时期海盗、中间商、走私等性质的漆器输出贸易更能说明中国漆器的输出是曲折的，并非一帆风顺地走向世界。

六是以十八世纪为分界石，古代丝路漆器艺术文化互动明显呈现一种转向：从文化输出国转向为文化输入国。十八世纪以前，中国漆器文化输出一直处于"顺差"的地位，但十八世纪以后的中国漆器文化开始走向"逆差"，特别以洋漆的大量进口以及《髹饰致美》的引进标志着中国由漆器文化输出国转为输入国，它预示着中国身份与地位的转向，更象征着中国社会的发展在世界体系下开始走向衰落期。

七是古代丝路漆器文化的传播也是中国美学思想的传播。奢华的漆器是中国美学思想传播的重要载体，丝路漆器的输出史也是中国美学思想的传播史，它见证了古代中国美学的国家身份与世界地位。特别是中国漆器美学思想为东亚、南亚、东南亚、中亚、西亚、欧洲、美洲等世界许多国家提供了范本，它不仅改变了世界各国的生活方式，还改变了全世界人们的审美体验与美学情趣。

简言之，从古代丝路漆器文化的互动、交流与传播的全景中可以看出，古代中国漆器传播路线之远、国家之多、内容之广，它见证了古代中国文化对世界的深远影响，反映出古代中国漆器文化走向世界的曲折历程以及中国古代文化"全球化"进程。被输出的漆器文化深刻影响了全世界人们的生活方式、审美情趣与文化创造，更激起了人们对中国文化的迷恋、想象与学习的动力，也确证了世界文化对话和交融的态势，抑或标志着古代丝路在历史发展态势中还裹挟着曲折与对抗，并由此奔涌向前的历史趋势。

是为跋，以志其义。

作者
2021年3月15日

注 释

1 William Worthen Appleton. *A Cycle of Cathay: the Chinese Vogue in England During the 17th and 18th Centuries* （New York:Columbia University Press, 1951）, p. Ⅲ.

2 Carl L. Crossman. *The decorative arts of the China trade: Paintings, furnishings and exotic curiosities* （Woodbridge: Antique Collectors Club, 1991）.

潘天波《考工格物》书系

第Ⅰ卷 – 齐物　中华考工要论
第Ⅱ卷 – 货物　漆的全球史
第Ⅲ卷 – 审物　18世纪之前欧洲对中华诸物的描述与想象
第Ⅳ卷 – 润物　全球物的交往
第Ⅴ卷 – 开物　中华工匠技术观念史